AF542377

POLONAIS, ALLEMANDS, FRANÇAIS ET EUROPÉENS

Collection Logiques sociales

Série : Études culturelles
Dirigée par Bruno Péquignot

Le champ des pratiques culturelles est devenu un enjeu essentiel de la vie sociale. Depuis de nombreuses années se sont développées des recherches importantes sur les agents sociaux et les institutions, comme sur les politiques qui définissent ce champ. Le monde anglo-saxon utilise pour les désigner l'expression *cultural studies*. Cette série publie des recherches et des études réalisées par des praticiens comme par des chercheurs dans l'esprit général de la collection.

Dernières parutions

Mohammed FLITI, *Rappeurs et institutions publiques en France. L'exemple du Havre,* 2021.
Eguzki URTEAGA, *La politique culturelle au Pays Basque*, 2021.
Georges PILLEGAND-LE RIDER, *L'extraterrestre face au féminin/masculin*, 2021.
Julien ORTÉGA, *Pandémies au cinéma, 1919-2019 : un siècle d'anticipation,* 2020.
Alexandre Dimitri VIDAL, Histoire vivante napoléonienne. *Étude des reconstitueurs*, 2020.
Sandra FEDERICI, *L'entrance des auteurs africains dans le champ de la bande dessinée européenne de langue française (1978-2016)*, 2019.
Noël JOUENNE, *Notes sur le vélo et la bicyclette. Regard ethnologique sur une pratique culturelle*, 2019.
Stève PUIG, *Littérature urbaine et mémoire postcoloniale*, 2019.
Gabriel SEGRÉ, Frédéric CHARLES, *Sociologie des pratiques musicales des collégiens et lycéens à l'ère numérique*, 2016.
Kheira BELHADJ-ZIANE, *Le rap underground, un mythe actuel de la culture populaire,* 2014.
Louis BASCO (dir.), *Construire son identité culturelle*, 2014.
Jean-Louis FAVRE, *Une histoire populaire du 13e arrondissement de Paris. « Mieux vivre ensemble »*, 2013.

Aline Viviand

Polonais, Allemands, Français et Européens

Une étude ethnolinguistique

Préface de Jerzy Bartmiński

5-7, rue de l'École-Polytechnique, 75005 Paris

http://www.editions-harmattan.fr

ISBN : 978-2-343-24032-9
EAN : 9782343240329

Remerciements

Ce livre est le fruit d'une suite de rencontres et c'est fidèlement à leur chronologie que je tiens à adresser mes remerciements. Ils vont en tout premier lieu à mon ami Pascal Debry et à sa mère Emilia, qui m'ont fait découvrir en 2005 la Pologne, pays de leurs origines, lors d'un voyage fortuit. Sans eux, je ne serais pas tombée sous le charme de cet étonnant pays, dans lequel je me suis établie par la suite. Ils vont aussi à sa grand-mère, Krystyna Bajraszewska Bryczkowska, qui m'accompagne depuis mes tous premiers balbutiements en langue polonaise, et, qui, continue à 87 ans à veiller à mon niveau de langue douloureusement acquis.

Je souhaite ensuite exprimer ma gratitude à Sebastian Maass de l'ONG allemande Interkulturelles Netzwerk e.V. (désormais à Neuruppin) et Leszek Dudzik de l'ONG polonaise MCSM (Wrocław), rencontrés en 2008 à Berlin, lors d'un stage de fin d'études. Ces deux professionnels de terrain m'ont depuis non seulement formée à la gestion de projets interculturels de jeunes, mais aussi sensibilisée à la complexité du dialogue franco-germano-polonais. Leur passion et leur engagement à un travail de « proximité européenne » a été contagieux.

Toute ma gratitude va ensuite à Vincenzo Cicchelli, qui a accepté de me recevoir en 2009 à Paris, pour lui présenter un projet de recherche encore à l'état d'ébauche, alors que, sortie du circuit universitaire, je découvrais ses travaux dans le domaine de la sociologie de la jeunesse. C'est lui qui m'a mise sur les rails de la recherche doctorale (dont cet ouvrage résulte) et m'a présentée à mon futur co-directeur de thèse de doctorat, Olivier Galland, que je remercie lui aussi vivement pour la confiance qu'il m'a accordée.

C'est ensuite à Krystyna Gabryjelska que j'adresse mes remerciements, ayant œuvré à la mise en place d'une cotutelle de thèse entre l'université Paris-Sorbonne et l'université de Wrocław, alors qu'elle était directrice de l'Institut d'études romanes. Elle m'a remise entre les mains d'Elżbieta Biardzka, devenue quelques mois plus tard ma co-directrice de thèse, pour m'épauler solidement à toutes les étapes de la réalisation de cette étude. Je la remercie très chaleureusement.

Je voudrais également exprimer ma grande reconnaissance à Jerzy Bartmiński, dont les brillants travaux et idées ont modelé ce travail et qui, à la fin de cette thèse, m'a prise sous son aile fédératrice pour contribuer au vaste projet Eurojos.

Mes remerciements vont encore à la traductrice Barbara Kusiak, sur laquelle j'ai pu compter (et compte toujours) pour perfectionner les traductions des textes polonais et m'éclairer sur certaines subtilités de la langue.

Je remercie enfin ma famille pour son indéfectible soutien, et plus particulièrement mes parents, Sylvie et Pierre (relecteur infatigable), ainsi que mon mari, Sławek, et mes deux filles, Inès et Eva.

Sommaire

Préface

par Jerzy Bartmiński,
Université Marie Curie-Skłodowska de Lublin, Pologne

« L'européanité » dans les yeux des jeunes Polonais[1]

L'ouvrage intitulé *Polonais, Allemands, Français et Européens,* qui se trouve entre les mains du lecteur, a été rédigé par Aline Viviand, jeune docteure diplômée à Paris et à Wrocław. Cette étude s'inscrit, de manière immédiate et audacieuse, dans la nouvelle « imagologie » nationale européenne, en présentant la perception des communautés occidentales, européennes, françaises et allemandes, du point de vue des peuples de l'Est, et plus particulièrement des jeunes Polonais, qui ont aussi dressé leur autoportrait. L'auteure rend compte de résultats nouveaux et originaux tirés de ses propres recherches, menées auprès de la jeunesse polonaise en 2010-2011, quelques années après l'élargissement de l'Union européenne (en 2004) aux pays postcommunistes d'Europe centrale. Les résultats se sont révélés surprenants, tant pour l'auteure que ses lecteurs (incluant d'ailleurs l'auteur de ces lignes). Car si l'existence d'une image très positive des Européens dans les yeux des Polonais n'a rien d'étonnant, il s'avère surprenant que les images des fondateurs de la nouvelle Europe, ici les Allemands et les Français, diffèrent sensiblement *in minus* de la très haute référence européenne conçue par les Polonais. Et pourtant dans la présente confrontation internationale des Français, Allemands, Polonais, et Européens, les plus « européens » s'avèrent ici être... les Polonais ! Les caractéristiques communes des Européens et des Polonais sont (selon les répondants) la créativité et l'intelligence, l'attachement à la tradition, la capacité à s'unir (avec l'entraide et la solidarité), un caractère amical et une fascination pour l'Amérique. Selon les enquêtés, les Européens détiennent moins de traits communs avec les Français

[1] Préface traduite du polonais par Barbara Kusiak.

qu'avec les Polonais (le libéralisme, le mode de vie, la richesse culturelle, un caractère amical et la distance envers la religion), et moins encore avec les Allemands (l'amour des voyages et le dynamisme économique). On peut féliciter les jeunes Polonais pour leur bonne opinion d'eux-mêmes. Ces résultats constituent une nouveauté significative. Quand dans les années 90 du siècle dernier, en 1993, j'ai mené des recherches similaires auprès d'étudiants polonais et allemands, les jeunes Polonais parlaient d'eux-mêmes d'une manière très autocritique, se décrivant bien plus négativement que ne le faisaient leurs pairs allemands[2]. Les écrivains polonais ont également brossé un tableau noir de leurs compatriotes dans les années 1990 : « à quoi ressemble un Polonais dans la prose de la dernière décennie ? [...] Un cochon, un vaurien, un menteur, un tricheur, un poseur, un filou, un resquilleur, un sombre scélérat, un homme avide, calculateur et vorace. C'est ce que semble être le Polonais représenté », le héros le plus courant de la prose au tournant des années 1980 et 1990, immoral, inauthentique et intéressé jusqu'à la moelle », écrivait Przemysław Czapliński[3], remarquable critique littéraire. Il semble donc que l'adhésion à l'Union européenne ait entraîné des changements favorables à la fois en termes d'estime de soi et (peut-être) en termes de conditions générales dans lesquelles se trouve la société polonaise.

Mais ce n'est pas la seule (ni même peut-être la plus grande) matière à satisfaction pour la partie polonaise, une autre vient aussi des nombreuses références de l'auteure aux réalisations de l'école polonaise d'ethnolinguistique cognitive, qui demeure à ma connaissance, totalement inconnue en France.

Ayant lu avec un grand intérêt cognitif et un réel plaisir la thèse de doctorat d'Aline Viviand, à la source du présent ouvrage, j'ai accepté la proposition d'écrire la préface de ce livre, et ce d'autant plus volontiers que j'ai eu la chance de faire sa connaissance dans le passé, en faisant un rapport de son excellente

---

[2] « Unsere Nachbarn aus der Sicht der Studenten », in : *Stereotypen und Nationen*, Teresa Walas, Kraków 1999.

[3] Dans l'esquisse de « Polak naszych czasów », *Gazeta Wyborcza*, 29-30 juillet 2000.

thèse de doctorat, puis en éditant le volume MAISON (*DOM*) du « Lexique axiologique des Slaves et de leurs voisins » (*Leksykon aksjologiczny Słowian i ich sąsiadów*) (2015), dans lequel Aline Viviand et Elżbieta Skibińska ont établi l'image linguistique et culturelle de la MAISON française. Dans cette étude bien documentée, les auteures ont appliqué l'ensemble de la méthode développée par les ethnolinguistes polonais (« système - questionnaire - textes »). En 2018, Aline Viviand a également publié dans les pages du journal annuel de Lublin « Ethnolinguistique. Problèmes de la langue et de la culture » (*Etnolingwistyka. Problemy Języka i Kultury*), un article sur la perception des Européens par les jeunes Polonais, et en 2019, elle a participé à une conférence à Cracovie organisée par l'« Académie polonaise des arts et des sciences » (*Polska Akademia Umiejętności*), sur le sujet du patriotisme en Europe (elle a traité de la Patrie en langue française, en se basant sur des données journalistiques contemporaines). Très à l'aise dans l'espace linguistique franco-polonais, elle a contribué aux activités du séminaire international EUROJOS, dans le cadre duquel ont été compilés et publiés en 2015-2019 les volumes intitulés MAISON (*DOM*), TRAVAIL (*PRACA*), EUROPE (*EUROPA*), LIBERTÉ (*WOLNOŚĆ*) et HONNEUR (*HONOR*), et qui travaille aux volumes suivants : PATRIE (*OJCZYZNA*), PATRIOTISME (*PATRIOTYZM*), SANTÉ (*ZDROWIE*), ÂME (*DUSZA*), FAMILLE (*RODZINA*), DÉMOCRATIE (*DEMOKRACJA*), etc.

Le sous-titre de ce livre, au travers de l'expression « étude ethnolinguistique », peut évoquer au lecteur français des recherches sur la tradition populaire et les langues des minorités ethniques. Mais il n'en est rien. Le sujet de l'étude est celui de la jeune intelligentsia polonaise, de la génération des 18-25 ans, participant déjà à la vie culturelle et sociale nationale (mais pas encore à la vie professionnelle), une génération qui a terminé école et études dans le système réformé suite à la chute du communisme en 1989, tout en bénéficiant des libertés civiles retrouvées et de l'ouverture des frontières européennes Ce groupe social peut-il être considéré comme représentatif de l'ensemble de la population, de la société ? Beaucoup le croient. L'auteure se réfère au sociologue Bernard Roudet, selon lequel les attitudes des jeunes apparaissent comme « un miroir grossissant des positions de la société tout entière », « un baromètre sensible de l'état de l'opinion et de la société ». Et en même temps, comme l'écrivaient Norman Ryder et Olivier Galland, elle rappelle que c'est bien « chez les jeunes adultes que se concentre le potentiel de changement social ».

L'assertion surprenante et inattendue de l'auteure selon laquelle cette étude se situe dans le champ-même de l'ethnolinguistique cognitive, telle que définie par l'école de Lublin, m'a conduit à m'interroger sur le bien-fondé de ces propos. Après lecture de ce travail, je peux dire qu'Aline Viviand montre une excellente compréhension des hypothèses et postulats de cette école, tout en percevant la convergence de ses idées principales avec le cognitivisme américain (l'immersion de la langue dans la culture, son caractère non-autonome, la thèse selon laquelle la langue est un monde de conceptualisation et d'interprétation). Elle souligne également l'indépendance notable de l'ethnolinguistique de Lublin, ainsi qu'un certain parallélisme avec les travaux des cognitivistes américains ; rappelant d'ailleurs que le cahier d'essai « Dictionnaire des stéréotypes et symboles populaires » (*Słownik stereotypów i symboli ludowych*), considéré comme le « manifeste » de l'école de Lublin, est apparu en 1980, avant les publications révolutionnaires de Ronald Langacker (1987) ou de George Lakoff (1987). La différence la plus importante, à son avis, est que la « grammaire cognitive » américaine examine la relation langue-culture en relation avec le sujet parlant en tant qu'individu, alors que l'ethnolinguistique de Lublin examine cette relation en rapport à la communauté, en s'interrogeant sur une image du monde culturellement établie.

Cependant, la thèse d'Aline Viviand correspond-elle vraiment aux hypothèses de l'ethnolinguistique de Lublin ? Oui, à certains égards, non à d'autres. Oui, quand elle se concentre sur la reconstruction de l'image du monde du point de vue du sujet étudié, quand elle regroupe des caractéristiques selon des aspects distincts (en ajustant cependant leur compréhension aux définitions données par le *Trésor de la Langue Française*), oui encore quand elle établit avec finesse des définitions cognitives et qu'elle réalise avec précision et élégance des résumés statistiques des résultats d'enquêtes, ou qu'elle présente clairement ces résultats au moyen de supports graphiques. Mais en même temps, elle traite de manière critique et sélective les postulats de l'école d'ethnolinguistique de Lublin et les modifie. Le présent ouvrage se concentre sur la méthode d'enquête, qui est certes importante pour les ethnolinguistes, mais que ces derniers prennent soin de compléter d'une étude des données systémiques (de nature rigide), ainsi que des données textuelles. L'auteure introduit également quelques modifications et innovations significatives (qui je l'admets sont réussies !). Par exemple, parmi les divers types de questionnaires utilisés dans les travaux d'auteurs polonais, elle en retient un modèle, qui induit l'évaluation des réponses par le répondant lui-même (en français : « j'apprécie que X... » et « je n'apprécie pas que X... »). Son choix s'est porté sur le modèle (N.B. inventé par ma très talentueuse étudiante Jolanta Urban, diplômée en 1993), qui selon Aline Viviand présente l'avantage de se concentrer sur l'évaluation faite par le répondant lui-même, et non sur celle établie ex post par le chercheur. Cette démarche facilite une interprétation sans ambiguïté des résultats, tout en éliminant les caractéristiques descriptives neutres, pouvant être émotionnellement indifférentes pour les répondants.

Aline Viviand regroupe les données collectées (les déclarations des répondants) selon un certain nombre d'aspects, sur le modèle du volume collectif lublinois « Langue, valeurs, politique » (*Język, wartości, polityka*), publié en 2006. Cependant, elle effectue une évaluation critique des solutions adoptées par les chercheurs polonais, conduisant à une réduction du nombre d'aspects passant de 17 à 10, ainsi qu'à leur réinterprétation, sur la base de définitions figurant dans le TLF. Elle distingue les aspects psychologique, culturel, social, géographique (associé à l'aspect économique), psychosocial, politique, physique (associé à l'aspect esthétique), historique et religieux, elle identifie de surcroît comme aspect pertinent le rapport à l'altérité, et renonce enfin aux aspects biologique, national, militaire, éthique et à « l'aspect N » (qui comprend les expressions dites supérieures au nom analysé, d'un point de vue sémantique). Je considère ces deux innovations (réduction et redéfinition) comme réussies. Indépendamment d'une certaine dose de subjectivité inévitable dans le rattachement de chaque caractéristique à des aspects spécifiques, cette procédure aboutit à la clarté de la description. Son utilisation constante par la chercheuse a garanti ce succès. Une telle conséquence a été démontrée par l'auteure.

Mais cette dernière va plus loin, en enrichissant les instruments ethnolinguistiques de l'école d'ethnolinguistique de Lublin, en empruntant aux sociologues le concept d'« analyse factorielle ».

Il convient de commenter les doutes soulevés par certains linguistes quant au nombre de répondants qui devrait, selon eux, être assez élevé. Bien sûr, plus l'échantillon est grand, mieux c'est, mais la vraie question est : à partir de quel seuil le nombre de répondants est-il suffisant ? À la question : « peut-on se satisfaire d'un nombre de 137 personnes, dont les réponses sont à la base-même de l'étude menée par l'auteure ? », on peut répondre que les respectés chercheurs qui ont travaillé sur les stéréotypes nationaux, aux États-Unis (Katz et Braly, 1933) et en Allemagne (Sodhi et Bergius, 1953), se sont limités dans les leurs à 100 répondants, et à leur suite, les auteurs du rapport de Lublin évoqué plus haut, « Langue, valeurs, politique » (*Język, wartości, polityka*). J'ajouterais aussi que les enquêtes de Lublin ont été menées trois fois à des intervalles de 10 ans (en 1990, en 2000 et en 2010), et que ces enquêtes de 100 personnes ont apporté des résultats très similaires.

Je note encore une modification de l'auteure. Dans les études de Lublin, depuis la publication de l'article sur le stéréotype de l'Allemand (1994) et de la mère (1998), la distinction entre « typique » et « vrai » a été systématiquement introduite comme culturellement pertinente quand il est question de stéréotypes. Le modificateur « typique » nous rapproche d'une moyenne statistique (« tel qu'il est »), le modificateur « vrai » introduit un élément de subjectivation obligatoire (non seulement « tel qu'il est » selon le locuteur, mais aussi « tel qu'il doit être »). Dans le discours public en Pologne au cours des dernières décennies, le concept de « vrai Polonais » joue un rôle très important, bien que peu glorieux, car il sert les divisions sociales et la pratique d'exclusion de ceux qui ne sont pas inclus parmi les « vrais » représentants du groupe. C'est probablement pour cette raison que l'auteure a renoncé à distinguer les « vrais » représentants, se contentant tout comme les sociologues d'utiliser la catégorie proche (mais pas identique) des représentants « typiques ».

Pour résumer : cet ouvrage d'Aline Viviand apporte sans aucun doute une contribution significative à la recherche internationale sur les stéréotypes dans l'Europe contemporaine, elle fournit des observations empiriques nouvelles, fraîches et surprenantes, basées sur ses propres recherches et présentées sous une forme claire et attractive. Il apporte également une contribution précieuse à la coopération scientifique franco-polonaise en introduisant au lecteur occidental le programme de recherche de l'ethnolinguistique cognitive polonaise.

Jerzy Bartmiński

PREMIÈRE PARTIE

ETHNOLINGUISTIQUE COGNITIVE ET REPRÉSENTATIONS NATIONALES

Chapitre 1

L'Ethnolinguistique cognitive de Lublin : un courant propre aux recherches slaves

1.1 Origines de l'ethnolinguistique cognitive de Lublin

L'« ethnolinguistique cognitive de Lublin » (ou ECL, du polonais : *lubelska etnolingwistyka kognitywna*), appelée également « ethnolinguistique polonaise » (*polska etnolingwistyka*), trouve ses origines dans le courant de la linguistique cognitive, lui-même enraciné dans les sciences cognitives contemporaines (Bartmiński 2019)[4]. Ces dernières se sont développées dans les années 60-70, notamment au travers d'études portant sur le processus de catégorisation, mais aussi de courants plus anciens tels que la psychologie de la forme (Evans 2007). De manière générale, la linguistique cognitive (tout comme le fera ensuite l'ECL) s'intéresse aux liens entre la langue, la pensée et l'expérience psychosociale, considérées comme inséparables. Dans les années 80, originaires de la côte ouest des États-Unis, les premiers chercheurs à s'inscrire dans ce courant (appelé également « grammaire cognitive ») prirent pour objectif de dépasser les approches formelles de la langue qu'ils jugeaient décevantes (Lakoff 1987, Langacker 1987, Talmy 1988a et 1988b). Dans les années 80, ce courant a aussi éveillé l'intérêt des chercheurs européens, essentiellement en Belgique, en Hollande et en Allemagne. Puis, au début des années 90, un développement massif de ces recherches s'est produit en Europe et aux États-Unis, menées par des chercheurs se désignant eux-mêmes comme des « linguistes cognitifs ». Dans les années 1989-1990 naquirent aussi « l'Association Internationale de Linguistique Cognitive » (*the International Cognitive Linguistics Society*) et le journal *Cognitive*

[4] Sauf indication contraire, les traductions proposées en français dans cet ouvrage sont de notre fait.

Linguistics. Ce furent, d'après Ronald Langacker, les marqueurs de la naissance de la linguistique cognitive en tant que mouvement intellectuel conscient et largement établi. Depuis, la linguistique cognitive est un courant de recherche particulièrement hétérogène et complexe, qui se développe de façon extrêmement dynamique dans des contextes de recherche variés, où s'entremêlent des positions et des débats scientifiques très différents (Fuchs 2004).

L'ECL a retenu trois axes théoriques fondamentaux du courant cognitiviste :

Le rôle de l'environnement. Les linguistes cognitivistes mettent en avant la coexistence de la société et de langue, modelée par les sujets parlants et leur culture. Le postulat que l'environnement linguistique influence considérablement la langue est également adopté par les linguistes se réclamant de l'ECL.

Le caractère non autonome de la langue. Conditionnée par son environnement, la langue ne peut être envisagée comme un système autonome. La linguistique cognitive se base sur cette idée que la faculté linguistique trouve des liens directs avec nos facultés cognitives et notre connaissance du monde. En considérant que « le langage est une partie intégrante de la cognition humaine » (Langacker 1987 : 11), elle se place sous la dépendance d'une « science cognitive » (Rastier 1993 : 161). Il existerait des mécanismes cognitifs généraux communs au langage, à la perception et à l'action. La catégorisation linguistique est considérée comme parallèle à la catégorisation humaine dans d'autres domaines de la cognition (Vandeloise 1991 : 83). Le langage serait à la fois un produit et un instrument de la pensée et de la connaissance (Rastier 1993 : 162), un outil conceptuel qui « doit être non pas étudié de façon autonome, mais considéré par rapport à sa fonction cognitive : interpréter, ordonner, fixer et exprimer l'expérience humaine » (Geeraerts 1991 : 27). Cette idée d'autonomie de la langue, également mise en avant en ethnolinguistique, est développée au travers de la notion de relativité linguistique.

La conceptualisation de la réalité au moyen de la langue. En considérant que la langue n'est pas autonome, la sémantique va donc prendre un rôle fondamental en linguistique cognitive, où le sens est identifié à des représentations, voire à des concepts (Rastier 1993 : 162). Le langage est appréhendé comme un instrument de conceptualisation du monde, comprise comme un processus de construction du sens (Evans 2007 : 38). Nous nous pencherons sur le traitement de cette idée de conceptualisation de la réalité au moyen de la langue en ethnolinguistique polonaise, appelée « Représentation (ou Image) Linguistique de la Réalité » (*Językowy Obraz Świata*).

1.2 Une variété de données empiriques

L'école ethnolinguistique de Lublin, centre universitaire de Pologne orientale, est une école aux ambitions très larges. Ses chercheurs s'efforcent d'aller au plus proche des sujets parlants, afin de saisir la manière dont ils conceptualisent la réalité extralinguistique par le prisme de leur langue. Ainsi, les recherches de Jerzy Bartmiński sur les variantes de la langue populaire polonaise, motivées par une véritable passion pour la culture populaire contemporaine, sont à l'origine des travaux de cette école (Bartmiński 1973, 1980, 1985, 1994, 1996, 2006, 2012a). Le linguiste a dès le début de ses recherches investi un nombre considérable de données : il s'est intéressé aux variantes de la langue polonaise dans les textes poétiques folkloriques, en associant des descriptions d'ordre dialectologique, stylistique, phonétique, morphologique, lexical ainsi que syntaxique (Bartmiński 1973). Il a ensuite investi un panel de supports empiriques tout aussi varié : des conversations, des narrations et des histoires au sujet de la vie et du travail, des interviews de locuteurs ruraux, des chansons, des contes, des proverbes et de la poésie populaire (Bartmiński 1989, 1990b, 1990c, 2003b, 2012a, Bartmiński et Niebrzegowska 1994). Comme le formule Janusz Anusiewicz (1994), des linguistes polonais se sont plongés dans ce vaste terrain d'enquête et ont pris avec lui pour objectif de sortir des sentiers battus, d'explorer les relations qui existent entre la langue populaire et la culture populaire (le folklore), et non plus entre la langue littéraire et la culture générale (ainsi qu'en attestent les 31 numéros de la revue

« Ethnolinguistique » (*Etnolingwistyka*), publiés à Lublin sous la direction de Bartmiński, entre 1988 et 2019).

1.3 Entre postulats cognitivistes et ethnolinguistiques

Par son approche, l'ECL revendique son appartenance au courant cognitif (Dąbrowska et Anusiewicz 2000, Tokarski 1997/1998). Comme nous venons de le voir, elle trouve des liens étroits avec la grammaire cognitive développée aux États-Unis à la fin du XXe siècle (Lakoff et Johnson 1980, Lakoff 1987, Langacker 1987, Talmy 2000, Taylor 2002). Les deux courants de recherche partagent un même regard critique sur la pensée structuraliste qui s'imposait jusqu'alors en linguistique depuis Ferdinand de Saussure (1916) et qui, en considérant le langage comme une faculté autonome de l'esprit, l'isolait de son contexte psychologique, social et culturel. Bartmiński, tout autant que Langacker, a développé une approche holistique de la signification (qui ne peut être restreinte à des caractéristiques objectives, nécessaires et suffisantes), en s'intéressant à la conceptualisation de la réalité extralinguistique au moyen de la langue. Selon la grammaire cognitive et l'ECL, la signification n'est pas identifiée à des concepts statiques mais à la conceptualisation, un processus cognitif dynamique, comprenant une dimension temporelle. Quoique les interactions sociales jouent un rôle prépondérant dans leur développement, la signification relève avant tout de l'individu, du sujet parlant qui conceptualise le monde. Aussi l'étude de la signification ne peut se limiter aux définitions figées des dictionnaires. C'est pourquoi Jörg Zinken (2004) a proposé en langue anglaise l'expression « ethnolinguistique cognitive » (*cognitive ethnolinguistics*), suivi en langue polonaise par Lidia Nepop-Ajdaczyć (2007) (*etnolingwistyka kognitywna*), pour désigner ce mouvement scientifique très prolifique dans les pays slaves et plus particulièrement en Pologne. L'association des termes « ethnolinguistique » et « cognitive » met en avant la similitude, voire la convergence, entre l'entreprise de la linguistique cognitive et les recherches ethnolinguistiques menées par Bartmiński et ses pairs. Nous choisissons cependant l'appellation « ethnolinguistique cognitive de Lublin » (ou

ECL) pour mettre en avant l'origine et la spécificité culturelle de ce courant, sans nier pour autant sa popularité dans les pays d'Europe centrale et orientale.

L'ECL a par ailleurs choisi de se développer d'une façon relativement indépendante de la grammaire cognitive. Si la linguistique cognitive anglo-américaine se concentre sur le développement des théories et la reconstruction de processus sémantiques opérationnels et universels, l'ECL est orientée vers la description du monde réel par les locuteurs d'une langue donnée. Comme l'explique Arkadiusz Koselak, la linguistique cognitive anglo-américaine et l'ECL diffèrent en fait par leur objet d'investigation :

> Tandis que la linguistique cognitive essaie d'établir les mécanismes et les schémas qui sous-tendent le fonctionnement linguistique et donc le fonctionnement mental, l'école ethnolinguistique polonaise cherche à établir les définitions cognitives telles qu'elles sont construites dans l'esprit des locuteurs (Koselak 2007).

Autrement dit, la linguistique cognitive privilégie, comme objet d'étude, le *comment* de la conceptualisation, alors que l'ethnolinguistique polonaise cherche à comprendre davantage le *quoi* - le produit même de la conceptualisation. Elle s'intéresse à l'objet statique de la conceptualisation, c'est-à-dire à la signification accordée à des unités lexicales à un moment donné, par une communauté de locuteurs donnée, plutôt qu'à ses processus (Maćkiewicz 1999 : 23). En prenant pour objet d'étude cet « objet statique », la manière dont les locuteurs d'une langue comprennent les mots, les ethnolinguistes s'efforcent de découvrir des définitions et schémas cognitifs auxquels les locuteurs d'une langue ont recours. Ils sont en quête du sens des mots tacitement admis par une communauté linguistique donnée, à un moment de son histoire. La démarche de l'ECL est en ce sens une démarche originale : elle associe aux postulats cognitivistes universalistes des postulats relativistes propres au courant ethnolinguistique, qui seront développés dans la partie suivante.

1.4 L'effondrement des régimes communistes à l'origine d'une nouvelle approche de la langue

L'expérience d'un régime politique totalitaire fut à l'origine d'une profonde réflexion scientifique sur les aspects sociaux et culturels de la langue, en Europe centrale et orientale. Les citoyens des anciens pays communistes ont fait l'expérience d'un nouveau parler au service de la propagande, accompagné d'une réalité politique et sociale difficile. La langue utilisée dans la sphère politique et publique, contrôlée par la censure et ressentie comme « hypocrite » et « falsifiée », fut dissociée de la langue utilisée dans la sphère privée (Bartmiński 2010c : 13). Cette dissociation a entraîné par la suite, chez les Polonais comme chez leurs voisins, une baisse de confiance en la langue en tant que moyen de communication (2010c : 14). Lors de l'effondrement des régimes communistes, Bartmiński a recensé des publications très similaires sur ce sujet en Pologne (listés dans Bartmiński 1990) et en Russie (voir Serebrennikov et al. 1988). Des projets de recherche ont débuté dans les années 80 avec l'intention de reconsidérer les problèmes des fonctions sociales du langage ainsi que les liens entre le langage, les gens et la réalité, mais aussi d'examiner la diversité des styles et des genres dans le discours public. Il s'agissait de découvrir la base linguistique d'une représentation du monde nourrie par une société ou des systèmes de valeurs, qu'ils soient sincèrement professés ou bien simplement déclarés (Bartmiński 2012a : 7). Après la chute de l'Union soviétique et du bloc de l'Est, quand les aspirations à la dépendance ont commencé à se matérialiser, Bartmiński a constaté un regain d'intérêt pour le rôle du langage dans la création et dans l'expression, ainsi que pour l'identité des nations et des groupes régionaux ou locaux.

Si l'ECL trouve sa source dans l'ethnolinguistique initiée avec Humboldt en Europe occidentale, puis développée avec Boas, Sapir et Whorf aux États-Unis, elle opte pour des problématiques nouvelles dans un contexte communiste et postcommuniste européen. Elle réalise un programme de recherche fondé sur la description des liens que la langue possède avec l'histoire nationale et la vie sociale. Bartmiński insiste aussi sur la place qu'y occupe l'exploration des spécificités culturelles de la communauté linguistique envisagée. L'ECL étudie les aspects culturels de la langue, elle se penche davantage sur la culture dans la langue que la langue dans la culture. Elle dérive, selon lui, directement de la dialectologie, de l'étude du folklore et de l'ethnographie, mais elle se réfère aussi à des courants de la linguistique contemporaine, comme la sociolinguistique, la psycholinguistique, le cognitivisme (tout en ne s'identifiant à aucun d'eux). Elle utilise de plus les apports de la sémantique et de la sémiotique. Elle prendrait finalement un caractère de linguistique anthropologique et culturelle. (Bartmiński 2005 : 9)

1.5 Axes de recherches cognitifs et composante sociologique

Comme nous l'avons signalé précédemment, le développement théorique de l'ethnolinguistique cognitive se concentre autour de trois axes issus de la linguistique cognitive : la langue et son environnement, la relativité linguistique et la Représentation Linguistique de la Réalité, réappropriés par l'ECL. La composante sociologique de l'ECL est aussi considérable.

Langue et environnement

Les ethnolinguistes cognitifs considèrent la langue comme la propriété de tous, un bien commun par lequel il est possible d'atteindre des buts individuels ou communautaires. Comme l'affirme Bartmiński (2010c : 14), la langue permet à l'homme d'intercepter dans son entourage un ensemble de modèles de comportements et de savoirs partagés. Elle l'accompagne dans son développement individuel, dans les exercices de la pensée, dans l'expression de ses émotions et de ses positions. La langue consolide ses expériences vitales et lui permet de les transmettre aux autres :

> La langue [...] crée une communauté humaine, la modèle et la maintient. En constituant l'environnement dans lequel nous grandissons, nous évoluons, nous coopérons avec les autres et que nous modelons par notre action, - la langue, bien commun,

exerce une fonction humanisante et socialisante (Bartmiński 2010c : 14).

Dans l'approche ethnolinguistique, le lien entre langue et culture est considéré comme très étroit. Bartmiński propose en polonais comme équivalent à l'expression « ethnolinguistique (cognitive) », les termes « linguistique culturelle » (*lingwistyka kulturowa*) dans de récentes publications (2018c, 2019). L'étymologie du mot français *ethnolinguistique* met aussi en avant ce lien entre langue et culture : si le substantif *linguistique* signifie la « science qui a pour objet l'étude du langage, des langues envisagées comme systèmes sous leurs aspects phonologiques, syntaxiques, lexicaux et sémantiques » (TLFi, 2003), le préfixe *ethno-* (du grec ancien *ἔθνος*, *éthnos* : la nation, le pays, la tribu ou encore la famille) délimite cette étude aux langues des différents peuples, des différents groupes ethniques. Comme l'affirme Bartmiński, le lien entre langue et culture est étroit, marqué par des interdépendances complexes, il est « emmêlé dans un paradoxe de dépendances réciproques » (2010c: 17). D'un côté, on peut dire que la langue fait partie de la culture, qu'elle est un système de signes, au même titre que la littérature, l'art, la religion, les coutumes, etc. Elle peut même être envisagée comme un système sémiotique primant sur les autres. Claude Lévi-Strauss définissait le langage comme « la plus parfaite de toutes les manifestations d'ordre culturel », puisque l'art, la religion, le droit, etc. doivent être conçus « comme des codes formés par l'articulation de signes, sur le modèle de la communication linguistique » (d'après Charbonnier 1969). D'un autre côté, la langue conditionne en partie la culture. C'est principalement par la langue que les individus assimilent la culture du groupe auquel ils appartiennent. Sans la maîtrise d'une langue, il est aussi impossible de prendre part à la vie socioculturelle, y compris dans ses formes les plus simples (Bartmiński 2010c : 17). Edward Sapir disait également que la perfection formelle de la langue (du langage) est une condition primordiale au développement de la culture et qu'elle constitue un préalable à toute étude culturelle et anthropologique (1933 : 155). Dans la langue, dans sa grammaire, son lexique et ses expressions idiomatiques, dans son système de genres et de styles, et dans la signification de ses mots, les ethnolinguistes cognitifs recherchent les manifestations de la culture.

La langue en tant qu'outil de communication présente des fonctions culturelles (Bartmiński 2010c : 20). C'est au moyen de la langue que s'exprime une philosophie, une religion, une science, une autorité ou que se fait la création littéraire. En tant que condition et produit de la culture, le langage va se pluraliser avec les individus, les contextes sociaux, économiques, régionaux ainsi que les rapports de pouvoir et les enjeux sociaux (Abdallah-Pretceille 1991 : 307). D'après Anna Wierzbicka, la langue se présente même comme un monde culturel à part entière :

> Chaque langue est une fenêtre sur le monde, mais les vitres de cette fenêtre ne sont ni transparentes, ni dépourvues de motifs. Au contraire, chaque fenêtre a sa propre couleur et sa propre forme. Nous regardons le monde principalement par la fenêtre de notre langue maternelle. La langue ajoute des couleurs à notre perception et à notre connaissance du monde (Wierzbicka 1990 : 71).

En ce sens, les langues ne sont pas que des systèmes linguistiques différents. Elles se distinguent aussi les unes des autres en tant que « mondes culturels », « vecteurs d'une identité ethnique » (ibid.). En appartenant à la sphère d'un ordre culturel spécifique, créée par une communauté d'hommes, la langue est un classificateur du monde. Une certaine représentation du monde (un savoir populaire et naïf sur les objets, les phénomènes et les relations) se trouve dans la langue, dans son vocabulaire et dans sa grammaire. Le système lexical avec ses mots regroupés dans des champs sémantiques, le système grammatical avec ses catégories de temps et d'aspect (notamment en langue polonaise), de genre et de nombre, sont dans l'esprit du locuteur l'effet d'un découpage de la réalité, de la catégorisation et de la caractérisation de ses composantes et de la détermination de liens entre elles. (Bartmiński 2010c : 21). Ce lien entre langue et culture n'est pas anodin, étant donné qu'elles partagent un ensemble considérable de caractéristiques. Elles ne relèvent pas d'un héritage biologique mais elles sont au contraire transmises dans un environnement spécifique. Elles détiennent un caractère universel, sémiotique et hautement organisé : ce sont des systèmes (Bartmiński 2010c : 17, 2012a : 11). Leur structure est d'ailleurs similaire et Nikita I. Tolstoï va jusqu'à parler d'un « isomorphisme structurel ». Les langues peuvent être examinées avec des méthodes semblables et décrites avec les mêmes concepts, en termes de système et de réalisation, de modèle et de variante, de relation paradigmatique et syntagmatique, d'opposition et d'équivalence, de texte, de convention de genre, de style (Bartmiński 2010c : 18, 2012a : 12).

Bartmiński perçoit aussi dans la langue polonaise la base de l'identité nationale. On peut certainement y voir l'influence de la tradition romantique polonaise, qui considère que le cœur-même de la culture et de l'identité se trouve dans la langue. Lorsque l'existence de la nation polonaise fut menacée, suite aux partages de la Pologne entre l'Empire de Russie, le Royaume de Prusse et l'Empire d'Autriche à la fin du XVIIIe siècle, la protection de la langue a pris une signification toute particulière. Bartmiński cite à ce propos Karol Libelt, philosophe et activiste pro-polonais, qui s'est engagé politiquement et socialement en faveur du maintien de l'esprit national de la minorité polonaise, dans le Royaume de Prusse. Dans l'ouvrage « De l'amour de la patrie » (*O miłości ojczyzny*), datant de 1844, Libelt écrit que « sans langue nationale, il n'y a pas de nation [parce que] la langue est le sang qui coule dans le corps patriotique de la nation [,] le saint sang de la mère patrie » (d'après Bartmiński 2010c : 15). Selon l'auteur, dans la Pologne libre, la langue maternelle reste considérée comme la plus signifiante, la plus intime partie de la culture nationale. La langue ayant permis aux Polonais de s'identifier au pays alors même qu'il avait disparu de la carte de l'Europe, demeure le signe de l'identité nationale. Aussi, Bartmiński souligne que depuis des années, les philosophes (dont Kazimierz Twardowski), les écrivains (comme Erwin Kruk), les hommes d'Église polonais (avec l'exemple du pape Jean-Paul II), continuent d'accorder une place toute particulière à la langue, en tant que marqueur de nationalité (ibid.).

Bartmiński comprend les valeurs comme « ce que, à la lumière de la langue et de la culture, les gens considèrent comme précieux » (2012a : 39). Ouvertement ou secrètement assumées, elles guident la construction de la représentation de la réalité chez celui qui expérimente et conceptualise, qu'il s'agisse d'un individu ou d'une communauté de locuteurs. Cette approche rejoint la définition admise en sociologie depuis Emile Durkheim (1911) et Max Weber (1904-1917), qui considèrent les valeurs partagées par une société comme des *idéaux collectifs* transmis aux individus et constituant la base de toute unité sociale. Pour Henri Mendras (1964), les valeurs prennent même la forme de normes : elles permettent de réguler la vie des individus et des groupes dans une société, d'imposer des règles de comportement. Mais dans quelle mesure sont-elles exprimées par les unités du système linguistique ? Sur ce point, deux conceptions se distinguent au sein de la linguistique axiologique polonaise (Bartmiński 2012), associées aux noms de Jadwiga Puzynina (1991, 1992, 2003) et de Tomasz P. Krzeszowski (1994, 1997, 1999).

Selon Puzynina (1985), les valeurs sont, dans un sens, distinctes de la langue : si elles peuvent être exprimées au niveau du code linguistique, les moyens permettant de les exprimer restent faibles, puisqu'ils sont conventionnels et purement linguistiques. Les moyens textuels, aidés par le contexte verbal et situationnel, seraient les plus riches (Puzynina 1992 : 61). L'axiologie sémantique de Tomasz P. Krzeszowski (1999), basée sur le travail des cognitivistes américains tels que George Lakoff et Mark Johnson (1980), se fonde sur un lien plus étroit entre langue et valeurs. La frontière traditionnelle entre la sémantique et la pragmatique est effacée, pour eux, la valeur axiologique d'un mot peut être une propriété sémantique. À la suite de Charles E. Osgood (1980) et de Jacek Suchecki (1983), Krzeszowski affirme que les valeurs sont indispensables à la description de la signification, comprise comme une conceptualisation de la réalité (1999 : 18). Selon lui, le paramètre axiologique est de la plus haute importance, déjà présent dans le schéma de l'image préconceptuelle. Il rejette la distinction entre connotation et dénotation, affirmant que toutes les propriétés caractérisant les aspects émotifs ou connotatifs de la signification du monde doivent être prises en compte pour saisir la signification d'un mot. Avant Krzeszowski, d'autres chercheurs avaient mis le doigt sur ce lien intrinsèque entre langue et valeurs. Michał Głowiński (1986 : 180) présentait l'idée qu'un sujet parlant ne fait pas qu'exprimer des faits ou des opinions, il les inscrit dans des schémas évaluatifs, par inadvertance, de manière subconsciente. La matière que le locuteur utilise pour produire des énoncés (les mots, les expressions figées) est imprégnée de valeurs, ou, tout du moins, n'est pas neutre.

Cela ne signifie pas pour autant que tout dans la langue est marqué axiologiquement de la même manière. Les évaluations contenues dans le lexique portent en particulier sur les objets importants pour l'individu, qui lui sont nécessaires dans un sens physique ou spirituel (Arutyunowa 1988: 58). Les mots fortement imprégnés par ces valeurs apparaissent alors sous différentes appellations, comme des « mots-clés » (*key-words*, Wierzbicka 1992, 1997, 2006), des « mots phares » (*słowa sztandarowe*, Pisarek 2003), des « symboles collectifs » (*Kollektivsymbole, symbole kolektywne*, Fleischer 1995, 1998) ou tout simplement comme des « mots de valeur » (*nazwy wartości*, Bartmiński 2006). Ils font l'objet d'études approfondies en linguistique mais aussi en sociologie, où est mise en question la hiérarchie des valeurs des différents groupes sociaux. Dans le cadre du programme ASA (Bartmiński 2006 : 13), on retrouve une liste de 100 noms de valeurs, comptant parmi les plus importants de la langue polonaise. Tous ces termes, fortement marqués sur le plan axiologique, sont porteurs d'une certaine vision du monde des Polonais. Cette liste fut établie en 1990, à partir d'un sondage de type linguistique réalisé en 1985, associé à un sondage de type sociologique mené auprès de 500 personnes en 1986-1987, interrogées sur ce qu'elles considéraient comme des valeurs (cf. Bartmiński 1989 et Mazurkiewicz 1991). On compte notamment parmi ces mots les noms « Polonais » (*Polak*), « Allemand » (*Niemiec*), « Européen » (*Europejczyk*), désignant des personnes proches des Polonais pour des raisons géographiques, politiques et/ou historiques (notons que le nom « Français » (*Francuz*), sélectionné pour notre étude, ne fait pas partie de la liste). La conceptualisation de la réalité par la langue polonaise, en se faisant le reflet de valeurs partagées, peut aussi être perçue comme la base de l'identité polonaise :

> L'identité communautaire polonaise a un caractère culturel, on peut la reconnaître par la langue, comprise davantage comme un répertoire de valeurs formées par et héritées de la tradition que comprise de *manière emblématique* (Bartmiński 2007 : 24).

La langue d'une communauté linguistique, par les jugements de valeur dont les mots sont porteurs, révèle certains fondements de l'identité de ses locuteurs - une identité qui, comme la langue, est composée de données à la fois figées et constructibles. Rogers Brubaker (2001) a mis en évidence la distinction conceptuelle traditionnelle entre l'identité comme donnée figée et comme donnée constructible. Si le terme *identité* renvoie dans ses usages scientifiques à une construction depuis l'émergence de la notion aux États-Unis dans les années 60, il renvoie dans ses usages communs à une donnée intangible, sous l'influence de contextes politiques marqués par les revendications identitaires (avec en particulier le mouvement noir américain des Black Panthers). Ce double usage du terme a conduit, d'après Martina Avanza et Gilles Laferté, à une profonde ambiguïté du terme au sein de la recherche en sciences sociales (2005 : 135-136). Aussi les chercheurs prônent-ils un abandon du terme *identité* comme catégorie scientifique, préférant le substituer par ceux d'*identification*, d'*appartenance*, ou d'*image sociale*. Le concept d'*image sociale*, en tant qu'agrégation de discours stéréotypés sur un objet/sujet donné, fait écho à celui de la RLR, invoqué par les ethnolinguistes polonais : le sociologue qui s'intéresse à l'image sociale doit faire l'analyse de catégories discursives, ramenée à une sociologie du locuteur (2005 : 142-143). L'identité et la langue sont porteuses de valeurs contemporaines (revendiquées notamment au moyen de collocations choisies par les locuteurs) et de valeurs ancestrales anciennement partagées par la communauté linguistique (dont on trouve encore la trace dans le large panel des expressions figées). Elles s'inscrivent dans une dimension traditionnelle, historique, et dans une dimension plus individuelle, évolutive, relative à un contexte et à une époque donnée. Elles ont des composantes durables et résistantes au changement, mais aussi des composantes constructibles et déconstructibles.

Dans la relation étroite entre langue et culture intervient un troisième acteur : le locuteur, porteur de son vécu, de ses expériences et de ses valeurs. Les ethnolinguistes polonais veulent parvenir au sujet parlant, à sa perception, sa conceptualisation du monde et à son système de valeurs. Le locuteur est un individu mais aussi un sujet collectif, membre d'une communauté, d'un *ethnos*. (Bartmiński 2012a : 12). Pour concevoir cette relation entre langue, culture et sujet parlant, il faut considérer la manière dont la subjectivité existe dans la langue (Bartmiński et Pajdzińska 2008). La subjectivité, traditionnellement liée au langage et à la production de textes par le locuteur, prend aussi sa place dans le système linguistique (Bartmiński 2012a : 12). Des théories linguistiques structurales, issues notamment d'Eugenio Coşeriu (2001), de Louis Hjelmslev (1971) et développées par François Rastier (1987), complètent l'opposition traditionnelle signifié-signifiant mise à jour par Saussure, avec le concept de *norme linguistique* :

> La norme comprend tout ce qui, dans *la technique du discours*, n'est pas nécessairement fonctionnel (distinctif), mais qui est tout de même traditionnellement (socialement) fixé, qui est usage commun et courant de la communauté linguistique (Coşeriu 2001 : 246).

En d'autres mots, la norme linguistique n'est pas simplement grammaticale, mais elle relève aussi de la communication et de la culture. Une telle conception est importante dans la mesure où elle permet la reconnaissance de différents degrés de subjectivité (intersubjectivité) dans les unités linguistiques (Bartmiński 2012a : 12). Le modèle tripartite système-norme-parole/usage en sémantique lexicale, exposé par Hjelmslev (1971) et repris par Coşeriu (2001) puis Rastier (1987), permet d'inclure dans la reconstruction de la signification des mots, des caractéristiques de base, de fortes connotations, ainsi que des connotations faibles ou périphériques (Bartmiński 2012a : 12).

Relativité linguistique

Le courant ethnolinguistique s'appuie sur la notion de relativité linguistique. La description de la variabilité des représentations du monde dans les langues trouve ses racines dans l'Europe du XIXe et plus particulièrement dans la pensée allemande. L'homme d'État et philologue prussien Guillaume de Humboldt envisage dès lors des liens étroits entre la langue et la pensée (1836-1839), selon lui « l'activité intellectuelle et la langue sont une et inséparables l'une de l'autre » (d'après Vandeloise 2003 : 40). Il existe une véritable interaction entre la langue et la pensée. D'un côté Humboldt reconnaît, de la même façon que la grammaire de Port-Royal (Arnauld et Lancelot: 1660/1810), un noyau d'universaux grammaticaux représentant certaines lois de la pensée humaine. De l'autre, il voit deux facteurs à la diversité des langues. Le premier est que les langues représentent des visions différentes du monde, étant donné que leurs locuteurs eux-mêmes perçoivent le monde qui les entoure de manières différentes. De cette façon, « tous les concepts d'une nation se retrouvent dans son vocabulaire » (d'après Vandeloise 2003 : 40). Le deuxième est que le caractère de la nation, qui est selon Humboldt la cause des coutumes et du tempérament d'un peuple, influence lui-même la langue. Chaque langue porte en elle une vision du monde irréductible. Pour connaître un peuple, sa culture, ses codes, la langue se présente comme un canal essentiel : elle est l'expression de l'esprit d'une nation, le véritable fondement de l'unité d'un peuple.

Par l'intermédiaire du philologue et philosophe Heymann Steinthal (1848) et de l'anthropologue Franz Boas (1940), les idées de Humboldt seront reprises au XXe siècle par la linguistique américaine. Boas va être le précurseur des ethnologues, qui feront l'étude des cultures des Indiens d'Amérique du Nord et élargiront considérablement notre connaissance des langues humaines. Pour Boas, « une investigation en profondeur de la psychologie des peuples du monde doit inclure une analyse purement linguistique » (d'après Vandeloise 2003 : 42). Dans cette perspective, l'étude des langues va représenter une part majeure de l'ethnologie.

Boas, qui considère que la pensée est antérieure à la langue, ne signale cependant pas de lien de cause à effet entre langue et culture. Benjamin Lee Whorf aurait par contre identifié dans la langue un élément déterminant la pensée des locuteurs et formulé les prémices de l'hypothèse nommée plus tard *Whorf-Sapir*. L'hypothèse du *relativisme linguistique* a été mise à jour par l'anthropologue Edward Sapir (1949, 1978), qui conçoit que :

> La *réalité* est, dans une grande mesure, inconsciemment construite à partir des habitudes langagières du groupe. Deux langues ne sont jamais suffisamment semblables pour être considérées comme représentant la même réalité sociale. Les mondes où vivent des sociétés différentes sont des mondes distincts, pas simplement le même monde avec d'autres étiquettes » (d'après la traduction d'Andresen 2000 : 328).

Les structures de la langue d'une communauté donnée affectent la manière dont ses locuteurs conceptualisent le monde, elles organisent l'expérience des locuteurs pour représenter leur réalité sociale. L'ethnolinguistique émerge alors en tant que telle aux États-Unis après la mort de Whorf, en se fondant sur cette hypothèse de la relativité culturelle du langage. Les ethnolinguistes souhaitent se pencher sur la variabilité linguistique à travers les différentes sociétés humaines, afin de comprendre la manière dont la perception et la conceptualisation de la réalité influencent le langage des différentes sociétés et cultures.

Mais l'hypothèse Whorf-Sapir a très peu été testée empiriquement (Gumperz et Levinson 1996 : 37-69), ce que Claude Vandeloise attribue à une relative ignorance de la diversité linguistique (2003 : 46), au fait que la dimension sémantique et cognitive des grammaires de langues non-européennes soient à cette époque fréquemment mise de côté. Le grand intérêt suscité par l'hypothèse de la relativité linguistique dans le monde de la recherche a aussi perdu de sa force environ dix ans plus tard, faisant place à un nouvel engouement pour la grammaire générative.

Représentation Linguistique de la Réalité (RLR)

La Représentation Linguistique de la Réalité (RLR) est un des concepts descriptifs de base du courant ethnolinguistique cognitif, dérivant des propositions méthodologiques précitées de Sapir et Whorf et trouvant ses origines dans la pensée allemande du XIXe siècle. Avec le concept de « vision du monde » (*Weltansicht*), formulé par Humboldt (1836) puis développé par Leo Weisgerber (1962) avec l'hypothèse d'« un monde linguistique intermédiaire » (*Sprachliche Zwischenwelt*), il est avancé que notre langue, et plus précisément notre langue maternelle, structure notre appréhension de la réalité (Roth 2004). Avec Martin Luther, qui estimait que chaque langue détient des propriétés spécifiques pour appréhender le monde à sa façon, nous découvrons l'esquisse de ce que sera le concept de RLR (Anusiewicz, Dąbrowska, Fleischer 2000). Cette idée aurait refait surface pendant la période des Lumières européennes, principalement italiennes et françaises (Christmann 1967 : 452-463).

Depuis les années 70, le concept de RLR a été largement développé dans les pays slaves, en particulier en Pologne et en Russie, et plus récemment en Biélorussie, en Ukraine, et en République Tchèque (Bartmiński 2012a : 22, 2012b : 12). En Pologne, Walery Pisarek en a proposé une première définition dans l'ouvrage « Encyclopédie du savoir sur la langue polonaise » (*Encyklopedia wiedzy o języku polskim*), publié en 1978 sous la direction de Stanisław Urbańczyk et Marian Kucała :

> La RLR, c'est-à-dire la représentation du monde se reflétant dans une langue nationale donnée, ne correspond pas exactement à l'image réelle du monde, découverte par la science. Ainsi, il est possible qu'entre les images du monde reflétées dans chacune des langues nationales, des différences considérables se produisent, en raison notamment des différentes conditions de vie des peuples (Pisarek 1978 : 176).

Deux ans après cette première définition, Bartmiński reprend le concept dans le « Dictionnaire des stéréotypes linguistiques populaires » (*Słownik ludowych stereotypów językowych*) et présente les positions théoriques de l'ECL. Il place la RLR au cœur de l'entreprise de cette école et ouvre la voie à d'amples recherches sur les représentations du monde et de l'homme, figées dans la langue populaire et le folklore (Bartmiński 2010b : 156). Dès lors, la RLR compte parmi les concepts figurant le plus souvent dans les travaux linguistiques polonais (Borkowski 2010 : 90). La problématique de la RLR fut étudiée par de nombreux chercheurs, dont Ryszard Tokarski (1990, 1993, 1997/1998, 1999) qui la définit comme « un ensemble de régularités » dans les catégories grammaticales et les structures sémantiques du lexique, ou encore par Renata Grzegorczykowa (1990) qui la conçoit comme « une structure conceptuelle figée (fossilisée) dans le système d'une langue donnée », et Janusz Anusiewicz (1994 : 113, 2000) qui la perçoit comme « une manière définie d'appréhender la réalité par la langue ».

Bartmiński préfère définir la RLR comme « un ensemble de jugements » (2010b : 157) et met en évidence sa nature cognitive (interprétative). Une telle définition ne la limite pas à ce qu'elle a de « fossilisé », de fermé en tant que structure, mais permet de prendre en considération son caractère dynamique et ouvert. Pour lui, la RLR se distingue comme une interprétation de la réalité comprise dans la langue, « qui se laisse codifier sous la forme d'un ensemble d'opinions sur le monde, sur les gens, les choses, les évènements » (ibid.). Il s'agit d'un portrait subjectif et non pas d'un reflet fidèle de la réalité. Cette interprétation, résultant de la perception et de la conceptualisation du réel par les locuteurs, détient un caractère non seulement subjectif et anthropocentrique, mais aussi intersubjectif. Elle a incontestablement un caractère social. La RLR s'oppose à la représentation du monde réel, décrite par les sciences empiriques. Elle unit les individus d'un environnement social donné, elle crée des communautés de pensée, de sentiments et de valeurs. Elle influence la perception et la compréhension d'une situation sociale par les membres de la communauté.

La notion de RLR fait, de plus, référence au triangle sémiotique d'Ogden et Richards (1923), chacun de ses trois composants correspondant à l'un des sommets du triangle (Bartmiński 2019). L'approche sémasiologique (en partant du nom pour parvenir à la signification) et onomasiologique (en partant du monde pour parvenir au nom) se voient alors complémentaires, comme on peut le voir ci-dessous :

Triangle sémiotique d'après Ogden et Richards (1923) — *Triangle sémiotique d'après Bartmiński (2019)*

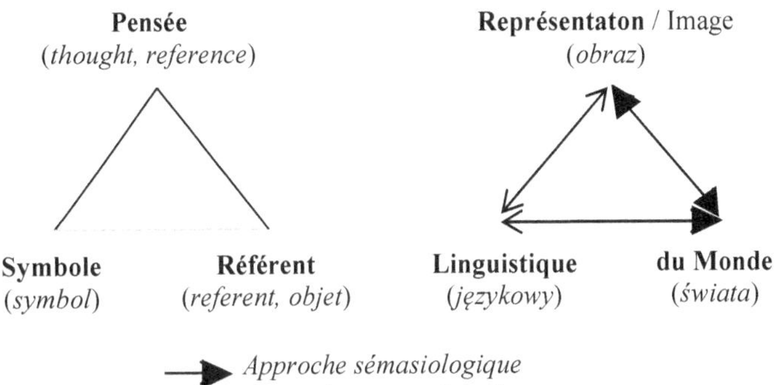

La RLR détient des caractéristiques considérées comme *normales* par le locuteur. Autrement dit, les représentations simplifiées (ou stéréotypes) partagées par une communauté de locuteurs font partie de la RLR et apparaissent dans les connotations des mots. Bartmiński (1985) insiste sur les observations du sociologue Józef Chałasiński quant à l'influence du social sur cet ensemble de représentations présentes dans la langue. D'après lui, dans tout type de nom se trouvent des stéréotypes, des raccourcis imagés auxquels sont rattachées des émotions positives ou négatives. Ces images ne rendent pas compte de la réalité objective, ce sont des contenus imprégnés de désirs, d'aspirations et de préjugés, de blessures et de haines réciproques. La réalité sociale se distingue selon lui par le fait qu'elle n'est pas une chose en soi, mais une image, située dans notre conscience, où il s'avère impossible de séparer la fiction de la réalité : « la réalité sociale est donc un monde d'images au contenu conventionnel et variable, c'est un monde de stéréotypes et de mythes ».

Les ethnolinguistes polonais, en envisageant la notion de stéréotype sur le plan sémantique et non pas sur le plan formel de la langue, comme le voudrait la tradition linguistique, adoptent une définition qui correspond davantage à l'approche de la sociologie et de la psychologie sociale (Bartmiński 2007 : 65-66). Bartmiński présente les travaux d'autres sociologues polonais dont les définitions du stéréotype sont étroitement liées à celles des ethnolinguistes cognitifs (Nowakowski 1957, Kapiszewski 1978, Kłoskowska 1961). La théorie de Gordon Allport sur les préjugés, présentée dans son livre *The Nature of Prejudice* (1954), retient aussi son attention. Allport, qui se penche sur les relations intercommunautaires, explore le lien entre les préjugés et la pensée catégorique. Reconnaissant la dimension émotive, sociale, économique et historique des préjugés, il y voit une conséquence de la nature même de l'esprit humain :

> L'esprit humain doit penser à l'aide de catégories. Une fois qu'elles sont formées, les catégories sont la base de jugements a priori normaux. Nous ne pouvons pas éviter ce processus. Il est nécessaire à une vie ordonnée (Allport 1954 : 20).

Les ethnolinguistes perçoivent cette catégorisation irrépressible de la réalité par l'homme, dans la diversité des stéréotypes qui se trouvent dans la langue et en particulier dans le lexique. D'après Bartmiński, les noms en sont plus particulièrement porteurs, puisque leur caractéristique principale est une généralisation subjective imprécise, l'assignation d'une propriété à tous les objets ou membres d'une catégorie (Bartmiński, Panasiuk 2001 : 377) :

> Le nom active inévitablement un type spécifique d'expérience, un modèle cognitif et une évaluation, et par la suite un schéma de réception et d'interprétation (Bartmiński, Panasiuk 2001 : 374).

Les stéréotypes portant sur des groupes de personnes furent abordés dans le domaine de la sémantique pour la première fois en Pologne par Pisarek, au travers d'une étude des types régionaux (1975 : 73-78), puis par Krystyna Pisarkowa dans une étude des types nationaux (1976 : 5-26). Chez Pisarkowa, le stéréotype est envisagé comme un sens complémentaire qui apparaît dans les connotations des noms de nationalité. Par ex., dans le cas du nom « Tzigane », le sens complémentaire serait en polonais « une personne vagabondant, un vadrouilleur », ajouté au sens fondamental « membre du peuple tsigane ». Les linguistes qui s'intéressent aux stéréotypes nationaux (Grzegorczykowa 1990, Bartmiński 1998, Kardela 1999) considèrent dès lors que « le stéréotype linguistique se réalise par des formes aptes à être relevées dans une langue soumise à une culture donnée » (Biardzka 2006 : 175). Certains vont même jusqu'à distinguer les stéréotypes mentaux des stéréotypes linguistiques (Schapira 1999). Les linguistes qui considèrent comme stéréotypes linguistiques uniquement les formes figées dans une langue sont nombreux (Grzegorczykowa 1990, Dyoniziak 2006). Svetlana Tolstaja déplore cette définition restrictive et présente l'idée que tous les stéréotypes sont de nature mentale (cf. Biardzka 2006), qu'ils se manifestent ou non par un comportement verbalisé. L'étude des formes figées facilite alors le travail du linguiste, puisqu'elles peuvent aisément être repérées. Elżbieta Biardzka fait ainsi mention des expressions idiomatiques (avec l'exemple de l'expression polonaise : « Il boit comme un cordonnier », ainsi que d'autres données linguistiques à valeur stéréotypique, telles que les métaphores (« un cœur de pierre »), les connecteurs logiques (« mais », « pourtant »), qui permettent une analyse logico-syntaxique, ou encore l'emploi générique de l'article (« Les Écossais sont avares »).

Pour reconstituer la RLR, le lexique est une base d'investigation incontournable. Il est, d'après Sapir, « un indicateur extrêmement sensible de la culture d'un peuple » (1949 : 27). Il constitue un classificateur d'expériences sociales (Tokarski 1993), un inventaire de concepts essentiels sur le plan existentiel, social et culturel (Bartmiński 2012b). Une vaste série de données peut être prise en considération pour reconstruire la RLR au niveau lexical du vocabulaire : les nouveaux noms et expressions (Bartmiński 2010b, 2012a), l'étymologie (Cholewa 2008, Bartmiński 2010b, 2012a), la valeur des mots (Bartmiński 2010b, 2012a), les hyperonymes (Bartmiński 2010b, 2012a), mais aussi la polysémie, les dérivés, les synonymes ou encore la catégorisation lexicale propre à chaque langue (Cholewa 2008). Mais l'on peut se demander dans quelle mesure la RLR est enracinée dans la langue, acquise par la langue, imposée au locuteur, et dans quelle mesure elle lui est seulement suggérée. Wierzbicka insiste sur le fait que la version déterministe de l'hypothèse Sapir-Whorf ne peut entièrement être défendue : chaque langue détient les moyens d'exprimer n'importe quel contenu ou expérience. Cependant elles divergent en raison des contenus dont elles suggèrent ou facilitent l'expression (Wierzbicka 1978 : 22). Ainsi que l'affirmait Sapir (1929) : « le langage est un guide dans la réalité sociale », les interprétations du locuteur sont tributaires d'un héritage socioculturel.

Composante sociologique

Les recherches de Lublin, en prenant en considération le rôle individuel du sujet parlant, mettent en avant un sujet collectif, une communauté, un *ethnos*. (Bartmiński 2012a : 12). La jeunesse a un rôle prépondérant dans l'évolution des valeurs communautaires sous-jacentes à la RLR. S'intéresser aux jeunes d'une communauté, à leurs jugements, leurs valeurs et leurs comportements, permet d'appréhender les positions et les évolutions de cette communauté dans son ensemble. Ainsi que le formule Bernard Roudet en reprenant les propos d'Annick Percheron (1993) dans l'introduction à l'ouvrage *Les jeunes Européens et leurs valeurs* (Galland, Roudet 2005), les attitudes des jeunes se présentent comme « un miroir grossissant des positions de la société tout entière », ils sont « un baromètre sensible de l'état de l'opinion et de la société ». D'après Norman Ryder (1965), cité par Olivier Galland (2001 : 103-133), c'est chez les jeunes adultes que se concentre le potentiel de changement social : ils sont assez âgés pour contribuer au changement et assez jeunes pour ne pas voir cette capacité limitée par une profession, une résidence, une famille ou un mode de vie. Si le processus d'apprentissage et de changement se fait à tout âge, il correspond au moment où l'individu consolide son identité.

À l'âge adulte, la personnalité tend à se cristalliser (Roudet 2005 : 14) et se modifie ensuite relativement peu :

> À un âge plus avancé, la réduction des interactions sociales, une certaine routinisation de la vie contribuent à réduire la capacité de changement et la propension à adopter des idées nouvelles. Les jeunes sont donc souvent les vecteurs du changement social, mais cette capacité s'érode à mesure qu'ils vieillissent (Galland 2000b : 202).

L'arrivée de nouvelles générations participe à l'évolution des valeurs de toute une société, ce qui amène Ronald Inglehart (1993) à considérer que le renouvellement générationnel est au fondement même du changement social et culturel. En nous intéressant à la RLR partagée par la jeunesse d'une communauté, imprégnée par les valeurs de ses locuteurs, nous pouvons aussi accéder aux valeurs de la communauté linguistique étudiée. Les linguistes faisant aujourd'hui l'étude de la RLR des Polonais et des définitions cognitives des mots de valeurs ont d'ailleurs bien souvent ciblé les jeunes pour effectuer leurs enquêtes[5], afin d'appréhender la manière dont les Polonais voient ces valeurs évoluer dans un nouvel environnement postcommuniste.[6]

---

[5] Avec par ex. des enquêtés lycéens et étudiants (Skibińska 2005) ou uniquement des étudiants (LAS-93, DYF-93, URB-93 : trois enquêtes citées dans Bartmiński 2007 et Długosz 2010).

[6] L'étude majeure ASA mentionnée ultérieurement a d'ailleurs été réalisée auprès d'étudiants polonais (Bartmiński 2006).

Chapitre 2

Méthode de recherche des représentations linguistiques

2.1 Choix terminologiques

Nous qualifions le champ dans lequel nous situons notre recherche d'« ethnolinguistique cognitive » à la suite de Bartmiński (2018b), bien que ce dernier utilise fréquemment le seul terme « ethnolinguistique » (*etnolingwistyka*) depuis la rédaction en 1980 de son « Dictionnaire des stéréotypes linguistiques populaires », qui se présente comme une sorte de manifeste de l'ECL. Le champ de recherche connaît encore d'autres appellations, relatives à différentes approches des liens qui existent entre le locuteur, la langue et la culture. Bartmiński utilise aussi l'expression « linguistique anthropologique » (*lingwistyka antropologiczna*) comme synonyme (2005 : 9, 2007 : 32). Selon lui, ce domaine de recherche appartient lui-même à un champ plus large, celui de la « linguo-culturologie » (*lingwokulturologia*) ou de la « linguistique culturelle » (*lingwistyka kulturowa*), telle que définie par Janusz Anusiewicz en 1994 (Bartmiński 2018c, 2019). Quoique des distinctions existent, tous ces termes contiennent l'idée fondamentale que l'étude du langage doit prendre en compte la communauté linguistique et sa culture.

Le terme « ethnolinguistique » semble aussi le plus approprié dans nos recherches pour trois raisons. Tout d'abord, le mot a une longue tradition scientifique. Apparu en premier lieu dans la langue anglaise, avec le terme *ethnolinguistics* en référence aux recherches sur les langues amérindiennes, il fut largement repris dans d'autres langues : en français avec le mot *ethnolinguistique*[7], en allemand avec *Ethnolinguistik*[8], etc. Le terme a également fait carrière dans les langues slaves avec les équivalents en russe *etnolingvistika* (Этнолингвистика)[9], en ukrainien *etnolingvistika* (Етнолінгвістика)[10], en slovaque ou en tchèque *etnolingvistika*[11] ou encore en lituanien *etnolingvistika*[12]. Ensuite, le suffixe grec *ethno-* recouvre un vaste champ sémantique, qui permet une compréhension à la fois large et étroite. Il regroupe les notions de nation, de société, de groupe social, de personnes ou de tribu, de façon à ce qu'on puisse l'utiliser pour aborder les représentations des différents groupes socioculturels qu'elle recouvre. De plus, il relie directement le langage à sa dimension collective, à une communauté de locuteurs, et indirectement, à ce qui lie cette communauté : sa culture. Nous faisons aussi le choix d'y ajouter l'adjectif *cognitive,* proposé en anglais par Jörg Zinken (2004), pour souligner les similitudes théoriques du courant avec la linguistique cognitive.

---

[7] Bernard Pottier fut le premier à proposer dans la recherche linguistique française un programme *ethnolinguistique*, avec trois axes majeurs : la langue et la vision du monde, les réflexions sur le langage et les langues, ainsi que la langue et la communication, dans : B. Pottier (dir.) (1970), *Langages,* n°18 : *L'ethnolinguistique,* Didier/Larousse, Paris.

[8] Avec entre autres l'ouvrage de Per Sture Ureland (dir.) (2010), *Kulturelle Und Sprachliche Minderheiten in Europa : Aspekte Der Europäischen Ethnolinguistik Und Ethnopolitik*; Akten Des 4. Symposions über Sprachkontakt, Max Niemeyer Verlag, Tübingen.

[9] Quelques travaux notables d'auteurs russes et biélorusses : И.И.Токарева (2003), *Этнолингвистика и этнография общения*, МГЛУ, Минск ; Н. И. Толстой (1995), *Язык и народная культура : очерки по славянской мифологии и этнолингвистике*, Изд-во « Индрик », Москва ; А. Т. Хроленко (2000), *Этнолингвистика : понятия, проблемы, методы*, Славянск-на-Кубани.

[10] Voir l'ouvrage de Valentina Konobrodska : В. Конобродська (2006), *Українська етнолінгвістика на шляху пошуку (Замість передмови)*, Етнолінгвістичні студії 1, Житомир.

[11] Avec par ex. l'ouvrage de František Vhrel (1980), ethnologue tchèque ibéro-américaniste : *Základy etnolingvistiky*, Univerzita Karlova, Praha.

[12] À titre d'exemple les travaux du linguiste lituanien Aloyzas Gudavičius (2009), *Etnolingvistika : Tauta kalboje*, Šiaulių Universitetas, Šiauliai.

2.2 Objectifs de la recherche

Cette étude, portant sur les ethnonymes « Polonais » (*Polacy*), « Français » (*Francuzi*), « Allemands » (*Niemcy*) et « Européens » (*Europejczycy*), comporte plusieurs objectifs linguistiques et sociologiques :

Déterminer des éléments de la définition cognitive des quatre ethnonymes. Il s'agit de recueillir les éléments de description employés par les jeunes Polonais, pour rendre compte de leur conception des communautés auxquelles les ethnonymes se réfèrent, et du sens qu'ils accordent à ces mots. Au moyen de quelles expressions les jeunes Polonais évoquent-ils leurs appréciations positives et négatives des communautés désignées ? Quels sont les éléments fondamentaux (interindividuels) des définitions cognitives des ethnonymes ? Nous dresserons une liste des traits sémantiques attribués à chacun des quatre noms, tout en tenant compte de leur dimension axiologique. Il sera possible de comparer ces ébauches de définitions d'après des acceptions et portraits déjà ressortis dans des études antérieures.

Repérer les liens entre les définitions des ethnonymes nationaux et de l'ethnonyme « Européens ». Il importe de savoir si les acceptions du mot « Européens », correspondent à une synthèse des trois autres ou si elles s'en distinguent. En considérant ce que Bartmiński envisage comme le déterminant sémantique de base du mot « Européens », c'est-à-dire le fait que l'ethnonyme désigne les habitants du territoire européen, ce nom devrait pouvoir tout autant se référer aux Polonais, qu'aux Allemands ou aux Français. Sa définition cognitive pourrait figurer une mosaïque des traits sémantiques des trois autres noms. Pourtant, on ne peut négliger le fait que les Allemands et les Français sont des habitants de pays anciennement associés dans la pensée des Polonais à l'Europe, reconnus de surcroît comme les principaux acteurs du processus d'intégration de l'UE (Warchala 2001 : 6). Les Polonais sont aussi entrés plus récemment dans l'Union européenne et n'associent pas nécessairement leur culture à celle des Européens (Prochorowa 1998 : 240). Pour ces raisons, on pourrait avancer l'hypothèse que, pour la majorité de la jeunesse Polonaise, la définition cognitive de l'ethnonyme « Européens » devrait être plus proche des ethnonymes hétérostéréotypique « Français » et « Allemands » que de l'ethnonyme autostéréotypique « Polonais » (une hypothèse qui sera néanmoins infirmée par les résultats d'enquête). On peut encore se poser les questions suivantes : si les traits sémantiques européens ne correspondent pas à une synthèse des traits accordés aux trois ethnonymes nationaux, se rapprochent-ils alors d'un ethnonyme national plus que d'un autre ? Existe-t-il des traits attribués à l'ethnonyme « Européens » qui ne se retrouvent chez aucun autre ? Le degré d'appréciation des caractéristiques de l'ethnonyme « Européens » est-il enfin similaire à celui des trois autres ?

Déceler l'influence des facteurs sociaux et environnementaux dans la formation des définitions. Comme nous le verrons plus en détail, les linguistes de Lublin se concentrent souvent sur l'ensemble de la jeunesse étudiante pour effectuer leurs enquêtes. Ces recherches laissent de côté l'étude de toute éventuelle divergence entre les représentations des différents groupes qui composent cette jeunesse. On peut noter en référence l'enquête ASA menée par Bartmiński, une enquête de grande envergure qui a notamment pris en compte la signification des noms « Polonais », « Allemand » et « Européen » en 1990 puis en 2000. Bien qu'elle ait sollicité plus de 2000 répondants, cette enquête s'est concentrée sur un échantillon d'étudiants inscrits dans des établissements de la ville de Lublin. On peut donc imaginer que leurs manières de comprendre les ethnonymes peuvent diverger de celles de jeunes Polonais vivant, par ex., dans des petites campagnes de l'ouest de la Pologne et n'ayant pas fait d'études supérieures. Pour appréhender la signification des ethnonymes retenus, il semble essentiel de cibler un échantillon d'enquêtés aux profils variés. Leurs différentes origines et expériences influenceront, comme nous pourrons le constater, leur conceptualisation et leurs évaluations.

Par cette étude comparative en langue polonaise des noms de nations du Triangle de Weimar et du nom « Européens » lui-même, ces travaux proposent une autre approche de l'identité européenne. L'histoire et le patrimoine culturel communs aux Européens, ainsi que les valeurs que défendent les institutions européennes (souvent mis en avant pour appréhender la question de l'identité européenne), semblent insuffisants pour justifier chez les citoyens de l'Europe une identification à la figure de l'Européen. Le terme d'identité culturelle de l'Europe, apparu peu à peu au Conseil de l'Europe dans les rencontres et conférences à la fin des années 70 (et utilisé fréquemment dès le début des années 80 (Obaton 1997 : 11)), pose encore problème. La proclamation continuelle de l'identité européenne laisse « toujours la définition de soi comme européen si fragile auprès des 'Européens' eux-mêmes » (Avanza et Laferté 2005 : 139). Si d'un côté les valeurs communes et le patrimoine commun dits à la source de l'identité européenne font toujours débat (ces valeurs proclamées sont aussi celles d'autres pays, l'histoire ne s'est pas limitée au continent etc.), de l'autre côté, les valeurs identitaires reconnues comme positives et promues par les institutions européennes ne sont pas nécessairement partagées par l'ensemble des citoyens européens, et plus particulièrement par les citoyens de l'est de l'Europe, membres de l'Union européenne depuis 2004. Pour réfléchir à cette identité culturelle, concept problématique de par sa dimension à la fois figée et évolutive, la piste de la représentation linguistique de la communauté européenne par les jeunes Européens eux-mêmes représente alors un intérêt particulier.

Est-il finalement possible d'envisager sous un autre angle ce qu'est l'identité européenne, non pas en recherchant les caractéristiques et les valeurs qui seraient à sa source, mais en s'intéressant aux valeurs vers lesquelles les jeunes s'orientent, au travers des (auto)représentations qu'ils verbalisent ?

2.3 Concepts descriptifs de base

Parmi les concepts descriptifs employés dans ce travail, se trouvent notamment deux concepts fondamentaux, précisés dans les paragraphes suivants. Il s'agit des concepts de *signification* et de *définition cognitive*, ce dernier découlant directement de l'approche de la *signification* adoptée.

De la connotation de Mill à la définition cognitive

John Stuart Mill (1843, cité par Grzegorczykowa 1993 et par Bartmiński 2019) est le précurseur d'une approche philosophique de la signification selon laquelle le sens de chaque expression est constitué de deux composantes : la *connotation* et la *dénotation*[13]. Le terme *connotation* désigne les caractéristiques communes aux éléments d'un ensemble et le terme *dénotation* l'ensemble de ces éléments. Cette pensée classique correspond à une approche objective de la signification selon laquelle le sens des mots ne peut être réduit à des entités subjectives, à des idées qui pourraient être personnelles et singulières. Un mot est envisagé comme ayant une signification propre et permanente, comme le reflet d'un objet à l'essence invariable (Rastier 2006). Pour Mill, le nom propre est en fait vide de sens, il réfère mais ne signifie rien : « Les seuls noms qui ne connotent rien sont les noms propres et ceux-ci n'ont, à strictement parler, aucune signification » (Mill 1896, cité par Leroy 2004). Selon lui, les noms propres sont uniquement employés pour désigner, pour identifier des éléments du réel. Ils correspondent à des étiquettes et n'apportent aucune information sur ce qu'ils désignent (Leroy 2004). Gottlob Frege (1892), dans la lignée de Mill, fait la distinction entre la « dénotation/référence » (*Bedeutung*) d'une expression (par ex. l'objet ou le sujet que le locuteur cherche à désigner par cette expression) et le « sens » (*Sinn*), c'est-à-dire les descriptions de cet objet/sujet, objectives et admises par une communauté de locuteurs, qui permettent de retrouver la dénotation d'une expression. Deux expressions différentes peuvent être synonymiques à la condition d'avoir la même dénotation et le même sens. Un concept renvoie aussi à un objet, à un ensemble : l'extension. Frege distingue alors *l'extension* (l'ensemble des objets/sujets désignés par

[13] Aristote posait déjà la question de la définition des mots dans les *Catégories*, en réfléchissant aux manières dont l'être peut se dire, aux catégories correspondant aux différentes manières de désigner et signifier ce qui est.

l'expression - la dénotation) de *l'intention* (les prédicats qui appartiennent à l'objet/sujet - la signification) (Grzegorczykowa 1993), avec l'idée que l'intention déterminerait l'extension.

Hilary Putnam, dans une perspective qui nous est proche, a remis en cause cette approche objective de la signification développée par la philosophie du langage au XIXe siècle. Pour lui, les lois qui régissent la langue sont calquées sur celles qui régissent la psychologie humaine. Il identifie les dénotations (au sens d'intentions, d'ensemble de prédicats qui appartiennent à un concept), à des entités abstraites plutôt que mentales (Putnam 1975). Il met en avant le caractère abstrait et collectif du sens des mots, en insistant sur le rôle déterminant joué par la société et la réalité extralinguistique. La signification prend un caractère intersubjectif, une dimension sociale, le mot est considéré comme « un territoire commun entre les membres d'une communauté linguistique, un lieu où les points de vue se rencontrent, se censurent et se complètent » (d'après Bruno 2009 : 8). Pour rendre compte de la dimension sociale du sens des mots, Putnam propose de prendre « un exemple de science-fiction », l'exemple d'une planète qui ressemblerait à la Terre et qu'il appelle *la Terre-Jumelle* (Putnam 1978, d'après la traduction de Jean Khalfa). En prenant l'exemple du corps composé appelé sur notre terre *eau*, de structure atomique H_2O, il imagine qu'il existe également sur la terre jumelle un corps dénoté par le terme *eau*, aux propriétés stéréotypiques identiques (avec un caractère incolore, transparent, liquide, inodore, sans goût, etc.), dont la composition chimique serait cependant une longue formule abrégée par XYZ. Par cette expérience, Putnam présente l'idée que le contenu sémantique de l'*eau*, comme des mots en général, n'est pas déterminé uniquement par des données internes (l'état psychique ou la pensée du locuteur) mais aussi par des données externes (l'histoire causale qui a conduit au choix et à l'emploi des mots), que l'on ne peut occulter. Les locuteurs d'une langue peuvent tout à fait utiliser un mot sans connaître son extension (ici H_2O ou XYZ), même si celle-ci existe et peut être distinguée par le spécialiste. La signification ne se trouve donc pas figée au niveau de l'individu mais de l'ensemble d'une communauté linguistique donnée, elle n'est pas seulement une intention (au sens classique de Frege) - qui n'est pas elle-même un mode de donation de l'extension : la signification ne correspond pas à une description permettant d'identifier un objet du monde. Elle relève du stéréotype, c'est-à-dire d'un ensemble de propriétés conventionnalisées accordées aux mots dans l'usage commun de la langue, qui constitue le sens minimum des termes et permet la communication entre les membres d'une communauté linguistique (Putnam 1975).

L'idée de dimension sociale du lexique est aussi développée dans les travaux d'Anna Wierzbicka. La linguiste propose une théorie « atomiste » de la signification, caractéristique de l'ethnolinguistique. Cette théorie repose sur une division en trois groupes de notions essentielles qui permettent de définir les mots selon des critères culturels. On trouve premièrement les *notions universelles* (Wierzbicka 1993, Cholewa 2008 : 37), les unités de base de la signification qui existent dans toutes les langues et se présentent comme des éléments de signification basiques, qui n'ont pas besoin d'être expliqués. Ces notions sont compréhensibles de manière intuitive, elles ne peuvent pas être définies et se présentent comme des composantes primordiales, des *primitifs* (Wierzbicka 1993) dans la mise à jour des deux autres types de notions, par ex. les pronoms *je* ou *tu,* les verbes *penser* ou *vouloir*, etc.). Ensuite, il est question des *notions d'extension limitée* (Wierzbicka 1993, Cholewa 2008 : 37), des notions présentes uniquement dans certaines cultures et langues. Par ex. « le malheur » (en polonais, *nieszczęście*) ne trouve pas d'équivalent direct en langue anglaise. Enfin, on trouve les *notions spécifiques* (ibid.), des notions caractéristiques pour une communauté de locuteurs, pour une culture en particulier. Par ex. le terme polonais *kuroniówka*, désignant un repas donné gratuitement aux personnes dans le besoin, ne peut être traduit dans d'autres langues.

De cette façon, la définition d'un mot contient des traits essentiels (des traits sémantiques nécessaires au locuteur pour reconnaître l'objet/sujet décrit comme appartenant à la catégorie invoquée) et des traits caractéristiques (des traits facultatifs).

Selon Wierzbicka, une hiérarchisation intuitive des traits sémantiques est également faite par les locuteurs. Tous les traits sémantiques (ou caractéristiques) attribués à un objet ou sujet, au travers du terme qui le désigne, n'ont pas la même importance, le même degré de nécessité pour les locuteurs. Si les dictionnaires présentent les traits sémantiques essentiels des mots, ils sont dépourvus de traits facultatifs (proches de la notion de *connotation* en linguistique structurale).

Pour les ethnolinguistes, la totalité de ces traits participent à la définition des mots (qui ne se limite pas aux caractéristiques nécessaires et suffisantes des définitions taxinomiques). Elle répond à un objectif primordial de reconstruction, incluant la ou les manières dont les locuteurs comprennent un objet/sujet (voir le dictionnaire SSSL, 1996-1999).

> [Cette définition vise] non seulement à distinguer la classe de signifiés liés à un nom, mais surtout à rendre compte de tous les aspects possibles d'interprétation de la réalité par les usagers de la langue, sans se borner aux traits suffisants et nécessaires. Elle doit montrer la façon de percevoir le monde par la langue (Cholewa 2008 : 50).

Dans cette optique, Bartmiński emploie l'expression « définition cognitive » (*definicja kognitywna*) (1988), qui correspond à la manière socialement déterminée de comprendre, d'appréhender un sujet par les locuteurs d'une langue donnée (Bartmiński 2012b). Relevant de la conscience collective courante, qui s'appuie sur un savoir populaire concernant le monde (Bartmiński 1990), elle repose sur un principe de reconstruction subjective, sur une description de la signification relativisée par rapport au locuteur ou à la communauté linguistique (Cholewa 2008 : 51). Pour motiver l'emploi de l'adjectif « cognitive », elle doit d'une part comprendre l'ensemble des caractéristiques attribuées à un objet/sujet de manière permanente (inscrites dans la structure même de la langue), et d'autre part, reconstituer leur ordre interne, relativement à la conscience des locuteurs et à leur représentation simplifiée du monde. Ainsi, la définition admet une organisation hiérarchique de la signification et elle tient compte de l'ensemble des connotations, bien qu'elles puissent être faiblement figées dans la langue (Bartmiński 1993b).

Approche de la signification et de ses analyses

À l'instar de l'ethnolinguistique, nous mettons en avant, dans la description de la signification, le terme de connotation, compris dans un sens large, comme synonyme de contenu sémantique, d'intention (Bartmiński 2013b : 43). Sont ainsi associés aux connotations les traits dits critériels et caractéristiques (qui correspondent chez Putnam aux stéréotypes), et les traits de type individuel, occasionnel et fortuit (ibid.). Pour mieux expliquer le rôle de ces derniers, longtemps considérés comme secondaires et exclus de l'intention, Bartmiński prend l'exemple du nom commun « âne » (*osioł*), auquel un ensemble de caractéristiques objectivées sont attribuées, comme par ex. : « domestique, élevé comme animal de bât ou d'attelage », « gris », « avec de longues oreilles », « avec une queue mince », etc. (Bartmiński 2010b). L'ensemble de ces traits permet de distinguer dans la réalité cet animal des autres. Cependant le nom « âne » est associé en langue polonaise à un ensemble de caractéristiques supplémentaires, présentes dans l'esprit des locuteurs, telles que « animal têtu et stupide » (d'où la métaphore en langue polonaise d'« une personne têtue et bête »). Cette caractéristique permet aux Polonais de comprendre ou de produire des textes du type « Janek est têtu comme un âne », elle n'a donc pas un caractère uniquement secondaire ou complémentaire.

Une telle approche de la signification justifie l'application de plusieurs outils d'analyse. Pour accéder aux connotations, le linguiste peut appréhender le lexique par le truchement des idiomes et proverbes (Cholewa 2008, Bartmiński 2010b, 2012). Mais les expressions figées apportent peu de renseignements sur les représentations contemporaines des locuteurs, en raison de leur lente évolution dans la langue. Les idiomes et les proverbes, parfois d'origine très ancienne, apportent des informations sur les mots et les représentations qui y sont associées par la communauté linguistique au moment de leur formation. D'après Bartmiński, la phraséologie n'est pour cette raison pas appropriée à l'étude des représentations contemporaines d'une communauté de locuteurs, elle est d'après lui généralement basée sur une connaissance historique, à laquelle seules les études étymologiques donnent accès (Bartmiński 2010b). L'étude de ces expressions, facilement repérables, semble particulièrement séduisante pour le chercheur qui s'intéresse aux stéréotypes linguistiques (Bartmiński 2010a), comme en attestent de nombreux travaux (Bartmiński et Panasiuk 2010, Bartmiński 2007, Dyoniziak 2006, Skibińska 2001, Martin 1991). Pourtant les motivations de ces liens idiomatiques restent souvent imprécises et opaques (voir à ce sujet Lewicki et Pajdzińska 2001 : 329).

Nous partageons aussi l'opinion qu'en opposition à ces collocations invariables, les « collocations variables » (*żywe kolokacje* - littéralement les « collocations vivantes »), définies comme « des relations verbales faisant intervenir des concepts pertinents » apportent davantage d'informations sur une interprétation contemporaine du monde (Bartmiński 2010b), sur la connotation des mots. C'est pourquoi les travaux ethnolinguistiques polonais privilégient de manière plus récente l'étude des collocations variables plutôt que des liens idiomatiques et proverbes. Puisque le rapprochement de termes que constitue la collocation autorise la variation et donc un choix des locuteurs dans le rapprochement d'unités lexicales, il est révélateur d'une interprétation contemporaine du monde, une interprétation qui est naturellement en perpétuel changement :

> Les collocations variables – c'est-à-dire les relations verbales faisant intervenir des concepts pertinents, bien qu'étant moins pittoresques, sont plus proches du sens linguistique moderne et en disent davantage sur l'interprétation actuelle du monde (Bartmiński 2010b).

Pour recueillir toutes ces informations relatives à la signification des mots, une place particulière est accordée à la réalisation de questionnaires (cet outil méthodologique, largement exploité en ethnolinguistique et privilégié dans ce travail, sera développé dans la partie suivante). La présente étude, qui porte sur un fragment de la RLR révélé par la jeunesse polonaise contemporaine, incite à ne pas se focaliser sur des données linguistiques qui évoluent lentement dans le système de la langue, où demeurent des représentations anciennes de la réalité. Le caractère contemporain (il est question de la jeunesse d'aujourd'hui) et étendu (il s'agit d'obtenir une vue d'ensemble de leurs représentations) de notre recherche invite à se concentrer sur des collocations librement formulées par les jeunes pour caractériser les ethnonymes, celles-ci permettant de révéler le plus large ensemble possible de leurs représentations.

2.4 Corpus

Caractéristiques de l'enquête

Ce travail se base dans un premier temps sur des données d'enquête de type qualitatif, qui offrent l'opportunité d'une étude détaillée des collocations variables formulées par les répondants. Une place particulière est accordée en ethnolinguistique polonaise à ce type d'enquête et à la mise au point de questionnaires contenant des questions ouvertes, permettant de recueillir toute une gamme de collocations (Bartmiński 2012a : 35) :

> [Ces méthodes d'enquête ouverte] peuvent faciliter l'accès à la conceptualisation populaire du monde, à une connaissance consolidée socialement, pertinente pour la communication linguistique. Dans les réponses des enquêtés, qui sont une sorte de *sources déclenchées*, se révèlent des caractéristiques systémiques et individuelles, tout comme des caractéristiques se trouvant en quelque sorte au milieu, entre deux, relevant de la *norme sociale* (au sens de Hjelmslev et Coşeriu) (Bartmiński 2010a : 124).

Bartmiński, notant que les méthodes d'enquête ouverte sont considérées à contrecœur et avec suspicion par les linguistes liés au paradigme structuraliste, fait la distinction suivante :

> Les résultats obtenus par le recours aux enquêtes ouvertes plutôt que fermées sont plus fiables. Les premières ne contiennent pas

> de suggestions de la part du chercheur et permettent un nombre illimité de réponses, les deuxièmes constituent un danger en faisant des suggestions et en exerçant même une certaine pression sur le répondant (et en conséquence elles font émerger ce que l'on nomme 'l'effet de sponsor') [...] (ibid.).

Les modèles d'enquête fermée les plus fréquemment utilisés contiennent une liste de réponses toutes faites, données au choix au répondant, d'où le risque de créer des artéfacts. Les enquêtes ouvertes sont, certes, plus difficiles à traiter, mais elles comportent des résultats beaucoup plus fiables. Les enquêtes fermées sont, pour leur part, plus faciles à totaliser, mais leur valeur est nettement plus limitée. Pour démontrer le problème de fiabilité des enquêtes fermées en regard des enquêtes ouvertes, il fait mention des travaux de Julia Świderska (2010), présentant entre autres une étude des stéréotypes des Ukrainiens sur les Polonais. Świderska utilise deux types de questions, ouvertes et fermées. Dans l'enquête ouverte, il s'agit de répondre à la question suivante : « à quoi associes-tu un Polonais typique ? » (Bartmiński 2010a : 124-125). À cette question, 17% des réponses des Ukrainiens font mention de la religiosité des Polonais. Pourtant, à la question fermée : « est-ce que le Polonais est religieux ? », 78% des Ukrainiens leur attribuent ce qualificatif. Les résultats conduisent donc à des conclusions bien différentes et la validité de ceux qui proviennent de réponses « assistées » peut être remise en question.

Il est évident que les enquêtes ouvertes demandent un travail d'analyse considérable en aval de leur réalisation, les réponses aux questionnaires pouvant prendre des directions différentes, parfois inattendues, et chacune requérant une réflexion particulière avant de pouvoir être répertoriée. Mais c'est parce qu'elles offrent une grande liberté d'expression aux répondants qu'elle donne un accès optimal à leurs représentations contemporaines. Les réponses inhabituelles, singulières, présentent de l'intérêt en ce qu'elles peuvent signaler des tendances linguistiques émergentes et nouvelles (Bartmiński 2012a : 35). Bartmiński insiste néanmoins sur l'utilité d'études quantitatives complémentaires pour déterminer le contenu sémantique des stéréotypes décelés dans les enquêtes qualitatives (Bartmiński 2007 : 72-94). Pour obtenir une lecture globale des résultats d'enquête obtenus, nous avons ici établi, pour chaque ethnonyme et groupe d'aspect, les proportions d'occurrences de caractéristiques exprimées (relativement au traitement des données de l'enquête ASA), mais aussi les proportions d'occurrences de type positif et négatif.

Afin d'observer le type de profil des répondants, une étude statistique d'ordre sociologique a de plus été réalisée à partir des données linguistiques, rendant compte de l'influence des facteurs sociaux et environnementaux dans l'attribution des différents traits sémantiques (influence du sexe, de l'âge, du niveau d'études, de l'origine géographique (taille des villes et région occidentale/orientale de la Pologne) et du niveau de connaissance des pays et de leurs habitants (dans le cas des descriptions des Allemands et des Français).

Dans les études linguistiques et sociologiques polonaises consultées, portant sur les représentations du « Polonais » (*Polak*), de l'« Allemand » (*Niemiec*), du « Français » (*Francuz*) ou de l'« Européen » (*Europejczyk*), la volonté du chercheur de distinguer les caractéristiques de type positif des caractéristiques de type négatif est palpable, une fois ces traits repérés (Roguska 2011, Bartmiński 2006, Warchala 2001, etc.). La distinction, qui se fait alors au moyen du bon sens du chercheur, peut pourtant être remise en question. Warchala considère par exemple que la religion, caractéristique que les Polonais attribuent le plus fréquemment à leur autostéréotype dans son enquête, est une caractéristique positive. Une telle position fait sens en raison du lien traditionnel que la nation polonaise entretient avec la religion (Warchala 2001). On peut pourtant douter du fait que l'ensemble des Polonais interrogés considère la religion comme un trait positif. Les valeurs individuelles ont nécessairement une influence sur la dimension axiologique des caractéristiques attribuées. Il semble d'autant plus important de se pencher sur cet aspect complexe des valeurs partagées par une communauté, qu'elles sont fluctuantes et qu'une nette évolution a été observée chez les Polonais depuis la chute du régime communiste. En 1989, la réalité économique, politique et sociale de la Pologne a été bouleversée. Les jeunes qui ont été élevés après 1989 n'ont pas fait l'expérience du communisme comme leurs aînés. Ils ont grandi dans un système nouveau, marqué par le libéralisme économique, social et médiatique, ainsi que l'ouverture des frontières. Ewa Szafraniec, lorsqu'elle traite en 2011 de la question des jeunes Polonais dans un rapport intitulé *Youth 2011. Poland* (un diagnostic de la jeunesse polonaise aboutissant à un ensemble de recommandations d'ordre politique), fait la distinction entre deux jeunesses polonaises, qu'elle désigne au moyen de deux expressions différentes : d'un côté elle envisage ceux qui ont alors 15-24 ans et qu'elle nomme « les jeunes » (*the youth*), et de l'autre ceux de 25-34 ans, les « jeunes adultes » (*young adults)* (2011 : 37). D'après Szafraniec, le capitalisme moderne a introduit pendant la période de transformation politique l'idéologie et la culture du consumérisme (2011 : 20) absentes jusqu'alors et promouvant une obligation morale toute nouvelle, celle de mener une vie riche et agréable. Cependant la société polonaise au moment de sa transformation économique était une société pauvre, qui peinait à sortir du système passé. Elle est passée au stade du capitalisme postindustriel avec retard et s'est adaptée à un nouveau style de vie de façon accélérée. Dès les années 1990, la jeunesse polonaise fut attirée par l'offre culturelle de la consommation. Alors que l'avenir devenait de plus en plus incertain, cette vie colorée, riche et agréable se présentait comme un vrai but. Un rapide développement de l'offre éducative et universitaire, en réponse au « boom démographique » (2011 : 30) qui a marqué cette période de transition, a permis aux jeunes de suivre leurs aspirations au succès et à la réussite personnelle. Les enfants ont observé aussi chez eux leurs parents, qui se concentraient dès lors sur l'augmentation de leur richesse et de leurs biens, ainsi que le développement de leur carrière professionnelle. Szafraniec atteste que cette nouvelle génération n'a pas l'ambition de changer le monde de manière significative, mais qu'elle tend plutôt à s'adapter aux règles existantes (2011 : 39). Les jeunes ne se sentent alors plus touchés par les différents types d'idéologie qui ont pu mobiliser leurs aînés et préfèrent viser leur réussite personnelle dans cette récente société de consommation :

> [L]e consumérisme – a déplacé l'accent de ce qui relève du commun et du public à ce qui relève de l'individuel et du privé, en identifiant la liberté à la liberté de consommation (Szafraniec 2011 : 39).

Les rapides changements en Pologne, provoqués depuis 1989 par les transformations et les nouvelles libertés économiques et politiques, puis renforcés en 2004 (avec l'ouverture du marché européen de la main-d'œuvre), ont aussi eu des répercussions sur l'ensemble des valeurs des jeunes. Si les valeurs traditionnelles comme la vie de famille restent particulièrement importantes, les jeunes Polonais aspirent désormais à des valeurs telles que la réalisation de soi, une carrière professionnelle satisfaisante et la consommation, soit des valeurs individualistes occidentales.

Modalités du questionnaire

Pour percevoir le caractère évaluatif des ethnonymes et des caractéristiques attribuées autrement que par notre bon sens, il a été demandé aux répondants de compléter librement chacune des phrases suivantes : « J'apprécie que les Polonais... /les Allemands... /les Français... /les Européens... » (*Podoba mi się, że Polacy... /Niemcy... /Francuzi... /Europejczycy...*) et « Je n'apprécie pas que les Polonais... /les Allemands... /les Français... /les Européens... » (*Nie podoba mi się, że Polacy... /Niemcy... /Francuzi... /Europejczycy...*).

Ces débuts de phrases étaient également ceux d'une enquête réalisée par Jolanta Urban (1993), sous la direction de Bartmiński, où il était question de différents stéréotypes nationaux en langue polonaise contemporaine[14]. En plus de

[14] Ayant pour objet les stéréotypes nationaux, l'emploi du singulier est chez Urban justifié : le singulier renforce l'image d'un individu typique, sans nuances (voire selon nous un individu presque caricatural). Pour notre part, ayant pour objet les représentations de groupes d'habitants dans leur diversité,

percevoir de quelles façons les jeunes comprennent les noms au travers de leurs propres mots, cette formulation permettait de saisir l'émotion positive ou négative liée à chacune des caractéristiques attribuées.

Lorsque Bartmiński présente les résultats de l'enquête ASA (vue supra) et les caractéristiques attribuées aux noms de valeur, il distingue au moyen de son bon sens les caractéristiques positives des caractéristiques négatives. L'expression polonaise signifiant littéralement « mangeur de grenouille » (*żabojad*), et désignant familièrement un Français, est pour lui empreinte d'une forme de sympathie à son égard (Bartmiński 2007 : 100). Mais comment être sûr de la teneur axiologique d'une expression, alors qu'elle peut varier d'un locuteur à l'autre ? L'emploi de formulations tels que « j'apprécie » et « je n'apprécie pas » permet sans équivoque de saisir les émotions positives ou négatives relatives aux prédicats, qui font partie intégrante de la signification.

Le nombre de mots ou de caractéristiques à inscrire dans les réponses du questionnaire n'était pas imposé au répondant. S'il n'avait aucun trait à renseigner, le champ correspondant restait simplement vide. Sous cette condition, la typologie et la hiérarchie de caractéristiques réalisées au moment de leur retranscription ont pris toute leur valeur - ces descriptions n'étant pas « forcées » ou « orientées ». Les écarts de nombres et de types de caractéristiques attribuées entre les ethnonymes pouvaient de plus être révélateurs des différents modes de conceptualisation des jeunes.

Il est aussi important de noter que les répondants devaient compléter le questionnaire sans la présence de l'enquêteur. Afin d'accéder à un large panel d'enquêtés, le questionnaire a été diffusé de deux façons différentes. Dans le premier cas (pour environ 70%), il a été transmis par le biais de courriers électroniques, transférés au moyen d'un large réseau intra- et extra-universitaire de contacts, dans différentes régions de la Pologne. Dans le deuxième cas (pour les 30% restants), les

---

l'emploi du singulier est exclu. Le choix des ethnonymes (noms pluriels) pour les désigner semble par contre tout indiqué.

questionnaires ont été renseignés par le biais de contacts individuels, directs ou indirects, sous forme papier. Au fur et à mesure de la réalisation de l'enquête, le panel de répondants s'est avéré déséquilibré. Pour obtenir un panel représentatif, il a fallu dans un dernier temps cibler directement les groupes de jeunes les moins enclins à remplir le questionnaire (en particulier de jeunes de sexe masculin, sans études supérieures et/ou issus de petites villes ou villages).

Échantillon d'enquête

L'enquête a été menée d'octobre 2010 à avril 2011 auprès de jeunes Polonais de 18 à 25 ans, résidant en Pologne. Le choix de cette tranche d'âge n'a pas relevé de l'évidence. À quelle fourchette d'âge pouvait bien correspondre la jeunesse polonaise à cette période ? Comment la définir et la délimiter pour tenter de l'appréhender ? Le sociologue Bernard Roudet (2005) reconnaît la jeunesse comme une catégorie d'âge se situant entre l'adolescence et l'âge adulte, entre scolarité et entrée dans la vie professionnelle et familiale. Si l'âge de la majorité légale constitue généralement la limite d'âge inférieure pour les enquêtes portant sur ses valeurs (18 ans en France comme en Pologne), la limite supérieure fait davantage débat. Galland et Roudet considèrent la borne des 29 ans dans leur étude des valeurs des jeunes Européens, en raison d'un accès toujours plus tardif aux statuts qui définissent l'âge adulte : les jeunes jouissent de plus en plus tard de l'autonomie résidentielle (par le départ de la famille d'origine), financière (par l'entrée dans la vie professionnelle) et affective (par la formation d'un couple). Le choix d'une limite supérieure de 25 ans a été fait pour cette étude, en raison de la différence qui existait au moment de la réalisation de l'enquête (comme nous l'avons vu plus haut), entre les jeunes élevés dans une société postcommuniste aux valeurs toutes nouvelles - de 15 à 24 ans (2011 : 37), et les jeunes encore élevés sous le régime communiste - de 25 à 34 ans (2011 : 37).

Les jeunes Polonais « aux valeurs nouvelles », qui ont répondu à l'enquête, sont au nombre de 137. Les résultats, s'ils ne peuvent être parfaitement représentatifs de la totalité de la jeunesse polonaise, constituent un aperçu certain de la manière dont ils comprennent les ethnonymes retenus, grâce à un échantillonnage relativement équilibré en regard du sexe[15], de l'âge[16], de l'origine géographique (région[17] et taille des villes ou villages d'origine[18]), du niveau d'études[19], de la situation scolaire ou professionnelle[20] et du niveau de connaissance des différents pays et de leurs habitants[21].

---

[15] *Hommes* : 63, *femmes* : 67, non renseigné : 7.

[16] *De 18 à 21 ans* : 62, *de 22 à 25 ans* : 70, non renseigné : 5.

[17] *Pologne occidentale* : 84 (Basse-Silésie, Opole, Łódź, Mazovie, Silésie, Petite Pologne, Couïavie-Poméranie, Poméranie, Poméranie occidentale, Lubusz), *Pologne orientale* : 47 (Podlachie, Lublin, Basses-Carpates), non renseigné : 6.

[18] *Villages et villes jusqu'à 20 000 habitants* : 32, *de 20 000 à 100 000 habitants* : 29, *de 100 000 à 500 000 habitants* : 26, *plus de 500 000 habitants* : 44, non renseigné : 6.

[19] *Sans études supérieures* : 45 (lycéens, jeunes travailleurs ou jeunes en recherche d'emploi), *en cours de licence ou diplômés d'une licence* : 47, *en cours de master ou diplômés d'un master* : 39, non renseigné : 6.

[20] *Lycéens* : 19, *étudiants* : 75 (en philologie romane/allemande/polonaise, économie, finances, psychologie, philosophie, journalisme, histoire, relations internationales, géologie, biologie, droit et administration, sciences humaines inter-faculté, pédagogie, dentaire, ethnologie et histoire de l'art, informatique, téléinformatique, entreprise et gestion, gestion et marketing, tourisme et loisirs, art dramatique), *jeunes travailleurs* : 31 (travailleurs physiques, serveurs/-ses, éducatrices spécialisées, informaticien, ingénieur minier, conseiller clientèle, enseignante maternelle, rédactrice, juriste, sauveteur nautique, agriculteur, routier, secrétaire, caissière, travailleur en bâtiment, travailleur en production, magasinier, chauffeur de bus, conseiller financier, aide cuisinier, électricien, chauffeur d'ambulance, vendeuse, ouvrier, mannequin, coiffeuse), *en recherche d'emploi* : 6, non renseigné : 6.

[21] Contact avec les Allemands : *ont été en Allemagne* : 56, *n'y ont pas été* : 57, non renseigné : 24 ; *ont fait la connaissance d'un Allemand* : 46, *n'en ont pas fait la connaissance* : 67, non renseigné : 24 ; contact avec les Français : *ont été en France* : 24, *n'y ont pas été* : 89, non renseigné : 24 ; *ont fait la connaissance d'un Français* : 28, *n'en ont pas fait la connaissance* : 85, non renseigné : 24.

Traitement des données

Les données tirées de l'enquête sont classées au moyen d'une typologie similaire à celle mise à jour par Bartmiński, avec une classification par « aspect ». Cette approche relève d'une distinction des catégories sémantiques, correspondant à ce que Koper (1993) appelle « sous-catégories » (*podkategorie*), Wierzbicka (1985) « facettes » (*fasety*) puis Bartmiński (1996) « aspects » (*aspekty*). Ces aspects correspondent aux différents champs d'acception des mots, permettant de regrouper les caractéristiques qui leur sont associées : grâce à cette typologie, il est possible d'organiser et de comparer l'ensemble des acceptions relevées. Cette classification comporte une part de subjectivité inéluctable dans l'interprétation des traits sémantiques exprimés. De plus, une caractéristique peut parfois correspondre à plusieurs catégories et le choix de l'une d'elle (de celle qui semble la plus déterminante) peut mener à débat. Ces limites de la démarche sont cependant largement compensées par les opportunités qu'offre une telle typologie. Les groupes d'aspect permettent de retranscrire et de répertorier l'ensemble des occurrences exprimées pour mettre en valeur les éléments récurrents. Ils offrent ici une grille de comparaison uniforme entre les quatre ethnonymes, par laquelle il est possible de faire une lecture claire des données, ainsi qu'une analyse rigoureuse.

Bartmiński, qui s'intéressait non seulement aux acceptions d'ethnonymes mais aussi de noms relatifs à des territoires ou à des éléments naturels, a retenu dans l'enquête ASA (2006 : 40-41) 17 groupes d'aspect, inspirés par les travaux du sociologue Andrzej P. Wejland (1991). Cette typologie, particulièrement développée, a été élaborée pour classifier des données relatives non seulement à des noms de communautés mais aussi d'objets, de lieux, d'états et autres noms porteurs de valeurs importantes pour la culture polonaise. Comme les mots sélectionnés pour la présente enquête étaient uniquement des ethnonymes, les caractéristiques attribuées sont moins diversifiées. Nous avons donc modifié, regroupé ou retiré des aspects de la typologie de Bartmiński. Tout d'abord, l'aspect « éthique » a été supprimé, dans la mesure où les notions de bien et de mal, de positif et de négatif évoquées dans les questionnaires, ne se rapportaient pas directement aux noms mais toujours à une caractéristique relevant d'un autre aspect (par ex. l'expression « les Allemands ont de bonnes voitures », avec l'adjectif « bonnes » (*dobre*), exprime avant tout la possession d'un bien matériel, associée au groupe d'aspect géographique et économique selon la définition admise plus bas. L'aspect « N » (lié à l'emploi d'expressions hyperonymiques) a également été supprimé, étant donné qu'aucune expression de ce type n'a été relevée dans les questionnaires. D'autres modifications des définitions des groupes retenues par Bartmiński sont encore justifiées en notes de bas de page.

Aspect psychique. Dans ces travaux, les descriptions des Polonais, Allemands, Français et Européens, classées dans le groupe d'aspect psychique, désignent leur caractère, leur mentalité, leurs émotions et sentiments, mais aussi leurs capacités (intelligence, savoir-faire, débrouillardise, créativité, sens de l'humour), leurs talents, passions et intérêts (sens du divertissement), ainsi que l'avait défini Bartmiński (2006 : 40-41, avec l'expression équivalente en langue polonaise : *aspekt psychiczny*). Les compétences sportives sont de plus reconnues ici comme relevant avant tout du domaine psychique, en raison de leur dimension psychologique et technique. Nous ajoutons dans ce groupe d'autres éléments que Bartmiński avait inscrit dans l'aspect des conditions de vie (*aspekt bytowy*), étant donné qu'ils relèvent aussi du psychique, d'après la définition du terme en français : « qui appartient au psychisme, qui concerne l'esprit, la pensée. » (TLFi 2003) Il s'agit des expressions liées au travail (diligence, paresse, application, esprit d'entreprise, qualité du travail fourni), à l'ambition, à la résolution (courage, vaillance, entêtement, lâcheté), au rapport à l'ordre (organisation, précision, ponctualité, spontanéité), aux addictions (à l'alcool en particulier) et aux approches de la vie (optimisme, pessimisme, joie de vivre, détente, nervosité).

Aspect culturel. Comme chez Bartmiński, sont inscrites dans le groupe d'aspect culturel (du polonais : *aspekt kulturowy*) les expressions désignant la culture, au sens de « fructification des dons naturels permettant à l'homme de s'élever au-dessus de sa condition initiale et d'accéder individuellement ou collectivement à un état supérieur » (TLFi 2003). Y est donc indiqué tout ce qui désigne les richesses culturelles des Polonais, des Allemands, des Français et des Européens : l'art (musique, danse, cinéma, théâtre), la littérature et la science, la civilisation (objets ou symboles qui leur sont liés), ainsi que l'attachement à la culture. Ce qui se rapporte à l'éducation et au niveau de formation, à la connaissance des langues, au savoir-vivre (ou à la vulgarité), se trouve aussi dans ce groupe, en accord avec une acception complémentaire de la culture comme « bien moral, progrès intellectuel, savoir à la possession desquels peuvent accéder les individus et les sociétés grâce à l'éducation, aux divers organes de diffusion des idées, des œuvres, etc. » (ibid.). Les expressions relatives à la tradition sont de même incluses, puisque « la tradition est l'ensemble de la culture et de la civilisation en tant que conservé et transmis par les moyens et les modes de socialisation dont dispose le groupe » (Thinès-Lemp.1975, d'après le TLFi 2003). Contrairement à la typologie de Bartmiński, les caractéristiques liées aux langues maternelles des habitants décrits ne sont pas classées ici, dans la mesure où les réponses obtenues envisagent uniquement ces langues sous l'angle de leur sonorité et de leur beauté. Ces descriptions sont répertoriées dans le groupe d'aspect physique et esthétique, tel que défini plus bas.

Aspect du rapport à l'altérité. Pour la plupart, les caractéristiques inscrites dans le groupe du rapport à l'altérité font partie chez Bartmiński de l'aspect social (*aspekt społeczny*). Si le rapport à l'altérité relève bel et bien de la sphère sociale, il paraît intéressant, dans le cas des ethnonymes, de distinguer les caractéristiques associées au rapport à l'entourage direct des quatre communautés (entourage qui peut être considéré comme endogroupe par les communautés décrites), des caractéristiques associées au rapport à la différence (relatives cette fois aux exogroupes des communautés en question), vu que ces attitudes sociales impliquent deux positions, deux enjeux différents. Les caractéristiques associées à l'endogroupe relèvent du rapport aux gens en général (qui peuvent être des personnes d'une même nation, d'un même groupe d'appartenance – classées ici dans le groupe d'aspect social) alors que celles associées à des exogroupes (par ex. le rapport aux minorités nationales, religieuses, sexuelles, etc.) relèvent du rapport à l'autre en tant que personne différente de soi (et sont classées dans le groupe d'aspect du rapport à l'altérité). Ainsi, cette catégorie comprend les expressions liées à l'ouverture ou à la fermeture d'esprit, à la tolérance et l'intolérance (racisme, homophobie, xénophobie, attitudes discriminatoires), au rapport aux étrangers, autres nations et cultures, mais aussi aux voyages et à la curiosité du monde.

Aspect social. Conformément à la définition du terme français *social*, « relatif à la vie des hommes en société » (TLFi 2003), le groupe d'aspect social (en polonais : *aspekt społeczny*) comprend, comme chez Bartmiński, les expressions désignant le rapport aux gens et le comportement social. On y trouve tous les termes désignant leurs qualités sociales (amitié, bonté, sociabilité, sympathie, gentillesse, honnêteté, volonté d'aider, bienveillance), l'union sociale (solidarité, coopération et entraide, entente entre les membres du groupe), la hiérarchie sociale, la fraternité, la capacité de communiquer, le rapport à la famille, le rapport homme/femme, le sens de l'accueil. Ce groupe inclut aussi ce qui a trait à l'amour, l'amitié, les attirances et le respect.

Aspect géographique et économique. Ce groupe d'aspect comprend des expressions liées à la Pologne, l'Allemagne, la France ou l'Europe (atouts et contraintes du territoire, rapport des habitants avec leur territoire, beauté et paysages), mais aussi à leurs ressources et richesses, leurs industries et infrastructures, au mode de vie qu'ils offrent à leurs habitants, en référence à une définition de la *géographie* comme « ensemble des réalités physiques, humaines, biologiques qui constituent l'objet de la géographie » et de de l'*économie* comme « ensemble de ce qui concerne la production, la répartition et la consommation des richesses et de l'activité que les hommes vivant en société déploient à cet effet » (TLFi 2003). Ce groupe comprend également les occurrences se rapportant au développement, au système social, au système de santé, au rapport à l'environnement, à la propreté, mais aussi aux niveaux de vie (salaires, possession de biens matériels, prospérité/pauvreté), à l'économie (rapport à l'économie, commerce, épargne), de même que le rapport à l'argent et à la consommation (matérialisme, consumérisme, générosité, avarice). Les biens matériels possédés par les habitants d'un pays donné relèvent aussi de ce groupe, puisqu'ils trouvent des liens directs avec les ressources du pays, ses productions et le niveau de vie des habitants. Le groupe d'aspect géographique et économique pourrait correspondre dans les travaux de Bartmiński au groupe d'aspect des conditions matérielles et sociales de l'existence (*aspekt bytowy*) (2006 : 40). Il y ajoute néanmoins des expressions désignant la ponctualité, l'ordre, le travail, les addictions (indiquées ici dans le groupe d'aspect psychique, comme vu plus haut). Il admet aussi dans cette catégorie les expressions désignant la nourriture, que nous classons dans le groupe d'aspect culturel (également justifié plus haut).

Aspect psychosocial. Le terme *psychosocial* est ici compris comme ce qui est « relatif à l'interaction entre les faits psychologiques et les faits sociaux » (TLFi 2003), entre le développement psychologique et l'environnement social. En se référant à cette définition, ont été inscrites dans le groupe d'aspect psychosocial les expressions désignant le rapport des habitants décrits vis-à-vis d'eux-mêmes et de leur groupe (national ou européen), tous les éléments liés à l'auto-perception des habitants décrits face aux autres groupes : la fierté et la honte, l'estime de soi et de son groupe national/européen, l'identité et le sentiment identitaire, le rapport à la nation/la communauté, le rapport aux symboles nationaux et communautaires, le sentiment de supériorité ou d'infériorité, l'admiration, l'imitation ou la volonté de se démarquer des autres, la prétention et l'arrogance, l'humilité, mais aussi les jugements portés par d'autres nations/pays sur les communautés en question ou encore les jugements que les habitants croient attribués à leur groupe par les autres. Contrairement à l'aspect du rapport à l'altérité où il est question du rapport à l'autre, du regard porté sur l'Autre, dans le groupe d'aspect psychosocial, il est avant tout question du regard porté sur soi-même et sur les siens, par rapport aux autres. Bartmiński avait, pour sa part, envisagé dans le groupe d'aspect psychosocial (en polonais : *aspekt psychospołeczny*) les comportements sociaux qui exigent certaines dispositions psychiques et mentales (bonté, altruisme, amour, amitié, compassion, etc., incluses ici dans le groupe d'aspect social : ils sont pour nous avant tout la marque du rapport à l'entourage).

Aspect politique. Ce groupe correspond au groupe d'aspect politique (du polonais : *aspekt polityczny*) défini par Bartmiński, renvoyant également à l'acception du terme français *politique* : « relatif à l'État » (TLFi 2003). Il comprend les expressions désignant les affaires des États, l'idéologie politique (adhésion à des mouvements, patriotisme, nationalisme), l'appareil étatique, l'administration, la citoyenneté (engagement, participation, rapport à l'État et au gouvernement), la protection de l'environnement ou encore les personnalités politiques. On y trouve aussi les mentions du pouvoir, du gouvernement, du droit et de l'autorité, de l'armée, des frontières (expansions géographiques), de l'indépendance, ainsi que de la coopération européenne ou internationale. Certaines expressions que Bartmiński aurait indiquées dans le groupe d'aspect militaire (*aspekt militarny*) figurent dans ce groupe. En effet les quelques descriptions relatives à cet aspect étaient, dans cette enquête, soit associées à l'histoire, soit à la politique (et ont donc été insérées dans les groupes qui se réfèrent à ces notions). Dans le groupe d'aspect politique, les expressions liées au nationalisme ont été incluses, alors qu'elles étaient indiquées chez Bartmiński dans le groupe d'aspect nationaliste (*aspekt narodowościowy*). Comme nous avons uniquement analysé des ethnonymes, les quelques expressions de ce type repérées avaient avant tout une dimension politique. Idem pour les expressions liées à ce que Bartmiński nommait l'aspect idéologique (*aspekt ideologiczny*), les descriptions relevées ici étaient associées à une idéologie soit politique, soit religieuse, et ont donc été incluses dans les groupes d'aspect politique ou religieux.

Aspect physique et esthétique. Ce groupe porte sur les caractéristiques attribuées aux Polonais, Allemands, Français et Européens, d'après les acceptions des termes *physique* : « qui a trait à la matière, à la nature, aux corps en général, à la réalité matérielle perceptible par les sens ou qui peut être observé objectivement » et *esthétique* : « qui est motivé par la perception et la sensation du beau » (TLFi 2003). Il s'agit ainsi de toutes les expressions concernant l'apparence physique (beauté, laideur, poids, taille, charme, soin de l'apparence), ainsi que le vêtement, le style, la mode, le bon ou le mauvais goût ou encore les odeurs et les parfums, de même que la sonorité des langues (beauté ou laideur, musicalité, impressions qu'elles donnent). Quoique les langues puissent être comprises comme appartenant à la culture, leurs descriptions furent toujours faites dans l'enquête sous l'angle de leur sonorité (esthétique), et non pas comme un système propre à une culture donnée. L'aspect physique et esthétique a été défini de manière similaire à l'aspect physique (*aspekt fizykalny*) chez Bartmiński. Quelques rares expressions que le linguiste aurait indiquées dans le groupe d'aspect biologique (*aspekt biologiczny*) y ont été ajoutées. Par ex., la description : « les Européens sont blancs », trouvée dans les réponses, était une des rares expressions à pouvoir correspondre au groupe d'aspect biologique (relevant de la biologie, de la nature et de la procréation), que nous avons donc supprimé.

Aspect historique. Ce groupe contient toutes les expressions rendant compte des évènements historiques et de la conscience historique (rapport à l'histoire, connaissance de l'histoire) des Polonais, des Allemands, des Français et des Européens, d'après l'acception du nom *histoire* : « recherche, connaissance, reconstruction du passé de l'humanité sous son aspect général ou sous des aspects particuliers, selon le lieu, l'époque, le point de vue choisi ; ensemble des faits, déroulement de ce passé » (TLFi 2003). Cette définition renvoie au groupe d'aspect historique (*aspekt historyczny*), tel que proposé par Bartmiński. Nous y avons ajouté quelques rares expressions qu'il aurait indiquées dans le groupe d'aspect militaire (*aspekt militarny*), celles-ci étant tout autant associées à l'histoire.

Aspect religieux. Ce groupe comporte les expressions caractérisant la religion ou Dieu, les symboles et valeurs religieuses, les traditions religieuses et les croyances, d'après l'acception du nom *religion* : « rapport de l'homme à l'ordre du divin ou d'une réalité supérieure, tendant à se concrétiser sous la forme de systèmes de dogmes ou de croyances, de pratiques rituelles et morales » (TLFi 2003). Notre définition du groupe est semblable à celle du groupe d'aspect religieux (*aspekt religijny*) proposée par Bartmiński. Il s'y trouve aussi de rares expressions que le linguiste aurait classées dans le groupe d'aspect idéologique (*aspekt ideologiczny*), ces mots étant alors associés à une idéologie religieuse.

Le sens de certaines expressions pouvait être ambivalent et renvoyer à plusieurs groupes d'aspect à la fois. Par souci de systématisme, pour chaque occurrence potentiellement équivoque, seul le groupe d'aspect qui semblait le plus approprié après analyse a été retenu (d'après le sens le plus courant de l'expression ou d'après des expressions similaires plus précises ressorties de l'enquête). Ainsi, le seul adjectif « ouvert » (*otwarty*), employé comme attribut du sujet, peut exprimer une ouverture d'esprit face à la nouveauté, à la différence (aspect du rapport à l'altérité) mais aussi une attitude face à l'entourage (aspect social). Comme l'« ouverture (d'esprit) » (traduction du mot : *otwartość*) relève principalement du rapport à l'altérité selon la définition polonaise du substantif, nous avons choisi de classer systématiquement la réponse « X sont ouverts » comme relevant du rapport à l'altérité.

Pour la retranscription des données d'enquête, seule notre traduction des réponses en français est indiquée entre guillemets. Elle a été effectuée à l'aide du dictionnaire *Wiedza Powszechna* (Dobrzyński et al. 2005). Les formules polonaises incorrectes ou maladroites (lexique, syntaxe, niveau de langue, ponctuation) ont été reproduites. Rappelons que, suivant les postulats ethnolinguistiques retenus, les représentations des locuteurs sont contenues dans leur langue et le recours à la traduction pour appréhender la signification des mots impose des limites incontournables (Sapir 1949, 1978). Comme l'avance l'hypothèse Sapir-Whorf, la langue que nous parlons détermine notre perception de la réalité. Aussi, on ne peut complètement saisir le vocabulaire d'une langue ni les représentations qu'il révèle en recourant à une langue tierce. Cette limite est inévitable et les ethnolinguistes eux-mêmes n'ont trouvé d'autres alternatives que de décrire les langues par le biais d'autres langues, contenant elles-mêmes leur propre système de représentations. Toutes les réponses de l'enquête se trouvent néanmoins dans leur version originale polonaise, associées à leur traduction, dans le mémoire de thèse (Viviand 2015).

Chapitre 3

État des recherches

Les représentations partagées par les Polonais au sujet d'autres groupes nationaux ou du groupe supranational européen ont été largement étudiées ces dernières décennies, dans le cadre de la linguistique, mais aussi de l'ethnographie, de l'histoire et de la sociologie, au moyen d'approches souvent interdisciplinaires. Les travaux présentés dans l'état des recherches ci-dessous, concernant les représentations des Polonais, Allemands, Français et Européens dans le courant du XXe et du début du XXIe, relèvent de différents domaines de recherche et de différentes approches méthodologiques. Particulièrement nombreux (notamment depuis la fin du XXe siècle), la liste proposée est loin d'être exhaustive et se concentre sur les études qui ont eu un retentissement notable dans le milieu scientifique polonais ou qui ont apporté des résultats d'enquête nouveaux au moment de leur parution.

3.1 Ethnonymes et stéréotypes

Avant de présenter les représentations linguistiques et mentales des quatre ethnonymes, il est nécessaire de différencier les ethnonymes dits autostéréotypiques des ethnonymes dits hétérostéréotypiques : les Polonais ne sauraient appréhender de manière identique le nom « Polonais » (*Polacy*) (qui relève de l'autostéréotype, c'est-à-dire de la représentation simplifiée qu'ils ont de leur propre groupe culturel) et les noms « Français » (*Francuzi*) ou « Allemands » (*Niemcy*) (qui relèvent de l'hétérostéréotype, de la représentation simplifiée qu'ils ont d'autres groupes culturels). Gerardo Marin et Jose M. Salazar (1985 : 403-422), grâce à une étude comparative portant sur sept nations, ont observé que les autostéréotypes sont de manière générale plus positifs que les hétérostéréotypes. L'individu a tendance à valoriser les membres de l'endogroupe par rapport à ceux de l'exogroupe et à s'octroyer de cette façon un certain nombre de qualités. On pourrait donc supposer que les Polonais attribuent à l'ethnonyme « Polonais » des caractéristiques plus positives qu'aux ethnonymes « Allemands » et « Français ». Les chercheurs constatent de plus que des hétérostéréotypes favorables ont tendance à être générés lorsque la nation évaluée a atteint un niveau de développement économique supérieur à celui de la nation qui exprime le stéréotype (1985 : 414). Le niveau de développement de la France, mais surtout de l'Allemagne, étant au moment de l'enquête supérieur à celui de la Pologne, devrait alors jouer en faveur des représentations des Français et des Allemands.

Cependant, d'après Marin et Salazar, le degré d'appréciation de l'hétérostéréotype français pourrait aussi être favorisé par rapport à l'allemand pour deux raisons. Tout d'abord les relations politiques entretenues entre l'endogroupe et l'exogroupe influencent l'appréciation des stéréotypes. Une situation de conflit a tendance à augmenter l'évaluation positive de l'autostéréotype et l'évaluation négative de l'hétérostéréotype (1985 : 413). Si les relations officielles de la Pologne, avec la France comme avec la RFA, n'ont de manière générale pas été chaleureuses pendant la période de la guerre froide, les relations politiques germano-polonaises n'ont pas évolué de la même manière que les relations franco-polonaises. Après la réunification de l'Allemagne et la chute du communisme en Pologne, la France est rapidement devenue un des principaux partenaires polonais sur le plan économique (elle est devenue le plus grand investisseur étranger[22] en Pologne mais aussi un partenaire industriel, technologique et

[22] On constate aussi qu'au total la France comptait, au moment de notre étude, 8 des 25 plus grands investisseurs recensés dans le pays (cf. site internet du Ministère des Affaires Etrangères, www.diplomatie.gouv.fr, consulté le 4.02.2013).

scientifique[23]). En 2004, les différentes prises de parti quant au conflit irakien ainsi que les négociations de la constitution européenne (suivies en France de la polémique de la venue du *plombier polonais*) ont mis à mal l'entente franco-polonaise. Cependant depuis l'entrée la même année de la Pologne dans l'Union européenne, les chefs d'État français et polonais se rencontrent plusieurs fois par an, rappelant l'importance des relations bilatérales. Les liens historiques forts entre les deux nations sont régulièrement évoqués, tels que l'alliance entre les deux pays pendant le règne de Napoléon, la forte immigration polonaise du XIXe siècle ou encore l'alliance des deux pays pendant l'entre-deux-guerres.

Côté allemand, le conflit de la Seconde Guerre mondiale continue d'enflammer la scène politique polonaise, en particulier avec la question des millions d'Allemands expulsés du territoire polonais après la guerre, suite au redécoupage territorial. Le parti social-conservateur Droit et Justice (*Prawo i Sprawiedliwość*), au pouvoir de 2005 à 2007, dans l'opposition de 2007 à 2015 (au moment de notre enquête) et de retour au pouvoir depuis 2015, joue depuis ses début *la carte antigermanique* (Smolar 2012). Jarosław Kaczyński, en tant que chef de file du parti, a publié en 2011 le livre « La Pologne de nos rêves » (*Polska naszych marzeń*), dans lequel il avançait que l'Allemagne pourrait annexer les régions polonaises occidentales anciennement allemandes, ou encore que la chancelière Angela Merkel serait arrivée au pouvoir avec l'aide des « forces obscures » - autrement dit la Stasi, police politique est-allemande (Smolar 2012). Cependant, durant les quelques années qui ont précédé, les relations germano-polonaises se sont améliorées et intensifiées (notamment autour des questions relatives au gazoduc Nord Stream ou de la reconnaissance des déplacés allemands après la guerre). Le parti libéral-conservateur et pro-européen Plateforme Civique (*Platforma Obywatelska*), au pouvoir de 2007 à 2015, était en effet favorable au rapprochement de la Pologne avec l'Allemagne.

---

[23] La France a une importante base industrielle en Pologne : chantiers navals de la baltique, sidérurgie, optique, industrie de l'armement (ibid.).

Au-delà de l'influence que peuvent exercer les conflits politiques sur les stéréotypes français et l'allemand, Bartmiński met en avant les différences d'appréciation des nations voisines de la Pologne, en fonction de leur proximité géographique :

> Les stéréotypes de nationalité, de manière générale, sont fortement marqués émotionnellement par la prédominance d'une aversion envers les voisins les plus proches (l'Allemand, le Russe, l'Ukrainien, le Tchèque, avec comme exception le Lituanien, tout du moins en langue polonaise, et le Slovaque, mais de la sympathie pour les plus éloignés (le Hongrois, l'Italien, le Français, l'Américain) (Bartmiński 2001 : 389).

Selon cette dernière approche, l'ethnonyme hétérostéréotypique « Français » devrait être appréhendé de manière plus positive que l'ethnonyme hétérostéréotypique « Allemands ». Quant au nom « Européens », sa dimension stéréotypique est plus complexe. Bien que les Polonais aient toujours été par définition des Européens, en tant qu'habitants de l'Europe, et qu'ils soient devenus de surcroît des ressortissants de l'Union européenne en 2004, ces derniers ne se sont pas toujours identifiés aux Européens. Les manières dont les jeunes pouvaient comprendre l'ethnonyme « Européens » ont pu être en complète opposition avec celles dont ils concevaient l'ethnonyme « Polonais ». D'après l'enquête PATRIA (Kłoskowska 1993 : 55), menée auprès de cent étudiants de Lublin en 1991 et 1992, la majorité des jeunes Polonais se considéraient comme des Européens (84 répondants de l'enquête l'affirmaient). Les raisons de cette identification étaient principalement géographiques. À la question : « est-ce que tu te sens Européen ? », dans 50% des réponses affirmatives, on trouvait une justification du type : « parce que la Pologne se trouve en Europe » (1993 : 55). Les autres motifs évoqués étaient ensuite : les liens culturels (25%), la naissance (10%), le lien émotionnel (7%), le christianisme (6%), la possibilité de voyager (3%) et la connaissance des langues (2%) (1993 : 54-55). Pourtant, l'enquête intitulée « Problèmes et évènements actuels » (*Aktualne problemy i wydarzenia*), réalisée en 2011 auprès de 1002 Polonais (Roguska 2011), montrait toujours des différences considérables entre le portrait du Polonais et de l'Européen typique. Ces différences concernaient des éléments aussi variés que les conditions de vie, le rapport à la religion, à la famille, au travail, de même que la confiance en soi, le niveau de civilisation, le succès, la bienveillance ou encore l'ouverture aux autres. La plus grande différence touchait au rapport à la religion : le Polonais typique était reconnu comme « religieux » par 83% des répondants et l'Européen typique par seulement 23%. Les conditions de vie les opposaient ensuite : 85% des répondants affirmaient que l'Européen vivait « dans de bonnes conditions », ce que n'affirmaient que 40% des répondants au sujet du Polonais (ce pourcentage était par contre en constante croissance, depuis l'adhésion des Polonais à l'UE). Le patriotisme n'était pas non plus attribué à un même niveau : 76% associaient l'adjectif « patriotique » au Polonais et 55% seulement à l'Européen. Le Polonais était aussi davantage associé à la famille qu'au travail, par rapport à l'Européen : 63% des répondants présentaient le Polonais comme « plus attaché à la famille » qu'au « travail », ce que n'affirmaient que 33% au sujet de l'Européen. Quelques différences se retrouvaient encore pour ce qui est de l'aide apportée aux autres : 57% affirmaient que le Polonais « aid[ait] les autres » contre 40% pour l'Européen. Quant au fait de « s'unir dans les situations difficiles et [de] fonctionner avec les autres », 83% estimaient que c'était le propre du Polonais et 62% le cas de l'Européen. Pour les Polonais, l'Européen était aussi plus « sûr de lui » que leur compatriote (80% contre 54%), plus « civilisé » (75% contre 59%), qu'il « cherch[ait davantage] le succès dans la vie » (67% contre 56%), qu'il était plus « bienveillant » (74% contre 59%), et « ouvert aux autres » (66% contre 55%).

Ces différences préalables de perception entre les communautés désignées par les noms « Polonais », « Allemands », « Français » et « Européens », tout comme leur caractère autostéréotypique ou hétérostéréotypique, influencent nécessairement l'attribution et la valorisation de traits sémantiques.

3.2 Significations de l'ethnonyme « Polonais » (*Polacy*)

Différentes études ont été menées relativement aux caractéristiques attribuées par les Polonais au Polonais typique, désigné par le nom « Polonais » (*Polak*) ou encore par l'expression « un vrai Polonais » (*prawdziwy Polak*). Les travaux de Bartmiński (2006) sur l'évolution de la compréhension des noms de valeur et notamment du nom « Polonais » entre 1990 et 2000 présentent ici des résultats très riches, dans le cadre de l'« Enquête pour un Dictionnaire Axiologique » (*Ankieta Słownika Aksjologicznego* ou ASA). Cette enquête a été menée, en 1990 comme en 2000, auprès d'un millier d'étudiants issus de différents établissements supérieurs de la ville de Lublin (en Pologne orientale). Les jeunes Polonais, en répondant à une question que l'on peut traduire par : « qu'est-ce qui caractérise selon toi un vrai Polonais ? », ont énuméré de nombreuses caractéristiques qui ont permis de définir des portraits-types (2006 : 14). Un ordre hiérarchique d'attribution de ces traits a été établi, permettant de voir leur évolution après 10 années.

Dans cette partie, des enquêtes de type sociologique relatives aux autostéréotypes des Polonais seront aussi exposées. La première, présentée dans un rapport par Beata Roguska en 2011, a été menée auprès de 1002 Polonais et montre les évolutions de ces stéréotypes, au moyen de sondages effectués chaque mois de 1992 à 2011, par le « Centre de Recherche de l'Opinion Publique » (*Centrum Badania Opini Społecznej*). Les enquêtés étaient interrogés à partir d'une liste de caractéristiques, qu'ils pouvaient attribuer ou non au « Polonais ». Une deuxième enquête sociologique, dont le rapport a été publié sous le nom de « Pologne-France. Regards croisés pendant la période d'élargissement de l'Union-Européenne » (*Polska-Francja. Wzajemny wizerunek w okresie rozszerzania Unii Europejskiej*) en 2001 par Michał Warchala, a été réalisée dans le cadre d'un projet d'étude de l'Institut Polonais des Affaires Publiques. Dans ce rapport, il est question, entre autres, des représentations des citoyens français et polonais sur les différents aspects de leurs perceptions mutuelles, au second semestre de l'année 2000 (au moment de la présidence française de l'Union européenne). Les images que les Français ont de la Pologne et des Polonais, les Polonais de la France et des Français, ainsi que les autostéréotypes respectifs sont présentés (avec un recours au différentiel sémantique).

Des séances d'observation que nous avons effectuées lors de quatre rencontres interculturelles de jeunes Français, Allemands et Polonais (entre 2008 et 2012), ont également permis de retrouver différents autostéréotypes déjà observés chez les Polonais, mais aussi d'en repérer de nouveaux, en contexte de communication interculturelle naturelle[24]. Une activité, organisée lors de chacune de ces rencontres, a particulièrement favorisé l'expression des stéréotypes nationaux et européens. Il s'agissait d'un travail de réflexion par groupe national, puis d'une présentation commune répondant à la question : « comment te représentes-tu un Polonais, un Allemand, un Français et enfin un Européen ? ». Le but de cette démarche était de favoriser la confrontation et le dépassement de ces images par les jeunes des trois pays. Ils devaient décrire ce qu'étaient pour eux ces personnages stéréotypiques, sur des pancartes mises à leur disposition. Lors des séances d'observation, les divers stéréotypes, exprimés notamment par les groupes de jeunes Polonais pendant les quatre séjours, ont été retranscrits et répertoriés. Le nombre de participants à ces rencontres étant limité (une dizaine de jeunes Polonais pour chaque rencontre, soit une quarantaine au total), la représentativité de cet échantillon reste faible. Cependant, ces séances ont constitué une première phase d'orientation non négligeable à notre enquête (Viviand 2011), les caractéristiques

[24] Chacune de ces rencontres s'est déroulée pendant deux semaines, en France, en Allemagne et/ou en Pologne. Elles étaient organisées par des associations actant pour une meilleure compréhension des peuples d'Europe, telles que AZS-MCSM (Wrocław, Pologne), Interkulturelles Netzwerk e.V. (Berlin, Allemagne), Gwennili (Quimper, France) et le Passe Muraille (Montpellier, France). Leurs projets franco-germano-polonais, alors orientés essentiellement vers la jeunesse (chantiers, rencontres sportives, etc.) étaient financés principalement par le Programme Européen Jeunesse en Action, l'Office Franco-Allemand pour la Jeunesse ou l'Office Germano-Polonais pour la Jeunesse.

repérées ayant fait ensuite fortement écho aux résultats des travaux listés supra. Toutes ces données ont permis de dresser ci-dessous un ensemble de portraits-types du Polonais, qui font ou ont pu faire partie de la compréhension de l'ethnonyme en langue polonaise, à la fin du XXe et au début du XXIe siècle.

L'expression de l'attachement à la patrie dans les descriptions du Polonais typique permet de dresser tout d'abord le portrait du *Polonais patriote*. D'après Bartmiński, les jeunes Polonais décrivent, en 1990, le « vrai » Polonais comme un « patriote », avant toute autre caractéristique (d'après 18,47% des réponses de l'enquête (2006 : 14, 360). Les jeunes accentuent principalement le « patriotisme » ainsi que « l'amour et l'attachement pour la patrie ». Ces caractéristiques, associées à l'attachement au « pays » et à « l'engagement » citoyen (2006 : 360-362), forment d'après l'auteur ce portrait du *Polonais patriote,* figé dans la tradition polonaise (2006 : 365). En 2000, les jeunes lui attribuent encore plus souvent toutes ces qualités (30,37% des réponses). Il est associé au « patriotisme », à « l'appartenance au pays », à « l'amour/l'attachement à la patrie », ainsi qu'à « l'attachement à l'État », ce à quoi on peut encore ajouter « l'attachement au pays » (2006 : 362-364). D'après Roguska (2011) qui a analysé les réponses de Polonais interrogés de 1992 à 2011 sur leur attribution ou non du patriotisme au Polonais typique, celui-ci ferait preuve de patriotisme de manière assez stable dans l'opinion publique. Elle considère ce trait comme constitutif de l'identité nationale polonaise (73% des répondants admettent qu'il est « patriote » en 1992, pour 76% en 2011) (2011 : 3). La figure de ce *Polonais patriote* est apparue aussi lors de deux rencontres interculturelles auxquelles nous avons assisté en 2009 et 2010. Les jeunes Polonais ont inscrit les deux fois sur la pancarte de leur stéréotype du Polonais : « un patriote » (AM 2009, 2010).

Les Polonais attribuent de manière récurrente le sens de l'accueil au Polonais typique, ce qui nous renvoie au portrait du *Polonais accueillant*. En 1990, ce portrait est évoqué par l'attribution au « vrai » Polonais du « sens de l'accueil » (dans 3,08% des réponses de l'enquête ASA) (Bartmiński 2006 : 14, 360), de même qu'en 2000 (2,36%) (2006 : 14, 363). La figure du *Polonais accueillant* est aussi revenue dans les descriptions des jeunes Polonais, lors de rencontres interculturelles. D'après eux, le Polonais typique a « le sens de l'accueil » (AM 2009), c'est quelqu'un d'« accueillant » (IN 2008b).

Un autre ensemble de traits est repéré par Bartmiński en 1990 et inspire cette fois le portrait du *Polonais héros* (Bartmiński 2006 : 365). Les jeunes lui attribuent des caractéristiques telles que « le romantisme » (dans 1,98% des réponses) (2006 : 14, 360), « la fierté nationale » (1,98%) et « le courage » (1,54%) (2006 : 360-361). Cette image héroïque serait aussi renforcée par l'attribution de « la fidélité » envers des idéaux (1,32%), « l'honneur » (1,32%), « la foi » (1,10%), « la sincérité » (1,10%), « l'héroïsme » (1,10%), « la bravoure » (0,88%), l'attachement à « la liberté » (0,88%), caractéristiques auxquelles nous pouvons aussi ajouter « la disposition au sacrifice » (1,54%) (2006 : 361-362). Selon l'auteur, le portrait du *Polonais héros* diminue fortement en 2000, avec une baisse voire une disparition de ces traits dans les réponses (en rendant compte de leur attribution par nombre d'occurrences, le romantisme passe de 9 à 2, la fierté nationale de 9 à 3, la fidélité aux idéaux de 6 à 1, l'honneur de 6 à 5, la foi de 5 à 4, la sincérité de 5 à 2, l'héroïsme de 4 à 1, le courage de 7 à 0 et la bravoure de 4 à 0 (2006 : 366)). Roguska (2011) repère aussi la sincérité comme caractéristique constante attribuée par les Polonais au Polonais typique : il est « sincère » pour 47% des répondants en 1992 et pour 51% en 2011 (2011 : 11-12). Nous avons également retrouvé la figure du *Polonais héros*, lors de rencontres interculturelles où les jeunes Polonais ont décrit le Polonais typique comme appartenant à « une nation élue et torturée » (IN 2008a). Il a, d'après eux, « le sens de l'honneur » (IN 2008b) et « la capacité de s'unir » (AZS-MCSM 2010).

De multiples associations au travail permettent aussi de dresser un portrait du *Polonais travailleur*. Le rapport au travail du « vrai » Polonais est cependant décrit par les jeunes de manière très contrastée en 1990 (Bartmiński 2006 : 365). Il est présenté autant comme une personne manifestant de « la diligence » (d'après 0,88% des réponses) (2006 : 14, 362), et effectuant « un bon travail » (2,86%), que comme une personne faisant preuve de « paresse » (1,76%) et d'« une faible diligence » (1,10%) (2006 : 360-361). Roguska (2011) affirme, comme Bartmiński, qu'au début des années 1990 les Polonais ne perçoivent pas le Polonais typique comme une personne particulièrement travailleuse, puisque la qualité de son travail est appréciée assez moyennement en 1992 : « il travaille bien » pour 47% des répondants (2011 : 9). Mais cette appréciation a beaucoup évolué durant les années postcommunistes et ils sont très nombreux à reconnaître le Polonais comme un bon travailleur en 2011 : cette fois, « il travaille bien » pour 81% des répondants (ibid.). Il en est de même pour la perception du travail qu'aurait le Polonais typique. Il « a du respect pour le travail » selon 50% en 1992, puis 79% en 2011 (ibid.). Warchala (2001) repère également une forte empreinte de la diligence dans l'autostéréotype polonais, toute classe d'âge confondue. Selon l'enquête qu'il a publiée, le Polonais est « travailleur » d'après 45% des répondants (2001 : 27). Ces évolutions positives d'une représentation du Polonais travailleur iraient de pair avec le succès croissant qu'il rencontre : « il connaît le succès dans la vie » pour 42% des répondants en 1992 et pour 56% en 2011 (Roguska 2011 : 8). La figure du *Polonais travailleur* a de même trouvé des échos lors d'une rencontre interculturelle, le Polonais typique étant qualifié par les jeunes de « travailleur » (AM 2009). Sur aucune des rencontres n'est apparu le portrait du *Polonais paresseux*, qui contrastait précédemment avec l'expression de sa diligence, dans les enquêtes des années 90 (Bartmiński 2006, Roguska 2011).

D'après nous, un autre ensemble de traits typiques, tels que l'abus de l'alcool, les combines et le sens du divertissement, forment le portrait du *Polonais insouciant*. En 1990, d'après Bartmiński, les jeunes Polonais mettent en avant « l'alcool » comme caractéristique du « vrai » Polonais (dans 1,54% des réponses) (2006 : 14, 361). En 2001, Warchala constate que cette caractéristique est même la deuxième la plus souvent attribuée par les Polonais à leurs compatriotes (après la religiosité) avec 65% des répondants reconnaissant qu'« il abuse de l'alcool » (2006 : 27). D'après les jeunes Polonais ayant participé aux rencontres interculturelles, l'alcool tient aussi une place importante dans la vie du Polonais typique : il

« boit beaucoup » (AM 2009), c'est « un buveur » (AM 2010), voire « un alcoolique » (IN 2008b), qui « tient bien l'alcool » (AM 2010). Et ce dernier semble aimer non seulement l'alcool, mais aussi les combines. D'après Bartmiński, les jeunes Polonais mettent en avant en 1990 « la débrouillardise » du « vrai » Polonais (dans 0,88% des réponses) (2006 : 362). Les réalités de la vie polonaise des années 80 ont aussi, d'après le linguiste, contribué à l'attribution de l'inclination au « commerce » (1,10%) (2006 : 361) et en particulier au commerce illégal avec l'étranger et à l'étranger, comme l'indique notamment la réponse : « le Polonais d'aujourd'hui : il est identifié à une personne marchandant des produits en tout genre en dehors des frontières du pays » (2006 : 365). Dans les réponses de l'enquête, l'auteur note également des occurrences uniques de caractéristiques telles que « la combine », « l'inclination pour les solutions faciles », « l'insouciance », « le manque de professionnalisme », « la désorganisation » (ibid.). Cet ensemble de traits participent, d'après Bartmiński, à ce que l'on appelle familièrement en Pologne « le Polonais combinard » (ibid.). Ce portrait ne s'est pourtant plus manifesté dans les résultats de l'enquête menée en 2000, ce que le chercheur explique par l'obtention d'une pleine liberté d'action des Polonais sur le plan économique, ainsi que « la suppression d'une illégalité ou d'une semi-légalité stigmatisante » (2006 : 366). Pourtant la débrouillardise et les combines reviennent dans d'autres enquêtes réalisées dans les années 2000. Roguska affirme que la perception de cet esprit débrouillard aurait même augmenté avec les années, chez les Polonais, tout âge confondu : il est « débrouillard », pour 64% des répondants en 1992 et 79% en 2011 (2011 : 10). La débrouillardise est aussi très présente dans l'esprit des jeunes que nous avons rencontrés : « le Polonais sait faire ! » (AM 2009). On retrouve aussi dans le discours des jeunes une expression figée de signification équivalente en langue polonaise : « des mains en or » (IN 2008b), qui revient lors d'une autre rencontre : « des mains en or - le Polonais sait faire » (AM 2010). Le Polonais « sait se débrouiller dans la vie » et « il se tire de chaque situation difficile » (ibid.). Il peut être « combinard » et « voleur » (AM 2009). Cette insouciance polonaise se retrouve encore dans les descriptions de son sens du divertissement : « il aime s'amuser » (IN 2008a), « il sait s'amuser » (AM 2010).

L'attachement à la tradition et à l'histoire, attribué de manière récurrente au Polonais, conduit au portrait du *Polonais traditionaliste*. Bartmiński remarque en 1990 l'importance de la tradition dans la description du « vrai » Polonais. La « religiosité » (dans 0,88% des réponses) et « la foi » (1,10%) sont moins souvent mentionnées par les jeunes Polonais que l'« attachement à la tradition » (2,64%) et l'intérêt pour « l'histoire » (1,76%) (Bartmiński 2006 : 360-366). Un tel constat peut étonner, les Polonais ayant toujours mis en avant l'attachement au catholicisme de leur nation. La Pologne, qui s'est formée sous l'influence de l'Église, avec le baptême romain de 966, a toujours lié jusqu'à aujourd'hui son identité à sa religion. Les figures nationales qui ont marqué l'histoire contemporaine, par leur lutte contre le régime communiste, sont elles-mêmes liées étroitement au catholicisme (Jean Paul II, Lech Walesa, etc.). En 2000, l'auteur regroupe l'attachement au « pays » (6,78%) avec l'attachement à l'« histoire » (6,49%), le respect pour « la tradition » (3,83%), des caractéristiques qui relèvent également, selon lui, de ce portrait (2006 : 362-366). De cette façon, la dimension traditionaliste de l'autostéréotype polonais apparaît nettement plus marquée en 2000 (avec un total de 17,10%), qu'en 1990 (6,60%) (2006 : 360-366). Lors des rencontres interculturelles auxquelles nous avons assisté, les jeunes Polonais associent aussi l'attachement à la tradition au Polonais typique. C'est, d'après eux, « un traditionaliste » (IN 2008a) qui vit dans « un pays avec des traditions » (AM 2009).

Le portrait du *Polonais attaché à sa culture et à sa nation* est aussi associé au Polonais typique. Bartmiński observe d'ailleurs entre 1990 et 2000 un accroissement de ces associations. En 2000, la dimension culturelle caractérisée par « la langue » et « la culture » augmente dans la description du « vrai » Polonais (ces traits apparaissent dans un total de 2,42% des réponses en 1990 et de 5,30% en 2000) (Bartmiński 2006 : 361, 363). Lors des rencontres interculturelles, cette dimension culturelle est apparue sous l'angle de la culture alimentaire. D'après les jeunes, le Polonais a « une remarquable cuisine traditionnelle, campagnarde - *bigos* (plat proche de la choucroute), porc, *żurek* (type de soupe), *pierogi* (sorte de raviolis) » (AM 2010), des plats qui sont encore mis en avant avec les mots « *pierogi, bigos, barszcz* (soupe de betterave) » (IN 2008a). En comparant les résultats de l'enquête ASA de 1990 et de 2000, Bartmiński affirme que la dimension culturelle du Polonais typique prévaut toujours sur sa dimension nationale (2006 : 365). Cette dernière a cependant aussi pris de l'ampleur dans les réponses de 2000, avec l'accentuation de caractéristiques telles que « la fierté nationale » en 1990, puis l'attachement à « la nationalité » et le maintien de « l'identité nationale » en 2000 (dans 1,98% des réponses en 1990 et 3,83% en 2000) (2006 : 360, 363-364).

L'attachement à la famille et à la religion reviennent dans les descriptions autostéréotypiques, avec un portrait du *Polonais aux valeurs religieuses et familiales*. Bartmiński rend compte de la dimension religieuse du stéréotype en 1990, qui a encore pris de l'importance en 2000 : « la religion » et « la foi » sont accentuées dans les descriptions que font les jeunes du « vrai » Polonais (1,98% des réponses en 1990, 2,95% en 2000) (2006 : 361-364). Selon le rapport d'enquête publié par Warchala, les Polonais (toute tranche d'âge comprise) perçoivent même avant tout le Polonais typique comme « religieux » (d'après 71% des répondants) (2001 : 27). Roguska observe aussi que, durant les 20 années de changements ayant fait suite à la chute du régime communiste, il maintient dans l'opinion publique la religiosité comme caractéristique (qui est aussi reconnue par la chercheuse comme constitutive de l'identité nationale polonaise). Mais elle constate, contrairement à Bartmiński, que l'attribution de ce trait est en légère baisse : le Polonais est « religieux » pour 89% des répondants en 1992 et pour 83% en 2011 (2011 : 3). La religion est aussi mise en avant lors de rencontres interculturelles. D'après les jeunes Polonais, « l'Église » (AM 2009) et la « religiosité » (IN 2008b) sont des attributs du Polonais typique, qui est « croyant » (IN 2008a). L'attachement à la famille est encore reconnu par Roguska comme caractéristique de l'identité nationale polonaise. Selon elle, les valeurs familiales sont pourtant, comme les valeurs religieuses, en légère baisse depuis la chute du régime communiste : « la famille est plus importante pour [le Polonais] » que le travail selon 70% des répondant en 1992 et 63% en 2011 (Roguska 2011 : 4). Malgré cette baisse, la famille reste bien présente dans les représentations du Polonais typique partagées par les jeunes, comme le confirment leurs descriptions lors d'une rencontre interculturelle, où il est présenté comme « attaché à la famille » (AM 2009).

Roguska observe en 2011 un changement de tendance majeur, dans l'appréciation des caractéristiques associées à l'autostéréotype polonais, avec la figure du *Polonais vivant dans de meilleures conditions qu'avant*. Les Polonais estiment davantage que le représentant typique de leur pays « vit dans de bonnes conditions » (pour 40% des répondants) que dans de « mauvaises » (pour 36%, le reste ne se prononçant pas) (Roguska 2011 : 2). Le changement est considérable par rapport à l'année 1992 (où selon seulement 13% le Polonais vit dans de « bonnes conditions », contre 75%, dans de « mauvaises »). Parallèlement à ces évolutions, le Polonais typique vit tout de même toujours « de manière modeste » (selon 67% en 1992, comme en 2011), mais il sait mieux économiser son argent (il est « économe » selon 41% en 1992, 56% en 2011) (2011 : 2, 10). Lors d'une rencontre interculturelle, les jeunes Polonais indiquent aussi qu'il perçoit « un bas salaire » (AM 2009).

D'autres caractéristiques de type social permettent de dresser le portrait du *Polonais au bon cœur*. Le Polonais porte, d'après Roguska, un regard relativement constant de 1992 à 2011, sur son rapport à l'autre (2011 : 5, 11-12). Peu de changements ressortent en ce qui concerne la perception de sa bienveillance - il serait « bienveillant » (pour 61% en 1992, 59% en 2011), et la perception de son ouverture à l'autre - il serait « ouvert aux autres » (selon 55% en 1992, comme en 2011). On observe aussi une évolution positive dans l'appréhension de ses qualités sociales. Les Polonais affirment plus souvent qu'« il aide les autres » (pour 50% en 1992, 57% en 2011), et qu'« il s'unit et fonctionne avec les autres » (62% en 1992, 83% en 2011) (2011 : 5). Warchala, dans l'enquête qu'il a publiée en 2001, note aussi l'attribution de la gentillesse à l'autostéréotype polonais : il est « gentil » d'après 44% des répondants (2001 : 27).

Un meilleur niveau d'instruction et de civilisation, ainsi qu'un gain de confiance en soi, sont attribués au Polonais typique, avec la figure du *Polonais nouvellement instruit, civilisé et sûr de lui*. D'après Roguska, une évolution positive de 1992 à 2011 concernant l'autostéréotype polonais est notable, pour ce qui est de sa confiance en lui : il serait plus « sûr de lui » (selon 31% des répondants en 1992, 54% en 2011) (Roguska 2011 : 6). Sur le plan de l'instruction, l'autostéréotype s'améliore également : le Polonais est perçu comme plus « instruit » (58% des répondants en 1992, 72% en 2011). L'instruction revient aussi comme caractéristique attribuée au Polonais typique par les Polonais, tout âge confondu, d'après l'enquête publiée en 2001 par Warchala (le Polonais est « instruit » selon 41% des répondants) (2001 : 27). Lors d'une rencontre interculturelle de 2009 à laquelle nous avons assisté, le contraste entre le niveau d'instruction des jeunes Polonais et des plus âgés est aussi mis en avant. Les Polonais sont décrits par les jeunes comme « peu instruits », avec la précision (précédée d'un tiret) : « les plus âgés » (AM 2009). Leurs connaissances sont aussi soulignées lors d'une rencontre interculturelle, avec l'expression : « une personne qui sait tout sur tout » (IN 2008a). Roguska remarque en parallèle une évolution positive du savoir-vivre/savoir-être du stéréotype, d'après l'ensemble des Polonais. Il est question d'une personne plus « civilisé[e] » (ayant plus de savoir-vivre) en 2011 qu'en 1992 (il est « civilisé » selon 47% en 1992 et selon 59% en 2011) (Roguska 2011 : 7). Pourtant les jeunes que nous avons rencontrés en 2009 ont rendu compte d'un manque de savoir-vivre du Polonais typique à l'étranger : d'après eux, c'est une personne « peu civilisé[e] à l'étranger » (AM 2009).

Le Polonais apparaît dans l'enquête publiée par Warchala en 2001 comme ayant un rapport assez ambivalent à l'altérité, avec le portrait du *Polonais oscillant entre tolérance et intolérance* : il est qualifié de « tolérant » par 35% des répondants et d'« intolérant » par 33% (2001 : 27). Les jeunes dépeignent aussi son rapport à l'altérité comme contrasté, insistant lors d'une rencontre interculturelle sur son « ouverture d'esprit » (IN 2008a), mais lors d'autres rencontres sur le fait qu'il est

« méfiant vis-à-vis des étrangers » (AM 2009) et qu'il peut faire preuve d'« un manque de tolérance » (IN 2008b).

Un autre portrait ressort des descriptions des jeunes Polonais : celui de *la belle Polonaise* (Viviand 2011). On observe des descriptions d'ordre physique, qui se rapportent uniquement à la Polonaise typique lors des rencontres interculturelles : les Polonais, avec ici des porte-paroles essentiellement de sexe masculin, font une présentation très élogieuse de la femme polonaise. Elle est qualifiée de « jolie », « belle », voire « la plus belle femme d'Europe », ce qu'ils ne manquent pas de mettre en avant face à leurs collègues français et allemands.

En plus du repérage des caractéristiques ci-dessus, les chercheurs s'efforcent de rendre compte de la dimension positive ou négative des représentations. D'après Bartmiński, les caractéristiques autostéréotypiques évoquées par les jeunes Polonais en 1990 sont principalement positives (67,25% des réponses désignent selon lui des traits favorables) Parmi les traits positifs, il classe tout ce qui relève de la sphère idéologique, c'est-à-dire « le patriotisme », « l'attachement à la Pologne », « la lutte pour votre liberté et la nôtre » – slogan polonais du Soulèvement de novembre 1831 contre le tsar russe, ainsi que « la haine du totalitarisme » et « l'idéalisme » (2006 : 365). Il considère aussi les traits qui se rapportent à la sphère sociale et éthique comme positifs : « la tolérance », « le sens de l'accueil », « la sociabilité », « l'indépendance », « la bienveillance », « la socialisation », « le fait de vivre en amitié avec les autres », « l'aide des autres » et « l'honneur » (ibid.). Les caractéristiques que Bartmiński présente comme négatives s'avèrent moins fréquentes (elles représenteraient 18,45% des réponses), mais elles sont proportionnellement plus diversifiées. Il s'agit de caractéristiques relatives aux conditions matérielles et sociales de l'existence : « la combine », « la paresse », « l'ivresse », « le commerce illégal », « le vol », « les excès », « l'insouciance », « le souhait d'une vie facile », « l'inclinaison vers les solutions faciles », « la désorganisation », « le manque de professionnalisme » ; de caractéristiques psychologiques : « l'impulsivité », « un caractère querelleur », « la vanité », « la vantardise », « l'insolence », « la fierté », « un caractère 'feu de paille' », « un caractère lunatique », « l'insouciance » ; de caractéristiques sociales : « l'individualisme grandissant, « l'indiscipline et le manque d'esprit pratique », « une attitude dirigiste », mais aussi « la corruption », « l'exagération de sa propre souffrance », « l'attente d'un miracle et la loquacité » (2006 : 365-366). L'évaluation du « vrai » Polonais, d'après Bartmiński, est plus positive en 2000 qu'en 1990 (avec, d'après le linguiste, 80% de réponses de type positif en 2000 pour 67,25% en 1990). Les jeunes Polonais semblent avoir une meilleure estime d'eux-mêmes et de leurs compatriotes. Parmi les traits négatifs que l'on retrouve en 2000, l'auteur compte principalement : « un romantisme malsain », « une inclination pour l'alcool » et « le fait de se laisser diriger par les émotions » (les caractéristiques dites « neutre » représentent aussi un peu plus de 15% des réponses) (2006 : 366). Bien que Bartmiński constate chez les Polonais une amélioration de leur estime de soi et de leurs compatriotes, Warchala (2001) nuance la dimension positive du regard que les Polonais portent sur eux-mêmes et sur les leurs. Comme nous l'avons vu, d'après Warchala, les Polonais perçoivent le Polonais typique comme « travailleur » et « gentil » (ce que le chercheur juge positif), mais aussi comme « abusant de l'alcool » (caractéristique qu'il juge cette fois négative) (2001 : 26). Warchala attire l'attention sur le fait que les Polonais se mésestiment à différents niveaux, en comparaison des Français (ces derniers formulent un autostéréotype bien plus positif) (2001 : 40-41). Les résultats de cette enquête mettraient même en évidence un « complexe d'infériorité identitaire » polonais, que les chercheuses Astrid Kufer et Isabelle Guinaudeau pointent du doigt lors d'une communication intitulée « Stéréotypes et sentiments de proximité. Les Anglais, les Allemands, les Français, les Polonais et leur perception des autres » (2007). L'autostéréotype relativement dévalorisé des Polonais contraste avec celui fortement valorisé des Français. Chez ces derniers, il ressort clairement, d'après Kufer et Guinaudeau, cinq caractéristiques (accordées par plus de 50% des répondants), toutes positives. Comme le formulait Henri Tajfel (1981), la valorisation chez les individus de leur propre groupe social est une attitude classique, qui répond à des facteurs d'ordre cognitif et motivationnel. Quel que soit le groupe d'appartenance, l'endogroupe doit être perçu comme positivement différencié par rapport aux exogroupes pertinents. Dans l'autostéréotype du Polonais, d'après Kufer et Guinaudeau, le mécanisme de valorisation du groupe social n'est que très partiel. Roguska remarque tout de même l'évolution positive de l'autostéréotype polonais dans le courant des années 1990 (2011 : 12). Elle constate que, depuis la chute du régime communiste, les Polonais ont été de plus en plus satisfaits d'eux-mêmes et que leur estime de soi s'est renforcée. Néanmoins, après cette période, les Polonais seraient devenus plus autocritiques. Roguska émet l'hypothèse que ces changements négatifs de l'autostéréotype polonais (une baisse de l'ouverture d'esprit, de la gentillesse, de la culture) n'indiquent pas nécessairement un processus négatif réel, qui se serait produit dans les attitudes des gens, mais le fait que les Polonais ont pris davantage conscience de leurs imperfections et de leurs éventuelles lacunes (2011 : 13).

3.3 Significations de l'ethnonyme « Allemands » (*Niemcy*)

Pour introduire l'état des recherches concernant les représentations associées à l'ethnonyme « Allemands » (*Niemcy*), un bref aperçu de l'évolution tourmentée des images des Allemands durant ces derniers siècles semble utile, étant donné que les liens historiques difficiles de l'Allemagne et de la Pologne gardent un fort impact sur la manière dont les Polonais perçoivent aujourd'hui leurs voisins.

Quelques siècles de représentations tourmentées

Selon l'ethnographe et sociologue Jan Stanisław Bystroń (1935), il s'est formé avant la période humaniste, chez les Polonais, une image des Allemands comme individus d'origine, de culture, de religion et de langue étrangères. Le nom « Allemand » (*Niemiec*) pouvait alors désigner un individu provenant du Nord-Ouest de l'Europe, qu'il soit hollandais, suédois, danois ou parfois même anglais ou français (1935 : 245). Le mot trouve son origine dans l'incompréhension de la langue allemande par les Slaves (1935 : 250), étymologiquement il signifie : « quelqu'un avec qui on ne peut pas se comprendre ».

D'après Bystroń, un portrait de *l'Allemand évoquant réticence et mépris* s'est ensuite distingué au XVIe-XVIIIe siècle, les Polonais partageant dans le meilleur des cas par une attitude neutre ou satirique vis-à-vis de leurs voisins. Ce portrait peu flatteur aurait été formé par la noblesse, la bourgeoisie et la paysannerie polonaises qui observaient à cette époque « avec haine […] le succès de l'Allemand travailleur et économe » (1935 : 246). L'apparence physique des Allemands était alors présentée de manière satirique (verbale ou plastique), par la représentation corpulente d'un personnage aux gestes lents (1935 : 247). Les Polonais ne manquaient pas de faire des plaisanteries sur leurs vêtements étriqués, notamment sur leurs chausses, leurs chapeaux et leurs tresses. Leur mode et leur langue, étrangères aux Polonais, contribuaient à susciter un sentiment d'étrangeté. La période humaniste ne favorisa pas non plus la popularité de leur langue, considérée comme « appropriée à la menace et l'insulte » (1935 : 251). Le mépris et la haine suscités proviendraient de la nette différence du mode de vie des Allemands, qui se caractérisait par les économies, l'épargne et le calcul (d'où les proverbes en langue polonaise : « chez le Polonais l'Allemand aussi se nourrit, et chez l'Allemand pas même un chien », ou encore « chez les Allemands, pas une mouche ne se nourrit ») (1935 : 250). Dans la littérature et les chansons populaires, la cuisine allemande était aussi raillée. On nommait les Allemands « les mangeurs de patates », suite à la propagation de la pomme de terre dès le XVIIIe siècle par les colons allemands (1935 : 257-258). Ces moqueries viendraient aussi d'une amplification de l'hérésie chez les Allemands, du développement de croyances jugées moins bonnes que la croyance catholique polonaise (d'où le proverbe : « chaque Allemand est un hérétique ») (1935 : 259). Les Polonais les imaginent mécréants, déformés, suscitant l'aversion (ce que reflète l'expression figée : « mi-Allemand, mi-chèvre, mécréant de Dieu ») (1935 : 258). Bystroń avance que ces convictions étaient, dès la fin du XVIIIe siècle, à l'origine de représentations du diable en costume allemand, portant un frac étriqué (le plus souvent rouge ou noir), ainsi qu'un chapeau triangulaire (1935 : 263). Cette image s'est perpétuée dans le discours populaire et littéraire, comme en atteste par ex. la ballade d'Adam Mickiewicz « Pani Twardowska »[25] et le drame « Le cercle enchanté »[26] du poète Lucjan Rydel. Bystroń, pour insister sur cette antipathie de longue date, cite encore le proverbe : « tant que le monde sera monde, l'Allemand ne sera pas le frère du Polonais » (1935 : 268).

Un stéréotype de *l'Allemand ambivalent* se forme au XIXe siècle, avec l'image à la fois d'« ennemi et [de] représentant d'une culture élevée » (Bartmiński 1994). Zofia Mitosek, citée par Bartmiński, remarque que « l'animosité des Polonais envers les Allemands augmente, parallèlement au processus de conquête hégémonique de la Prusse » (1994 : 73). Une identification au prussianisme, croisée avec la germanité, apparaît progressivement dans la conscience polonaise (ibid.). La représentation de l'Allemand y gagne un bon nombre d'attributs. En se référant aux travaux de l'historien wroclawien Wojciech Wrzesiński (1992), Bartmiński mentionne les nouvelles caractéristiques que sont « le respect/culte de la force » et « la pugnacité ». Les traits négatifs dominent toujours cependant, avec : « un caractère impitoyable », « le manque de compréhension et de respect pour les autres », « la brutalité », « la cruauté », « la violence et la sauvagerie »; « la fausseté », « la trahison », « le pillage et l'usurpation », « l'esprit de vengeance », mais aussi « l'égoïsme », « l'orgueil », « la mégalomanie », « le dédain » et « le matérialisme » (Bartmiński 1990a). Wrzesiński observe qu'indépendamment de ces convictions essentiellement négatives, les Polonais ont quasiment toujours perçu les Allemands comme une « société

---

[25] Adam Mickiewicz (1998), *Pani Twardowska i inne bajki*, Siedmioróg, Wrocław.

[26] Rydel Lucjan (1990), *Zaczarowane koło,* Nakład Gebethnera i Wolffa, Warszawa.

représentant les grandes valeurs de la civilisation et de la culture » (1992 : 73) et cela même aux instants les plus menaçants pour l'existence de leur nation. Les défauts attribués aux Allemands, liés directement ou indirectement à la sphère politique, sont contrebalancés par un grand nombre de qualités liées à leur civilisation et à leur culture (perçues principalement à cette époque par la classe éduquée de la société polonaise), telles que : « le dynamisme » et « la diligence », « le sens de l'économie », « le pragmatisme » et « le rationalisme », mais aussi « la docilité », « l'obéissance », « la discipline », « l'ordre (les capacités d'organisation) », ainsi que « l'unification » et « le traditionalisme » (Bartmiński 1990a).

Tomasz Szarota, historien, affirme que s'il existe, avant 1939, un grand nombre d'éléments positifs évoquant le respect et la reconnaissance dans le stéréotype des Allemands, leur crédibilité s'effondre bel et bien pendant la période de la Seconde Guerre mondiale (Szarota 1977 : 11), avec la figure de *l'Allemand, ennemi déshumanisé et impitoyable*. Les qualités qui leur étaient reconnues, telles que l'ordre, la discipline, l'obéissance, l'épargne et l'exactitude, furent redéfinies en regard de l'idéologie hitlérienne, révélant soudain un revers menaçant pour les Polonais (1977 : 12). Szarota cite le scientifique et microbiologiste Ludwik Hirszfeld qui affirmait en 1946 dans son autobiographie[27]:

> Ce en quoi les Allemands sont vraiment dignes d'être imités, c'est : le systématisme, l'organisation et l'économie. Ces trois de leurs plus grandes vertus, mises au service du plus grand mal. Est-ce que vous pigez, l'impitoyabilité écrasante, la flexibilité monstrueuse de cette sombre machine ? Et voilà le camp d'extermination de Majdanek (Szarota 1977 : 12).

L'Allemand apparaît dès lors comme un ennemi inhumain, par une animalisation et une réification de son image (1977 : 15-18), que l'on trouve en particulier dans les récits des anciens prisonniers des camps de concentration.

---

[27] Ludwik Hirszfeld (1946), *Historia jednego życia*, Czytelnik, Warszawa.

Szarota décrit aussi une certaine ambivalence de la représentation :

> D'un côté le bourreau commence à être associé à une image sauvage, soumise au désir du massacre bestial, mais de l'autre, au contraire, il évoque une part passive monstrueuse, fonctionnant habilement comme une machine à crime (Szarota 1978 : 150).

Au travers d'une réévaluation de caractéristiques perçues autrefois positivement, des convictions traditionnelles et associations négatives sont mises à jour. La Seconde Guerre mondiale confirmerait le proverbe « tant que le monde sera monde, l'Allemand ne sera pas le frère du Polonais », en consolidant le stéréotype de l'Allemand comme ennemi éternel. L'idée de la responsabilité du crime hitlérien, attribuée ou non à l'ensemble de la nation allemande, préoccupe non seulement les Polonais pendant la guerre et l'occupation, mais encore après 1945. La question d'une responsabilité nationale avait déjà été lancée dans une publication datant du 28 novembre 1940, au travers du titre d'un article du journal souterrain « Bulletin d'information » (*Biuletyn Informacyjny*), faisant une distinction entre « le mauvais hitlérien » et « le bon Allemand » (Szarota 1977).

Plus tard, suite à la division de l'Allemagne en deux États, le sociologue Andrzej Kwilecki met en avant une autre dissociation en Pologne du stéréotype allemand, sur la base de recherches datant des années 70, avec *l'Allemand de RFA et l'Allemand de RDA*. Ces deux figures se différencient tant par leur contenu cognitif que par leur contenu émotionnel (Kwilecki 1978 : 207). Comme le résume Bartmiński (1994), l'image de l'Allemand de RDA est alors marquée par une forme de reconnaissance (« il aime la paix et les Polonais ») tandis que l'Allemand de RFA inspire avant tout une image négative (il est dans les esprits « vengeur » et « fasciste », bien que ses réalisations économiques et techniques soient reconnues). Cette tendance à la dissociation du stéréotype allemand provient en particulier des habitants de l'ouest de la Pologne, influencés par la propagande socialiste de l'époque. Dans le milieu populaire, un changement inattendu se produit pourtant progressivement :

l'Allemand de l'ouest est peu à peu vu comme « respectable », « européanisé » et « courtois » alors que celui de l'est paraît « paresseux », « buveur » et « nationaliste ».

Des représentations réactualisées fin XXe, début XXIe

Ces liens historiques chargés entre l'Allemagne et la Pologne impactent fortement les représentations contemporaines des Polonais, d'après plusieurs travaux datant de la fin du XXe : Krystyna Pisarkowa (1976) s'est intéressée au stéréotype allemand en langue polonaise dans les années 70, en se basant sur une étude des proverbes comprenant le nom « Allemand », sur une analyse de ses synonymes et dérivés de synonymes, ainsi que sur une enquête ouverte réalisée auprès d'étudiants de philologie polonaise (de quatrième et cinquième année à l'Université Silésienne), entre 1970 et 1971. Piotr Gruszczyński, homme politique aujourd'hui membre du parti « Plateforme Civique », s'est penché sur les représentations des Allemands chez les Polonais dans les années 1980 (Gruszczyński 1988). Dans le cadre d'une enquête réalisée dans l'ouest de la Pologne, des jeunes du cycle secondaire devaient notamment répondre à la question : « à ton avis, qu'est-ce que les Polonais pensent des Allemands ? ». Les travaux de Bartmiński (2006), sur l'évolution de la compréhension des noms de valeur, incluant le nom « Allemand », présentent à nouveau des résultats très riches. Comme nous l'avons vu plus haut, cette enquête a été menée auprès d'un millier d'étudiants en 1990, puis en 2000. Les jeunes Polonais, interrogés sur ce qui caractérise d'après eux un « vrai » Allemand (2006 : 14), ont énuméré de nombreuses caractéristiques, dont l'ordre hiérarchique d'attribution et l'évolution ont été observés. Les séances d'observation que nous avons réalisées lors de quatre rencontres de jeunes Français, Allemands et Polonais, entre 2008 et 2012, ont également permis de retrouver différents stéréotypes historiques de l'Allemand, puis d'en repérer de nouveaux, dans le cadre d'une communication interculturelle naturelle (détail de la présentation de ces séances d'observation plus haut dans le texte). À partir de toutes ces données, nous avons dressé différents portraits-types présents dans la pensée des Polonais, qui font ou ont pu faire partie de leurs manières de comprendre l'ethnonyme « Allemands » pendant ces dernières décennies.

Depuis la Deuxième Guerre mondiale, les descriptions que font les Polonais des Allemands restent marquées par le nazisme. Ce portrait de *l'Allemand nazi* correspond à celui du « mauvais hitlérien », enraciné après la guerre dans la conscience polonaise, d'après les résultats d'enquête de Pisarkowa (1976). La linguiste reconnaît en langue polonaise le mot « Allemand », comme le nom de nation ayant traditionnellement la connotation la plus riche, ce dont attesteraient les dérivés de synonymes, tels que « Souabe » ou « Boche/Prussien » (1976 : 14-15), fonctionnant en langue polonaise comme des surnoms méprisants (Urban 1993 : 30). L'enquête réalisée par Pisarkowa révèle l'impact de la Seconde Guerre mondiale sur le stéréotype au début des années 70. L'Allemand est qualifié, entre autres, de « criminel », d'« occupant », d'« hitlérien » ou de « surhomme » (Pisarkowa 1976 : 15). La guerre continue de lui être associée quelques dizaines d'années plus tard, d'après les résultats de l'enquête ASA (Bartmiński 2006). En 2000, le « vrai » Allemand est caractérisé par « la guerre » dans 1,31% des réponses des jeunes Polonais (2006 : 14, 389), avec des formulations telles que : « le souvenir de la guerre », « il m'évoque parfois la guerre », « il m'évoque les guerres », « souvenir de la tragédie de la Seconde Guerre mondiale ». Ces images perdurent encore dans les esprits, lorsqu'il s'agit d'évoquer les stéréotypes de l'Allemand en contexte de rencontre interculturelle. En 2008 et 2009, sur des pancartes où les jeunes Polonais devaient représenter ce qu'était selon eux un Allemand typique, se trouvaient les termes « Deuxième Guerre mondiale » (AM 2009), « nazi » (IN 2008a) ou encore le dessin d'une croix gammée barrée (AM 2009).

Le caractère des Allemands est aussi très largement lié à l'ordre, la discipline, la ponctualité et la précision selon les Polonais. Ce portrait de *l'Allemand rigide*, n'est pas nouveau puisque, comme nous l'avons vu, Wrzesiński le décelait déjà dans la pensée des Polonais au XIXe siècle (Wrzesiński 1992). Szarota a mis aussi en avant le fait que la discipline, l'obéissance et l'exactitude étaient selon les Polonais des traits allemands, perçus dans toute leur atrocité lors de la Seconde Guerre mondiale (1977 : 12). Par la suite, Pisarkowa a retrouvé les adjectifs « précis/exact », « scrupuleux », « obéissant », « discipliné », « précis/ponctuel » employés par des étudiants de philologie polonaise, pour qualifier l'Allemand en 1970-1971 (Pisarkowa 1976). Ces marques de rigueur apparaissent dans l'enquête ASA de 1990 (Bartmiński 2006), où le « vrai » Allemand est caractérisé par les jeunes par la « précision », (évoquée dans 4,63% des réponses de l'enquête) (2006 : 14, 386), mais aussi par « l'ordre » (4,11%), « la discipline » (3,86%), « la maniaquerie » (2,06%), « l'obéissance » (2,06%), « la ponctualité » (1,03%) et « le systématisme » (1,03%) (2006 : 386-388). En 2000, le « vrai » Allemand est décrit de manière relativement similaire, avec comme caractéristiques « la précision » (4,90%), « l'ordre » (2,29%), « la maniaquerie » (1,31%) et « la ponctualité » (1,31%) (2006 : 388-389). Lors de rencontres interculturelles, nous relevons aussi des expressions qui évoquent ce portrait ordonné et discipliné : « l'ordre » (IN 2008a, 2008b), « la discipline », « le respect des règles », « la sévérité/rigueur » (IN 2008b), « la raideur » (IN 2008a), un caractère « assidu/appliqué » et « rangé/ordonné », « la précision » (AM 2010) ou « la ponctualité » (IN 2008a, 2008b).

Bystroń évoquait déjà le succès des Allemands, comme source d'animosité de la part des Polonais, du XVIe au XVIIIe siècle. Leur force et leur richesse sont aussi mises en avant à la fin du XXe et au début du XXIe siècle, ces traits permettant de dresser le portrait de *l'Allemand privilégié*. En 1990, le « vrai » Allemand dans l'enquête ASA est décrit par les jeunes Polonais comme « fort » (1,03% des réponses), puis en 2000 il est caractérisé par la « richesse » (1,31%), ainsi que la possession de « voitures » (1,31% également) (Bartmiński 2006 : 14, 388-389). Ce portrait revient lors des rencontres interculturelles auxquelles nous avons assisté en 2008, 2009 et 2010. D'après les jeunes, l'Allemand vit dans « un pays développé » (AM 2009), parcouru par « des routes en bon état », où roulent « des voitures formidables » (AM 2010). Pour eux, « le retraité allemand [a le privilège d'être] un touriste » (ibid.). L'Allemand détient même, d'après les jeunes, un certain « pouvoir » (IN 2008a).

Certains produits alimentaires sont aussi associés à l'Allemand de manière récurrente et permettent de dresser un portrait de *l'Allemand buveur de bière et mangeur de saucisses*. Dans l'enquête ASA, « la bière » revient comme caractéristique du « vrai » Allemand (Bartmiński 2006 : 14, 387-388). Les jeunes la mentionnent en 1990 (1,03% des réponses) et encore davantage en 2000 (3,27%) (2006 : 14, 387-388). Ceux que nous avons rencontrés ont aussi affirmé qu'il « boit de la bière et mange des saucisses » (AM 2010) et les noms « bière » (IN 2008a), « Bière ! » (IN 2008b), « des bières pas fortes » (AM 2010) et « saucisse » (IN 2008a) sont associés à son stéréotype.

Un nombre considérable de traits physiques déplaisants se trouvent attribués aux femmes allemandes pendant les rencontres interculturelles auxquelles nous avons assisté, et évoquent un très sévère portrait de *l'Allemande repoussante* (Viviand 2011). Pour les jeunes Polonais, la femme allemande est souvent une « blonde à la peau claire », mais en dehors de ces simples attributs, ils expriment un stéréotype physique négatif, qui ne manque pas de qualificatifs péjoratifs (2011 : 111-112). L'Allemande correspond selon eux à une femme « peu charmante », « pas très belle », voire « laide ». Ils lui concèdent parfois « des formes généreuses », mais le plus souvent elle est qualifiée sans détour de « grosse ». De surcroît, l'Allemande typique est décrite comme une femme qui « ne prend pas soin d'elle », « ne se maquille pas » ou au contraire qui « est très maquillée ». Elle « n'est pas délicate, pas gracieuse ». On a encore pu relever le commentaire suivant, sur une pancarte où devait être représenté l'Allemand typique par les jeunes Polonais : « l'Allemagne, c'est le seul pays où les hommes sont plus beaux que les femmes : les Allemandes sont laides ! ». S'ajoutent aussi d'autres commentaires déplaisants : l'Allemande « ne montre pas ses émotions » ou « elle ne montre pas ses sentiments », elle est « froide » et a « un visage de pierre, figé ». Si l'image d'une *Allemande repoussante* n'est pas particulièrement ressortie des études sur les représentations des Allemands dans le passé, on retrouve dans les descriptions le mépris et la raillerie concernant la corpulence et les tenues vestimentaires allemandes au XVIII-XIXe siècle (Szarota 1977). On remarque aussi, en parallèle, une rhétorique similaire en ce qui concerne la langue allemande. Les descriptions sont aussi marquées par un jugement négatif, d'un point de vue sonore et esthétique : les Allemands auraient « une langue pas jolie, une langue dure » (IN 2008a), rappelant les propos de Bystroń (1935), qui indiquait que les Polonais percevaient déjà au XVI-XVIIIe siècle leur langue comme « appropriée à la menace et à l'insulte ». Ce caractère dur et repoussant perçu dans la langue allemande est aussi repéré dans l'enquête ASA en 1990, puis en 2000 (Bartmiński 2006). Bartmiński relève les expressions employées par les jeunes Polonais pour décrire le « vrai » Allemand. Ces derniers mentionnent une « langue dure » en 1990 et en 2000 (2006 : 386, : 388), une « langue qui ne [leur] plaît pas », en 1990 (2006 : 386).

Comme nous l'avons dit, l'Allemand était perçu du XVIe au XVIIIe siècle comme un individu « travailleur » (Bystroń 1935 : 246) et un portrait similaire de *l'Allemand travailleur et fiable* revient dans des descriptions plus contemporaines. Pisarkowa constate que l'adjectif « travailleur » lui est attribué au début des années 70, par les étudiants de l'Université Silésienne. En 1990, Bartmiński remarque pareillement l'importance du travail dans la description du « vrai » Allemand. La « diligence » est accordée à l'Allemand typique (dans 8,23% des réponses des jeunes enquêtés) (2006 : 14, 386), il s'agit là de son attribut le plus fréquent. En 2000, les Polonais rendent toujours compte de cette caractéristique, bien qu'elle soit indiquée un peu moins souvent (5,23% des réponses) (2006 : 388). La diligence est à nouveau mentionnée lors d'une rencontre interculturelle, où l'Allemand typique est qualifié de « travailleur » (AM 2010). Cette qualité est accompagnée au début des années 70 de la reconnaissance d'une certaine fiabilité : d'après l'enquête de Pisarkowa (1976), les étudiants qualifient l'Allemand de « pratique » et de « solide/fiable ». Il est aussi décrit comme « honnête/solide » et « tenant parole ». En 1990, Bartmiński relève, dans la description du « vrai » Allemand, « un caractère consciencieux » (2,06% des réponses) (2006 : 14, 386), et en 2000, « la solidité » (1,31%) (2006 : 389).

L'image de *l'Allemand civilisé,* moins riche mais toujours identifiable, ressort des descriptions des jeunes Polonais, lors d'une rencontre interculturelle de 2010. Ils associent à l'Allemand typique « une culture de la conduite (une manière de conduire civilisée) » (AM 2010). La mention de cette attitude au volant rappelle l'image de *l'Allemand civilisé* que partageaient les Polonais au XIXe siècle, d'après Wrzesiński (1992).

Les Polonais dressent un portrait de *l'Allemand propre et attaché à l'environnement.* Pisarkowa fait mention de la propreté attribuée par les étudiants en 1970-1971 (l'Allemand est qualifié de « propre »). Cette image apparaît aussi dans l'enquête ASA (Bartmiński 2006), où le « vrai » Allemand est caractérisé par la « propreté » en 1990 (3,34% des réponses) (2006 : 14, 386) et en 2000 (1,63%) (2006 : 389). L'attachement de l'Allemand typique à la propreté et à l'environnement est également mis en avant par les jeunes Polonais lors de rencontres interculturelles auxquelles nous avons participé. D'après eux, « il fait attention à l'environnement » (AM 2009), « il fait attention à la propreté » (AM 2010).

Bystroń (1935) évoquait déjà le caractère économe de l'Allemand que la noblesse, la bourgeoisie et la paysannerie polonaises observaient avec haine entre le XVIe et le XVIIIe siècle. Ce sens de l'épargne allemand était aussi présent dans la pensée des Polonais lors de la Seconde Guerre mondiale (Szarota 1977). Quelques décennies plus tard, nous relevons toujours des expressions qui permettent de dresser un portrait de *l'Allemand économe et avare*. D'après Pisarkowa (1976), les étudiants polonais interrogés en 1970-1971 décrivent l'Allemand comme une personne « qui a le sens de l'économie », une personne « économe ». Il en est de même chez Bartmiński (2006), où « l'économie » (l'épargne) ressort comme caractéristique attribuée au « vrai » Allemand (dans 1,80% des questionnaires de l'enquête ASA) (2006 : 14, 386). Lors d'une rencontre interculturelle de 2009, les jeunes Polonais qualifient cependant plus péjorativement l'Allemand typique de « radin » (AM 2009).

Des caractéristiques variées, attribuées par les Polonais à l'Allemand typique, évoquent le portrait de *l'Allemand orgueilleux*. D'après l'historien Wrzesiński (cité par Bartmiński 1990a), « l'orgueil », « la mégalomanie » et « le dédain » étaient déjà perçus chez les Allemands au XIXe siècle. Pisarkowa (1976) note que les étudiants décrivent l'Allemand au début des années 70 comme un individu « fier ». Dans l'enquête ASA, Bartmiński (2006) repère des caractéristiques qui relèvent aussi de ce portrait de *l'Allemand orgueilleux*. Le « vrai » Allemand est caractérisé par « la fierté » (1,29% des réponses), mais aussi par « un sentiment de supériorité » (1,80%) et même par « la fatuité » (1,29%) (2006 : 14, 387). En 2000, l'expression de cet orgueil est moins présente dans les résultats de l'enquête, puisque Bartmiński repère uniquement l'expression d'« un sentiment de supériorité » (1,63%) (2006 : 389). Nous observons, lors d'une rencontre interculturelle, l'expression de cet orgueil dont ferait preuve l'Allemand, avec les termes « plein de lui-même » employés par les jeunes Polonais (AM 2010).

Durant les rencontres interculturelles de jeunes auxquelles nous avons assisté en 2009 et 2010, le rapport à l'autre de l'Allemand a été décrit de manière ambivalente par les jeunes Polonais, avec un portrait de *l'Allemand entre tolérance et intolérance*. En 2009, l'Allemand est présenté comme « tolérant » et associé à la « Techno Parade de l'amour » (AM 2009), en référence à la Love Parade organisée chaque année en Allemagne depuis 1989. Pourtant en 2010, l'Allemand est perçu comme quelqu'un de « fermé » (AM 2010) par le groupe polonais, ce qui contraste avec cette idée de tolérance et d'ouverture d'esprit, mise en avant l'année précédente.

Plusieurs traits repérés dans les descriptions de l'Allemand évoquent un portrait de *l'Allemand suscitant le dédain*. D'après Bartmiński, qui analyse l'enquête menée par Pisarkowa, les étudiants de philologie polonaise ont décrit en 1970-1971 l'Allemand comme un personnage suscitant un certain mépris, au travers des expressions « sans goût », « sans drôlerie ». Un écho à cette image est perceptible en 2008, dans le cadre d'une rencontre interculturelle de jeunes lors de laquelle « la stérilité » lui est attribuée (IN 2008a).

Un ensemble de traits évoqués par les Polonais permettent de dresser un portrait de *l'Allemand effrayant.* D'après Bartmiński (1994) et l'enquête de Pisarkowa (1976), les étudiants de philologie polonaise perçoivent l'Allemand comme une personne suscitant la réserve, d'après leur emploi de l'expression « traître/sournois ». Il pourrait même être redoutable, d'après les termes « cruel », « sévère » et « impitoyable ». On peut encore ajouter à cet angoissant portrait les adjectifs « sombre » et « rude », également relevés par Pisarkowa comme qualificatifs de l'Allemand. Bartmiński, dans l'enquête ASA (2006), repère d'autres caractéristiques évoquant la réserve, voire la peur : en 1990, le « vrai » Allemand se caractérise selon les jeunes par « la brutalité » (1,54% des réponses), « le bruit » (1,03%), ainsi qu'« une aversion pour les Polonais » (1,03%) (2006 : 387).

Différents traits renvoient à un portrait de *l'Allemand décidé*. D'après l'analyse qu'a faite Bartmiński (1994) de l'enquête menée par Pisarkowa, les étudiants envisagent l'Allemand au début des années 70 comme un individu suscitant le respect, en particulier pour son caractère résolu, qualifié de « décidé », « téméraire » et « sérieux ». La résolution apparaît aussi dans les descriptions du « vrai » Allemand en 1990, puisque les expressions « fermeté/décision » et « entêtement » lui sont associées (respectivement dans 1,54% et 1,03% des réponses de l'enquête, cette année-là) (Bartmiński 2006 : 14, 387-388).

L'image d'un *Allemand envahisseur* apparaît régulièrement dans les propos des Polonais. Tout d'abord, Bartmiński note en 1990, dans la description du « vrai » Allemand, l'évocation d'un « caractère envahissant » (2,31% des réponses) (2006 : 14, 386). Cette attitude impérieuse est exprimée au moyen de différentes expressions, telles que : « la rapacité », « la 'faim' de la terre polonaise », ou encore avec la phrase : « il veut apporter les règles de sa propre vie sociale dans d'autres pays, souvent au moyen de la force » (2006 : 386). De manière similaire, « la volonté de domination » (1,54% des réponses) lui est accordée, avec des expressions comme : « la volonté de domination à différents égards en Europe », « personne provenant des territoires de l'ouest de la Pologne, cherchant à dominer le monde » (2006 : 387). À la fin des années 80,

Gruszczyński affirme que pour les jeunes de Pologne occidentale, les Allemands représenteraient une menace pour le pays, en raison de leur richesse, de leurs revendications territoriales en Silésie, mais aussi de leur unification qui les aurait rendus plus puissants (1988 : 12). Nous retrouvons, 20 ans plus tard, l'expression de la rapacité des Allemands dans le cadre sportif, lors d'une rencontre interculturelle. Les jeunes Polonais disent des Allemands qu'« ils piquent les footballeurs étrangers pour leur équipe » (AM 2010), faisant allusion aux joueurs d'origine polonaise[28] naturalisés Allemands, qui jouent pour la représentation allemande et contribuent à son succès.

Bartmiński relève l'expression d'un attachement à la patrie et à la nation dans les descriptions que font les Polonais du « vrai » Allemand, en 1990 comme en 2000 (Bartmiński 2006), évoquant un portrait de *l'Allemand attaché à sa patrie et à sa nation*. Le « patriotisme » revient en 1990 (dans 1,80% des réponses de l'enquête ASA) (2006 : 14, 387), ainsi que « le sentiment national » (1,54%) et « le chauvinisme » (1,03%) (2006 : 387-388). En 2000, on retrouve l'attribution au « vrai » Allemand du « patriotisme » (1,96%), du « sentiment national » (1,31%), mais aussi du « nationalisme » (1,31%) (2006 : 14, 389).

L'évaluation des caractéristiques et portraits des Allemands est assez contrastée d'après ces travaux. Selon Gruszczyński, les jeunes Polonais évoquent généralement des attitudes négatives, voire très négatives, vis-à-vis des Allemands, relevant de l'intolérance, du mépris ou de la xénophobie, lorsqu'il s'agit de répondre à la question : « à ton avis, qu'est-ce que les Polonais pensent des Allemands ? » (Gruszczyński 1988 : 11). Les réponses à la question plus personnelle : « toi-même, que penses-tu de l'Allemagne et des Allemands ? » étaient quant à elles beaucoup plus diversifiées, allant de l'admiration au mépris ou à la haine, en passant par l'indifférence (1988 : 13). Gruszczyński explique que « les Polonais ne peuvent s'empêcher de regarder par le prisme de

[28] On peut penser aux joueurs Łukasz Sienkiewicz et Łukasz Podolski.

l'histoire, une histoire du reste paradoxalement déformée » (1988 : 17). Malgré une image fortement empreinte de la tragédie de la Seconde Guerre mondiale, et en dépit du dédain et de la peur que le stéréotype allemand évoque encore chez les jeunes d'aujourd'hui, Bartmiński observe à la fin du XXe siècle une valorisation des traits qui lui sont traditionnellement attribués. Les jeunes Polonais voient, d'après lui, au premier plan ses aspects « civilisateurs », liés au travail, à l'économie et à la discipline sociale, des traits qui sont pour le linguiste particulièrement estimés dans la « nouvelle réalité polonaise » (Bartmiński 2001). Si traditionnellement les Polonais considèrent l'Allemand comme le prototype de l'étranger, voire de l'ennemi, il cesse d'être traité à la fin du XXe siècle de manière unilatérale, comme en atteste l'enquête ASA de 2000 :

> À côté du stéréotype négatif renforcé par les expériences de la Seconde Guerre mondiale, il se forme un stéréotype positif, accentuant des caractéristiques telles que : la diligence, l'exactitude, l'ordre et la propreté (Bartmiński 1994).

Urban, dans une enquête réalisée en 1993, obtient en recourant à la méthode du différentiel sémantique, une liste où dominent les caractéristiques positives (avec les adjectifs « travailleur », « économe », « entreprenant », « fortuné »). D'après Bartmiński, la réestimation des caractéristiques allemandes participent à la formation d'un stéréotype plus récent : celui de l'*Allemand européen.* La jeune génération de l'époque verrait nouvellement l'Allemand comme « un Européen, riche et éduqué, et possédant donc des caractéristiques particulièrement valorisées dans la nouvelle réalité polonaise » (Bartmiński 2003a).

3.4 Significations de l'ethnonyme « Français » (*Francuzi*)

Les représentations des Français partagées par les Polonais font l'objet de bien moins d'études historiques, sociologiques ou linguistiques, que celles des Allemands. Ce constat n'est pas surprenant, les Français étant relativement éloignés des Polonais sur le plan géographique et politique. Quelques travaux sur le sujet, publiés au début du XXe, apportent néanmoins un éclairage sur la signification contemporaine de l'ethnonyme « Français » (*Francuzi*) pour les Polonais. L'historien Krzysztof Pomian (2004) s'est intéressé à l'évolution de l'image de la France et des Français que peuvent concevoir les Polonais depuis le début de la Seconde Guerre mondiale jusqu'à la fin du XXe siècle. Ensuite, Krystyna Pisarkowa traite du stéréotype du Français dans les années 70. La linguiste se base sur une étude des proverbes comprenant le nom « Français » (*Francuz*), sur ses synonymes ou dérivés de synonymes, ainsi que sur une enquête ouverte réalisée en 1970-1971, auprès d'une quarantaine d'étudiants de philologie polonaise, de quatrième et cinquième année, à l'Université Silésienne (sur le même modèle que pour les noms « Polonais » (*Polak*) et « Allemand » (*Niemiec*), vus précédemment). Il ressort de cette étude un aperçu des différentes manières dont les jeunes Polonais conçoivent les Français, au travers de leur compréhension du nom. Trente ans plus tard, dans le rapport d'enquête sociologique intitulé « Pologne-France. Regards croisés pendant la période d'élargissement de l'Union européenne » (2001), Warchala se penche sur l'image du citoyen français et de la France, partagée par les Polonais au second semestre de l'année 2000 (au moment de la présidence française de l'Union européenne). En recourant à la méthode du différentiel sémantique, Warchala apporte des informations complémentaires sur les manières dont les Français sont perçus pendant la période de préadhésion à l'Union européenne. Quelques années après l'entrée de la Pologne dans l'UE, Anna Kokot (2009 : 52) propose une étude des associations et des expressions idiomatiques comprenant les noms « Français » (*Francuz*) et « Française » (*Francuzka*), dans les dictionnaires polonais (SJP Dor, WS Fraz, USJP). Elle se concentre ensuite sur la manière dont le Français typique est perçu aujourd'hui, au moyen d'une enquête ouverte réalisée auprès de 115 répondants polonais (dont une majorité d'étudiants). Les questions posées sont les suivantes : « comment est un vrai Français ? » et : « comment est une vraie Française ? ». Enfin, lors des séances d'observation de rencontres de jeunes entre 2008 et 2012 (présentation de ces séances supra), certaines des représentations polonaises du Français, recensées ci-dessus, se retrouvent, dans le contexte cette fois d'une communication interculturelle naturelle. La somme de ces études fournit un ensemble de portraits-types présents dans la pensée des Polonais, qui influencent leur compréhension contemporaine de l'ethnonyme « Français ».

D'après l'historien Krzysztof Pomian (2004), la défaite française de mai/juin 1940 commence à mettre à mal les représentations du Français et de son pays en Pologne. Peu à peu, se forme un portrait du *Français habitant d'un pays vieillot*. La France est perçue par les Polonais comme faible, mais aussi surannée. Après la guerre, l'image d'une France communiste est de plus véhiculée au sein de la société polonaise. Ainsi Pomian affirme que :

> Dans le domaine intellectuel [...] la France qu'on voyait de la Pologne stalinisée était celle de *La Nouvelle Critique* et non pas celle des *Preuves,* celle de Sartre et non pas celle d'Aron, celle des intellectuels communistes et non pas celle du Congrès pour la liberté de la culture. L'évolution idéologique du milieu intellectuel polonais amorcée aux alentours de 1956, accentuée après 1968 et parachevée dans les années 1980, l'a détourné de la première de ces France sans l'orienter vers la seconde (Pomian 2004 : 22).

Une image dépassée s'est alors figée dans les esprits polonais, par le biais de la propagande communiste de l'époque, une image qu'elle a transformée « en un stéréotype qui vit depuis lors sa propre vie » (ibid.).

Et c'est peut-être bien en lien avec cette image vieillotte de la France et du Français que ce dernier est qualifié, au début des années 70, de « petit-maître » et de « dandy » (Pisarkowa 1976 : 18). Ces expressions rendent aussi compte de ce que nous appelons le portrait du *Français élégant*, confirmé par différents travaux. Dans l'enquête de Pisarkowa, le Français évoque « le charme », « le goût », « l'élégance », « la mode » et « le chic » (ibid.). La Française est elle-même qualifiée de « belle », « jolie », « raffinée », « élégante », « coquette », « passionnée », « pleine de charme » et de « mince » (ibid.). Anna Kokot (1976 : 52) a repéré un stéréotype du Français précurseur de la mode, d'après les expressions : « la mode française », « le style français », « la coupe vestimentaire française », « le talon français » (talon de chaussures pour dame, haut et fin). Kokot relève aussi l'expression « France élégance », qui se réfère en polonais à quelque chose d'élégant, de voyant, qui suscite l'admiration. Les Polonais, en décrivant aussi le « vrai » Français et la « vraie » Française, ont mis en évidence l'élégance comme caractéristique : le « vrai » Français est qualifié d'« élégant », et la « vraie » Française d'« élégante », « de femme à la mode », « [qui] s'y connaît en/s'intéresse à la mode » (1976 : 52). Ce portrait du *Français élégant* apparaît dans les stéréotypes formulés par de jeunes Polonais en contexte de rencontre interculturelle entre 2008 et 2010. Le Français est décrit comme une personne « à la mode » (IN 2008b), qui vit dans « le pays de la mode » (AM 2009). Les participants indiquent aussi que la Française s'habille « à la dernière mode », qu'elle est « habillée avec style » et « bon goût ». Elle se trouve associée aux produits cosmétiques et aux parfums coûteux, comme le montrent leurs découpages/collages pendant les activités portant sur leurs stéréotypes. L'élégance du Français prend par ailleurs un revers négatif, dans l'expression : « un sérieux et une élégance artificielle » (AM 2009).

Le portrait du *Français doué en amour* peut être formé au moyen d'autres traits invoqués par les Polonais. D'après Pisarkowa, certaines dispositions amoureuses ressortent des descriptions des jeunes, tantôt évaluées avec indulgence, tantôt avec condescendance, d'après les termes « passionné », « amant idéal », « greluchon », « finaud », « flirteur », « dragueur » (1976 : 19). Kokot (2009), quarante ans plus tard, relève dans les dictionnaires polonais des expressions aux connotations plus sexuelles, telles que : « l'amour français » (qui signifie le sexe oral), « la maladie française » (la syphilis), ou encore « les romances françaises » (aventures amoureuses, de courte durée). Bartmiński mentionne aussi l'expression idiomatique « aimer à la française » qui évoquerait une personne raffinée en amour, tombant facilement amoureuse (2007 : 100). Dans l'enquête de Kokot (2009) sur les représentations contemporaines qu'ont les Polonais du « vrai » Français et de la « vraie » Française, il ressort que les femmes voient l'un et l'autre « romantique[s] ». Les hommes décrivent également le Français « romantique », mais aussi « coureur de jupons » et « homme à femmes ». En contexte de rencontres interculturelles, nous relevons de même que le Français est associé à l'amour, aux relations amoureuses, ainsi que le laissent entendre les commentaires : « Paris ville de l'amour » et « il embrasse bien » (AM 2010).

Le Français est aussi attaché aux plaisirs de la table selon les Polonais, d'où un portrait du *Français amateur de cuisine et de vin*. D'après les associations et les expressions idiomatiques comprenant les adjectifs « français » et « française » dans les dictionnaires polonais, il est incontestablement attaché à la bonne nourriture et au bon vin (Kokot 2009 : 52). Kokot repère les expressions : « la pâte française » (signifiant la pâte feuilletée), « les pâtes françaises » (un type de pâtes épaisses), « le vin français » (un vin produit en France). Le vin comme caractéristique française, revient dans l'enquête de Kokot (2009), où les hommes polonais décrivent le « vrai » Français comme « un connaisseur de vin/[quelqu'un qui] aime le vin ». Un lien avec la bonne nourriture/le bon vin est aussi mis en avant par Warchala : comme associations avec la France, les enquêtés polonais sont 67% à exprimer « les cuisses de grenouilles », « les escargots et autres spécialités françaises », « le vin français » (Warchala 2001 : 12). D'après Bartmiński, le Français se voit même surnommé « un mangeur de grenouilles » (Bartmiński 2007 : 100). Les habitudes alimentaires du Français typique tiennent une grande place dans les représentations des jeunes lors des rencontres interculturelles. Les baguettes qu'il mange sont mentionnées, avec l'expression « baguettes » (IN 2008a) et la phrase : « il mange des baguettes trempées dans le café » (AM 2010). Le mot « fromage(s) » est plusieurs fois associé au Français (AM 2009, IN 2008a), ainsi que le mot « croissants » (IN 2008a), qui figure encore dans la phrase : « ils se sont appropriés nos croissants » (AM 2010). Le fait qu'il mange des grenouilles - c'est « un mangeur de grenouilles » (ibid.) et des escargots - c'est « un dévoreur d'escargots » (AM 2009), n'est pas non plus en reste dans leurs représentations. Enfin, si la vodka est la boisson typique du Polonais et la bière celle de l'Allemand, le vin est bel et bien pour les jeunes Polonais la boisson du Français, comme l'indiquent les expressions « le vin » (IN 2008a), « le meilleur vin » et « la meilleure nourriture » (AM 2010), bien que selon eux : « il ne tien[ne] pas l'alcool » (ibid.).

L'intelligence, l'instruction et l'éloquence sont des caractéristiques que l'on retrouve dans les images du Français et qui évoquent un portrait du *Français éclairé*. L'intelligence qui lui est attribuée se manifeste, d'après Pisarkowa, principalement dans la vie sociale : il est décrit comme « intelligent » et « spirituel », mais aussi « éloquent » (1976 : 19). Le Français est vu comme « une personne adroite » et « habile », « ingénieuse », image renvoyée par le proverbe : « ce que le Français invente, le Polonais l'aime » (1976 : 18). Le niveau d'instruction du Français typique est fortement mis en avant par Warchala : il est « instruit » pour 64% des enquêtés Polonais (2001 : 23, 27). Kokot (2009) observe toujours quarante ans plus tard ces caractéristiques dans les descriptions. Les femmes disent du « vrai » Français qu'il est « intelligent », « éloquent », et les hommes qu'« il fait preuve de savoir vivre ». Quant à la « vraie » Française, les hommes la décrivent comme une personne « intelligente » (cependant Kokot relève aussi l'expression contraire à son égard : « peu intelligente »). Enfin, l'éloquence des Français ressort lors d'une rencontre interculturelle, en 2010. Le groupe polonais écrit : « [le Français] sait se promouvoir/se mettre en avant » (AM 2010).

Le portrait du *Français profitant de la vie* se dessine dans les descriptions des Polonais. D'après Pisarkowa, le Français est perçu comme une personne « aimant profiter de la vie », un « galopin ». Il est « gai », « léger » mais aussi « suffisant », « superficiel » (1976 : 18-19). Ce trait de caractère serait reflété par l'expression : « il vit comme Dieu en France », « avec plaisir, il profite du monde » (1976 : 18). Kokot (2009) confirme cette représentation : d'après les Polonaises, le « vrai » Français et la « vraie » Française sont « gai[s] ». Les hommes polonais indiquent quant à eux que le « vrai » Français « profite de la vie », « [qu'il a] la capacité à profiter de la vie ». Lors de rencontres interculturelles, un groupe de jeunes Polonais avance pareillement que le Français « fait preuve d'une attitude positive » (IN 2008a). Cette capacité à profiter de la vie semble aller de pair avec un certain manque de diligence, étant donné que, pour un autre groupe polonais, « il ne sait pas travailler » (AM 2010).

Un portrait du *Français délicat et peureux* est formulé par les Polonais. Le Français, d'après l'expression figée « un petit chien Français », prend les traits d'un individu « difficile » et « délicat » (Pisarkowa 1976 : 18). Cette expression, fréquemment employée en polonais, signifierait aussi une personne gâtée, habituée au confort, capricieuse et exagérément sensible (Kokot 2009 : 52). Dans la représentation que les femmes polonaises ont du « vrai » Français et de « la vraie » Française, on retrouve une personne « sensible », ce trait étant certainement à associer au caractère pusillanime que perçoivent chez eux les hommes Polonais. Ils qualifient le « vrai » Français de « lâche » et la « vraie » Française de « peureuse ». La sensibilité et l'attitude craintive attribuées aux Français conduisent même les hommes polonais à juger le « vrai » Français « efféminé ».

Les Polonais confèrent au Français typique un certain attachement à la vie culturelle et artistique, avec la formation d'un portrait du *Français lié à la culture et à l'art*. Kokot note dans les dictionnaires polonais une multitude d'expressions qui évoquent ce lien : « la littérature française », « l'art français », « le cinéma français », « un film français », « le théâtre français », « la musique française », « une ouverture française », « un jardin français », « les dentelles françaises » (Kokot 2009 : 52). La représentation contemporaine qu'ont les femmes Polonaises du « vrai » Français est aussi, d'après la linguiste, celle d'un homme « lettré ». En contexte de rencontre interculturelle, les jeunes indiquent que « l'art [est] développé » (AM 2009) dans l'Hexagone, contribuant sans doute à cette idée que le Français « tourne de bons films à propos de rien » (IN 2008a).

Le Français et la Française au physique agréable est un autre portrait dépeint par les Polonais. L'enquête de Kokot (2009) met en évidence le fait que les femmes jugent le « vrai » Français « beau » et « charmant ». La « vraie » Française, elle, est qualifiée de « belle » et de « mince » par les femmes, ainsi que de « jolie » par les hommes, ou encore de « soignée » par les hommes et les femmes. Lors des rencontres interculturelles, les jeunes mettent en avant le physique de la femme française (Viviand 2011 : 110). Elle est décrite comme « une femme mince », avec « des cheveux foncés ». La langue française semble, tout comme l'apparence du Français typique, avoir quelque chose d'attrayant : c'est une « langue difficile mais belle » (AM 2009).

Diverses caractéristiques exprimées par les Polonais permettent de dresser le portrait du *Français imbu de lui-même*. Kokot (2009) rend compte de cette représentation des Français imbus de leur personne, pourtant absente des expressions idiomatiques ou des résultats de l'enquête de Pisarkowa (1976), quarante ans plus tôt. Les femmes décrivent le « vrai » Français comme « ayant une estime de soi excessive », « obnubilé par soi », « égoïste », « imbu de lui-même », « vaniteux » et « sûr de lui ». Elles perçoivent de manière similaire la « vraie » Française comme « vaniteuse » et « sûre d'elle ». Les jeunes Polonais qui ont participé aux rencontres interculturelles écrivent que le Français est « plein de lui-même » (AM 2010) et qu'il est « amoureux de sa culture » (IN 2008a), à tel point qu'« il ne connaît pas les langues étrangères » (AM 2010).

La figure du *Français gentil et sociable* est aussi récurrente dans les propos polonais. D'après Kokot, les femmes jugent le « vrai » Français « sociable » et « gentil », et la « vraie » Française « sociable ». Les hommes rajoutent les adjectifs « sincère », « ouverte », « sympathique » et « gentille ». Cette gentillesse attribuée au Français typique est également observée par Warchala (2001 : 23). C'est un individu « gentil » pour 54% des répondants.

Le Français, au travers de ces portraits, renvoie une image plutôt favorable, bien plus en tout cas que son voisin allemand. Pisarkowa considère déjà dans les années 70 le stéréotype du Français comme positif, quoiqu'elle nuance cette appréciation. La chercheuse affirme que ce sont ses similitudes avec le stéréotype polonais qui expliquent son caractère positif et non pas des traits en eux-mêmes favorables (1976 : 18). Trente ans plus tard, Warchala (2001) observe aussi que l'image du Français typique est principalement marquée par des caractéristiques positives (bien plus d'ailleurs que l'image du Polonais décrite par les Français). Ce regard favorable provient, d'après lui, en particulier des atouts tels que la modernité, l'éducation, la propreté, la tolérance et la gentillesse, qui lui sont conférés (2001 : 23). Seul le rapport à la religion des Français paraît indéterminé, puisque la majorité des répondants n'ont pas tranché entre les expressions « religieux » et « non religieux » (ibid.). En plus de cette vision généralement enthousiaste, Warchala souligne que les Français sont une nation pour laquelle les Polonais éprouvent de la sympathie, 55% des enquêtés affirmant ressentir de la sympathie, voire une très grande sympathie pour les Français (pour seulement 38% qui éprouveraient ce sentiment pour la nation allemande) (2001 : 18). Bartmiński suppose également la sympathie et l'indulgence que le stéréotype du Français évoque aux Polonais, d'après les expressions idiomatiques incluant l'ethnonyme « Français », et en particulier le sobriquet « mangeur de grenouille » (2007 : 100). D'après Warchala (2001), la France (et ses habitants) jouit bel et bien d'une image favorable. Les Polonais l'associent à un pays attractif sur la plan culturel et touristique, elle est pour eux un lieu rempli de monuments et d'endroits intéressants, un territoire riche et calme, avec Paris pour capitale, évoquant l'élégance, la bonne cuisine et le bon vin (2001 : 12). Kokot (2009) a cependant repéré différents niveaux d'appréciation du « vrai » et de la « vraie » Français(e), en fonction du sexe des répondants. Les descriptions du « vrai » Français sont chez les femmes davantage positives et diversifiées que chez les hommes, ces derniers exprimant une forme de réticence et de mépris à leur égard. La « vraie » Française est aussi décrite de manière plus négative par les hommes que par les femmes (tout du moins en ce qui concerne son caractère).

3.5 Significations de l'ethnonyme « Européens » (*Europejczycy*)

Beaucoup de travaux traitant de la signification du vocabulaire relatif à l'Europe sont réalisés en Pologne dans les années 90. En raison de la chute du régime communiste et du rapprochement du pays avec l'Union européenne, les chercheurs s'interrogent sur les nouveaux usages des termes et sur le sens qu'ils peuvent alors prendre pour les locuteurs polonais. Ainsi sont menées des études sémantiques des expressions « Europe » (*Europa*) (Fleischer 1998, Batko 2005, Maliszewski 2005, Chlebda 2010), « Union européenne » (*Unia Europejska*) (Maliszewski 2005), « européen » (*europejski*) (Batko 2005), etc. Relativement à notre étude des ethnonymes, les travaux portant sur le nom « Européen » (*Europejczyk*) et sa forme plurielle « Européens » (*Europejczycy*) sont retenus ici. Tout d'abord, dans un article publié en 1998, la linguiste Swietłana M. Prochorowa explore les résultats d'une enquête menée dans plusieurs pays d'Europe occidentale et orientale, dont la Pologne, pendant la période de la chute des régimes communistes en Europe. Cette étude, conçue à Lublin, se concentre sur la signification que prend le mot « Européen » pour les différentes nations et notamment pour les Polonais, au travers des définitions des dictionnaires et des définitions proposées par les enquêtés. Une autre linguiste, Barbara Batko, fait l'étude de la signification du nom « Européen » en langue polonaise, mais cette fois dans le discours public polonais, pendant la période de pré-adhésion à l'Union européenne (Batko 2005). Les travaux de Bartmiński sur l'évolution de la compréhension du nom « Européen » entre 1990 et 2000 (Bartmiński 2006) offrent à nouveau des résultats riches et diversifiés, concernant cette fois les manières dont les jeunes Polonais se représentent le « vrai » Européen. Cette étude fait partie de l'« Enquête pour un Dictionnaire Axiologique » (ASA), réalisée auprès de jeunes étudiants en1990, puis en 2000. Les résultats de l'enquête de type sociologique intitulée « Problèmes et évènements actuels » portant sur le stéréotype non seulement du Polonais (également vu supra), mais aussi de l'Européen (Roguska 2011), apportent un éclairage supplémentaire. L'enquête, menée auprès de 1002 Polonais, recense les évolutions des différents stéréotypes de 1992 à 2011 (les répondants se prononcent alors sur leur possible attribution à « l'Européen » d'une liste de caractéristiques retenues). Enfin, les rencontres de jeunes Français, Allemands et Polonais, observées entre 2008 et 2012, ont permis de retrouver certains stéréotypes repérés dans des enquêtes antérieures et d'en dénombrer de nouveaux. Au moyen de toutes ces données, plusieurs portraits-types qui font ou ont pu faire partie de la compréhension de l'ethnonyme ont été listés.

Un portrait de *l'Européen habitant de l'Europe* se forme tout d'abord d'après deux enquêtes réalisées avant l'adhésion de la Pologne à l'Union européenne. En 1990, la caractéristique attribuée le plus souvent au « vrai » Européen par les étudiants dans l'enquête ASA est « le fait d'habiter en Europe » (d'après 10,63% des réponses) (Bartmiński 2006 : 417). En 2000, les jeunes mettent un peu moins souvent ce trait en avant (7,63% des réponses) (2006 : 418). Bartmiński souligne que le fait d'habiter un territoire donné reste le déterminant sémantique de base de toute la catégorie des noms d'habitants et qu'elle est finalement peu révélatrice de la représentation de la communauté désignée. Prochorowa (1998), qui se penche sur la définition du mot « Européen » formulée par les Polonais, ainsi que de ses équivalents dans d'autres langues d'Europe orientale, observe que les Polonais plus que les autres répondants slaves (Slovaques, Biélorusses, Ukrainiens) se comptent parmi les Européens, fidèlement aux définitions des dictionnaires du type : « personne née et habitant en Europe » ou « habitant, né en Europe » (1998 : 240). Pourtant 11% des Polonais réponderaient encore qu'ils ne sont pas « Européens ».

Dans le discours public polonais apparaît la figure de *l'Européen habitant de l'UE*, pendant la période de pré-adhésion de la Pologne (Batko 2005). Dans les textes de contenu euro-enthousiaste, le nom « Européen » fonctionne comme synonyme d'« habitant de l'UE » et prend aussi le sens d'« une personne représentant l'UE dans le cadre de forums politiques » (2005 : 229). La définition lexicale suivante, proposée en 1996 dans le « Dictionnaire pratique du polonais contemporain » (*Praktyczny słownik współczesnej polszczyzny*), fait écho à cette acception : le mot désigne un « habitant d'un État appartenant à l'Union européenne » (Zgółkowa 1996). Le nom aurait aussi une connotation nettement positive dans les textes des partisans de l'Union, puisque le fait d'être « Européen » demeurerait une valeur à atteindre et ne serait possible qu'à partir de l'entrée de la Pologne dans l'Union européenne. Pour illustrer cette idée, Batko s'appuie sur l'extrait d'un discours portant sur l'adhésion de la Pologne à l'UE : « dans les prochains mois, tu seras peut-être un véritable Européen » (Batko 2005 : 230).

La caractéristique attribuée le plus souvent au « vrai » Européen par les étudiants dans l'enquête ASA, après le fait d'habiter l'Europe, est d'être imprégné par une « culture » singulière (7,9% des réponses en 1990, 7,63% en 2000) (Bartmiński 2006 : 417, 418), ce qui nous conduit au portrait de *l'Européen porteur d'une culture spécifique* .Sa culture est décrite comme « méditerranéenne », « européenne », « formée sur la base de la culture grecque et romaine », « l'éthique chrétienne » et « l'époque des Lumières » (ibid.). L'« histoire » est de plus évoquée en 2000 comme trait du « vrai » Européen (2,12%) (2006 : 419). Le stéréotype décrit lors des rencontres interculturelles trouve des liens avec un patrimoine historique et culturel partagé, comme le démontrent les formulations des jeunes Polonais : « une histoire commune » (AM 2009) et « une histoire », « une culture », « des monuments », « un patrimoine architectural » (AM 2010).

L'intelligence, l'instruction et la civilisation sont très présentes dans les descriptions polonaises de l'Européen, d'où la figure de *l'Européen intelligent, instruit et civilisé*. L'« instruction » (1,57% des réponses de l'enquête) et « l'intelligence » (2,36%) sont attribuées au « vrai » Européen par les étudiants en 1990 (Bartmiński 2006 : 418). En 2000, « l'instruction » (4,66%) lui revient encore plus fréquemment (ibid.). L'enquête « Problèmes et évènements actuels » montre les évolutions des stéréotypes européens depuis la fin de l'ère communiste. Roguska constate que le stéréotype de l'Européen « instruit » et « civilisé/qui fait preuve de savoir-vivre » est relativement constant (83% des répondants pensent qu'il est « instruit » en 1992, pour 80% en 2011 ; 78% qu'il est « civilisé » en 1992 pour 75% en 2011) (2011 : 7). Certains Polonais estiment pourtant que leur propre culture ne correspond pas à cette image. Prochorowa a relevé la phrase suivante dans l'un des questionnaires : « je suis Européen mais je me conduis comme une personne venant de la jungle »

(Prochorowa 1998 : 240). Selon les jeunes qui se sont exprimés pendant l'une des rencontres interculturelles, en 2010, l'Européen typique est également un homme éclairé, « raisonnable/réfléchi », qui « possède beaucoup de connaissances » (AM 2010). C'est un homme « instruit », « élégant », « un homme du monde/une personne sachant se comporter dans le beau monde », qui a de surcroît « une conscience écologique » (ibid.). Toutes ces qualités intellectuelles et comportementales contribuent certainement à une perception de l'Européen fier et sûr de lui. En 1990, « la fierté » est admise au « vrai » Européen par les étudiants polonais (dans 2,36% des réponses de l'enquête ASA) (Bartmiński 2006 : 417). Roguska constate que le stéréotype de l'Européen « sûr de lui » reste relativement constant de 1992 à 2011 (pour 81% en 1992, 80% en 2011) (2011 : 6).

Un autre portrait se dessine dans les représentations polonaises, il s'agit du portrait de *l'Européen chrétien*. Les Polonais, à la fin des années 90, attribuent à l'Européen « la chrétienté » (Prochorowa 1998 : 240). Cependant la chrétienté du « vrai » Européen n'est évoquée en 1990 que dans les rares mentions de « l'éthique chrétienne » ou du « développement dans la culture chrétienne » (Bartmiński 2006 : 417). Aucune mention ne concerne même la religion dans l'enquête ASA de 2000 (2006 : 418-419). Bartmiński exprime son étonnement face au peu de réponses présentant un lien entre le « vrai » Européen et la chrétienté, tant en 1990 qu'en 2000. Roguska (2011) constate effectivement, d'après l'enquête sur l'évolution du stéréotype de l'Européen de 1992 à 2011, que la perception qu'ont les Polonais de l'attachement à la religion de l'Européen s'est progressivement affaiblie (il est vu comme « religieux » par 36% des répondants en 1992, mais seulement par 23% en 2011) (2011 : 3).

L'ouverture sur le monde et la connaissance des langues lui sont pour leur part attribuées de manière constante et évoquent un portrait de *l'Européen cosmopolite*. La « curiosité du monde » (2,36% des réponses de l'enquête ASA), et « les voyages » (2,36% également) sont associés en 1990 au « vrai » Européen par les étudiants polonais (Bartmiński 2006 : 417-418). Les Polonais le caractérise encore par « le goût des voyages » et « la possibilité de voyager », d'après Prochorowa (1998 : 240). En contexte de rencontre interculturelle de jeunes, l'Européen est décrit comme un homme tourné vers le monde, « un voyageur », ayant « la possibilité de travailler à l'étranger » et vivant sur un territoire aux « frontières ouvertes » (AM 2009). L'expression de la maîtrise des langues est, de surcroît, l'une des caractéristiques accordées au « vrai » Européen par les étudiants de Lublin, avec l'expression : « la connaissance des langues » (2,76% des réponses en 1990, et 3,39% en 2000) (Bartmiński 2006 : 417, 419). Prochorowa observe dans les représentations des Polonais cette « maîtrise de plusieurs langues » comme trait européen (1998 : 240).

Différentes caractéristiques permettent de dresser un portrait de *l'Européen privilégié*. La perception du niveau de vie de l'Européen typique, très positive dans l'opinion publique polonaise, reste relativement stable avant comme après l'adhésion de la Pologne à l'UE : en 1992 comme en 2011, plus de 80% d'enquêtés considèrent que l'Européen « vit dans de bonnes conditions » (Roguska 2011 : 2). La crise économique influe pourtant sur le fait qu'ils pensent moins souvent que l'Européen « vit fastueusement » (49% en 2007, 38% en 2011) (ibid.). L'Européen « rencontre le succès dans la vie » d'après les Polonais, même si ce stéréotype a diminué avec les années (77% en 1992, 67% en 2011) (2011 : 8). La « richesse » est aussi attribuée au « vrai » Européen par les étudiants de Lublin en 2000 (dans 1,69% des réponses de l'enquête ASA) (Bartmiński 2006 : 419). Pareillement, lors de rencontres interculturelles, l'Européen typique est décrit par les jeunes Polonais comme un homme « riche » (AM 2010), associé à « une monnaie commune », une expression à laquelle le groupe polonais a ajouté : « dans pas longtemps » (allusion au passage du zloty à l'euro, qui n'a finalement pas eu lieu) et à « des subventions pour les agriculteurs » (AM 2009).

Un ensemble de qualités de type social est observé par les Polonais chez l'Européen typique, d'après Bartmiński (2006) et Roguska (2011), évoquant la figure de *l'Européen avec des qualités sociales croissantes*. La « tolérance » est attribuée au « vrai » Européen par les étudiants de Lublin, dans 1,97% des réponses de l'enquête ASA en 1990, puis dans 4,66% en 2000

(Bartmiński 2006 : 418). Cette année-là, les jeunes ajoutent encore comme trait européen « l'ouverture (d'esprit) » (2,54%) (2006 : 419). D'après Roguska (2011), les Polonais attribuent également à l'Européen plus de qualités sociales en 2011 qu'en 1990. Il est davantage décrit comme « ouvert aux autres » (par 48% des répondants en 1992, 66% en 2011) (2011 : 11) ; il « s'unit aux autres et fonctionne [de plus en plus] avec les autres dans les situations de crise » (selon 54% en 1992, 62% en 2011) (2011 : 5) et il est de plus en plus « gentil » (pour 68% en 1992, 74% en 2011) (2011 : 11).

L'Européen typique fait preuve, dans l'esprit des Polonais, de débrouillardise et de diligence, selon Roguska, laissant apparaître un portrait de l'*Européen débrouillard et travailleur*. Il est largement vu comme « débrouillard » (d'après 81% des répondants en 1992, 80% en 2011) (2011 : 10) et bon travailleur –même si ce stéréotype a pu baisser (« il travaille bien » pour 88% en 1992 et 75% en 2011, « il a du respect pour le travail » pour 84% en 1992, 80% en 2011) (2011 : 9). Malheureusement, le travail prendrait une telle importance dans sa vie, qu'il en négligerait sa famille. Pour une bonne partie des Polonais, l'Européen considère que « le travail est plus important pour lui que la famille » - quoique cette affirmation soit aussi en baisse en 2011 (49% en 1992, 41% en 2011) (2011 : 4).

L'attribution de la tradition à l'Européen, que l'on relève en 1990 et en 2000 dans l'enquête ASA (Bartmiński 2006) pourrait renvoyer à un portrait de *l'Européen traditionaliste*. En 1990, l'attachement à « la tradition » est admis au « vrai » Européen par les étudiants polonais (dans 1,97% des réponses) (2006 : 418). En 2000, on trouve aussi une occurrence de « la connaissance […] de la tradition de l'Europe » (2006 : 419).

Bartmiński repère aussi dans l'enquête ASA l'attribution à l'Européen d'une attitude et d'un mode de vie caractéristiques, liés au portrait de *l'Européen avec sa propre manière d'être*. En 1990, une certaine « manière d'être » est associée au « vrai » Européen (2,76% des réponses) (2006 : 417). En 2000 un certain « style de vie » revient avec des expressions similaires (2,12%) (2006 : 419).

D'après Bartmiński (2006), certaines spécificités d'ordre biologique sont mises en avant par les Polonais pour décrire l'Européen typique, évoquant le portrait de *l'Européen blanc*. En 1990, la couleur blanche de la peau (dans 2,76% des réponses de l'enquête ASA, avec notamment l'expression « la race blanche ») est attribuée au « vrai » Européen par les étudiants (2006 : 417). En 2000, il est aussi question de la « race » européenne dans les descriptions des enquêtés (2,12% des réponses) (2006 : 419). On peut cependant noter qu'aucune mention relative au physique de l'Européen n'a été repérée dans les autres enquêtes.

L'expression d'un patriotisme de l'Européen est manifeste chez Bartmiński (2006) et Roguska (2011). Cette image de l'*Européen patriote* est relativement stable dans la pensée des Polonais de 1992 à 2011, selon Roguska (52% des répondants pensent qu'il est « patriote » en 1992, 55% en 2011) (2001 : 3). En 2000, ce « patriotisme européen » (3,39% des réponses de l'enquête ASA), le sentiment d'être Européen et d'appartenir à l'Europe, est aussi caractéristique du « vrai » Européen d'après les étudiants interrogés (Bartmiński 2006 : 419).

L'ensemble de ces portraits européens semble résolument positif, comme le souligne Bartmiński (2006), suite à son analyse des données d'enquête de 1990 et 2000. Ces descriptions très enthousiastes ne seraient pas surprenantes. Les entretiens de l'étude Optem ainsi que l'analyse de la presse polonaise par Frybes (2004, cités par Kufer et Guinaudeau 2008 : 133) mettent le doigt sur l'admiration des Polonais envers leurs voisins occidentaux européens (et plus largement encore, envers l'Ouest), associés au « berceau de la civilisation [et de la tradition] chrétienne[s] », et sur un certain rejet des voisins de l'Est (les Polonais se considéreraient historiquement comme un bouclier dans les affrontements avec les orthodoxes et les musulmans). Toujours à la faveur des représentations de l'Européen, on peut noter que :

> Le succès économique des pays occidentaux a suscité en Pologne à la fois admiration et inquiétudes quant à la propre situation économique. L'Europe et les Européens apparaissent d'autant plus exemplaires en termes de civilisation, de développement et de démocratie, ce que la relation compliquée avec l'Allemagne ne suffit pas à contrebalancer (Kufer et Guinaudeau 2008: 133).

DEUXIÈME PARTIE

TRAITS ATTRIBUÉS AUX « POLONAIS », « ALLEMANDS », « FRANÇAIS » ET « EUROPÉENS »

Avant de traiter des descriptions des « Polonais », « Allemands », « Français » et « Européens » en langue polonaise, relevées dans notre enquête, il semble important de préciser que les jeunes insistent globalement sur certains aspects des ethnonymes plus que d'autres, chaque aspect étant de plus invoqué avec un degré d'enthousiasme particulier. Les jeunes Polonais décrivent avant tout l'ensemble des communautés selon l'aspect psychique (28% des occurrences), puis selon les aspects culturel (13%), du rapport à l'altérité (11%), social (11%), géographique et économique (10%), psychosocial (9%), politique (8%), physique et esthétique (6%), historique (3%) et enfin, en toute dernière position, religieux (1%).[29] L' aspect le plus valorisé est l'aspect culturel (73% d'occurrences positives), suivi de l'aspect social (72%), psychique (60%), physique et esthétique (60%), géographique et économique (58%). Puis l'on trouve l'aspect politique (avec 50% d'occurrences positives), du rapport à l'altérité (49%), religieux (39%), historique (38%) et psychosocial (20%)[30].

On constate néanmoins des écarts considérables en fonction des ethnonymes décrits. D'après un total de 963 occurrences de caractéristiques attribuées aux « Polonais », les trois principaux aspects au travers desquels l'ethnonyme est compris par les jeunes sont les aspects psychique (36% des occurrences environ), social (18%) et du rapport à l'altérité (10%)[31]. On remarque aussi l'importance de l'aspect social dans les

---

[29] Aspects psychique (746 occurrences), culturel (361), du rapport à l'altérité (306), social (300), géographique et économique (264), psychosocial (245), politique (206), physique et esthétique (151), historique (89) et religieux (31).

[30] Aspects culturel (264 occurrences positives pour 97 négatives), social (216 pour 84), psychique (445 pour 301), physique et esthétique (90 pour 61), géographique et économique (153 pour 111), politique (102 pour 104), du rapport à l'altérité (149 pour 157), religieux (12 pour 19), historique (34 pour 55), psychosocial (48 pour 197).

[31] Aspects psychique (346 occurrences : environ 36% de l'ensemble), social (170 : 18%), du rapport à l'altérité (95 : 10%), psychosocial (93 : 10%), culturel (81 : 8%), politique (56 : 6%), géographique et économique (50 : 5%), historique (31 : 3%), religieux (21 : 2%), physique et esthétique (20 : 2%).

descriptions par rapport à celles des trois autres ethnonymes (le caractère social, accueillant, solidaire des Polonais est fortement mis en avant), alors que l'aspect physique et esthétique est très peu développé par rapport aux autres (2% seulement). Pour l'ethnonyme « Allemands », d'après un total de 677 occurrences attribuées, les trois principaux aspects décrits sont les aspects psychique (36%), géographique et économique (15%) et du rapport à l'altérité (12%)[32]. L'aspect religieux n'a par contre pas du tout été mentionné par les jeunes, contrairement aux trois autres ethnonymes. En ce qui concerne l'ethnonyme « Français », d'après un total de 635 occurrences, les trois aspects les plus envisagés sont les aspects culturel (27%), psychique (18%) et physique et esthétique (11%)[33]. L'aspect culturel est particulièrement mis en avant pour caractériser les Français, avec notamment les mentions récurrentes de leur méconnaissance des langues, mais aussi de leur culture riche et de leur gastronomie. Enfin, pour ce qui est de l'ethnonyme « Européens », d'après un ensemble de 423 occurrences de caractéristiques, les trois aspects les plus fréquents sont les aspects politique (19%), culturel (18%) et du rapport à l'altérité (15%)[34]. L'ethnonyme est largement présenté par les jeunes Polonais dans son aspect politique, en regard des trois autres (avec les mentions de l'UE ou encore de l'intégration) et finalement assez peu dans son aspect psychique (avec seulement 10% des occurrences).

---

[32] Aspects psychique (243 occurrences : environ 36% de l'ensemble), géographique et économique (102 : 15%), du rapport à l'altérité (82 : 12%), physique et esthétique (59 : 9%), psychosocial (53 : 8%), social (37 : 5,5%), historique (37 : 5,5%), politique (35 : 5%), culturel (29 : 4%).

[33] Aspects culturel (173 occurrences : environ 27% de l'ensemble), psychique (114 : 18%), physique et esthétique (68 : 11%), du rapport à l'altérité (64 : 10%), psychosocial (60 : 9%), géographique et économique (56 : 9%), social (54 : 9%), politique (34 : 5%), historique (6 : 1%), religieux (6 : 1%).

[34] Aspects politique (81 occurrences : environ 19% de l'ensemble), culturel (78 : 18%), du rapport à l'altérité (64 : 15%), géographique et économique (56 : 13%), psychique (43 : 10%), social (39 : 9%), psychosocial (39 : 9%), historique (15 : 4%), physique et esthétique (4 : 1%), religieux (4 : 1%).

Chapitre 1

Aspect psychique

Pour les quatre ethnonymes, ce sont les caractéristiques relatives à l'aspect psychique qui se voient le plus fréquemment attribuées par les jeunes Polonais. Concernant la compréhension de l'ethnonyme « Polonais » (346 occurrences de type psychique), un large ensemble de 32 traits sont évoqués au moins à trois reprises dans les questionnaires de l'enquête (308 occ. récurrentes). En considérant la proportion non négligeable de descriptions négatives (180 occ. positives pour 166 négatives), on ne peut que faire le constat d'une faible valorisation de l'endogroupe national polonais sur le plan psychique. L'ethnonyme « Allemands » (243 occ. de type psychique au total) comprend 22 traits récurrents (avec 199 occ.), qui s'avèrent dans leur ensemble davantage positifs (163 occ. positives pour 80 négatives). Dans la définition cognitive de l'ethnonyme « Français », les caractéristiques psychiques sont encore moins fréquentes (114 occ.), mais demeurent principalement positives (74 positives pour 40 négatives), avec 12 traits récurrents (d'après 72 occ.). Les Français sont là aussi davantage valorisés par les jeunes Polonais que les membres de leur propre groupe national. Enfin, les qualités psychiques entrant en jeu dans la compréhension de l'ethnonyme « Européens » sont bien moins souvent évoquées que celles des ethnonymes « Polonais », « Allemands » et « Français « (selon 43 occ.) avec seulement trois traits récurrents (dans 11 occ.). Les traits positifs dominent à nouveau (28 occ. positives pour 15 négatives). Comme nous allons le voir en détail dans ce chapitre, les noms « Allemands », « Français » et « Européens » possèdent indéniablement une connotation psychique plus positive que celle du nom « Polonais », pourtant d'ordre autostéréotypique.

1.1 Les « Polonais »

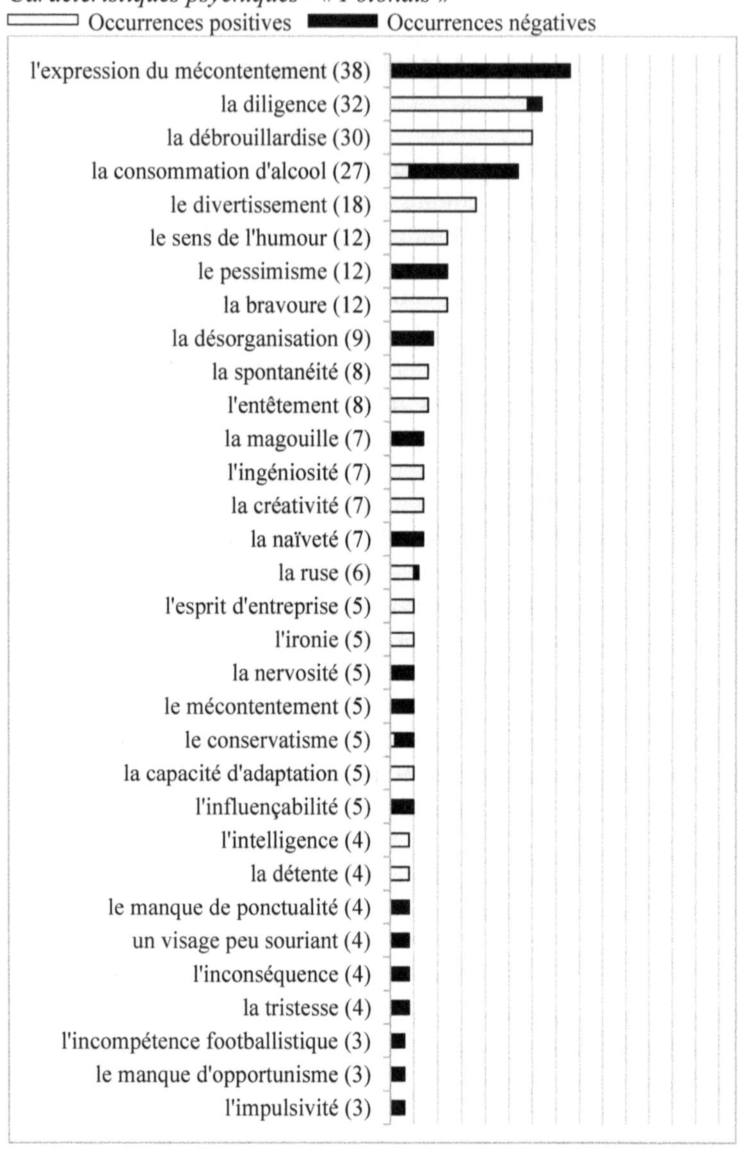

Plusieurs traits relevés dans notre étude coïncident avec le portrait du *Polonais insouciant* présenté dans l'état des recherches et caractérisé par la consommation d'alcool, la débrouillardise et le sens du divertissement (Warchala 2001, Bartmiński 2006, IN 2008a, 2008b, AM 2009, 2010). Les jeunes Polonais décrivent tout d'abord, chez leurs compatriotes *le sens du divertissement* (18 occurrences) de manière positive, puisque selon eux : « les Polonais savent bien s'amuser », ils « aiment s'amuser » et « faire la fête ». Ils sont de plus associés à *la détente* (4), étant d'après eux « détendus ». Les Polonais auraient aussi *le sens de l'humour* (12) et de *l'ironie* (5) : ils font preuve d'un « bon », d'un « intéressant », d'un « grand », voire d'un « formidable sens de l'humour » et savent « rire des absurdités », de ce qu'ils considèrent comme « les réalités polonaises », grâce à leur « ironie » et à leur « sarcasme » (ces occurrences étant toutes de type positif). Pourtant, les jeunes Polonais sont aussi nombreux à rendre compte de *la consommation d'alcool* (27) de leurs compatriotes dans des occurrences de type essentiellement négatif : ils déplorent majoritairement le fait que « les Polonais boivent beaucoup », et même « abusent de l'alcool », bien que quelques répondants présentent cette consommation sous un angle favorable en soulignant le fait que les Polonais « aiment » ou « savent boire ». Nous avons de plus relevé, comme caractéristiques négatives propres à ce portrait, *une mauvaise organisation* (9) (ils sont « peu » ou « pas organisés », « désordonnés » et « chaotiques »), ainsi qu'*un manque de ponctualité* (4) (ils « ne sont pas ponctuels » ou « sont toujours en retard »). Les Polonais sont également caractérisés par *la ruse* (6), le plus souvent appréciée par les jeunes. Ils seraient « rusés », capables de recourir au système D dans les différentes situations de la vie, au moyen de *leur débrouillardise* (30), une qualité majeure qu'ils attribuent de manière toujours positive. Ils se montreraient « débrouillards », ils « se débrouillent dans chaque situation », en particulier « dans les situations difficiles ». Cette débrouillardise est aussi visiblement le fruit de *leur capacité d'adaptation* (5). Selon les jeunes, « ils savent s'adapter à chaque situation », souvent au moyen de leurs diverses *magouilles* (7) - les Polonais se spécialiseraient dans l'art de

« la combine ». Ce caractère débrouillard est dit « apprécié » par les jeunes, en tant que compétence, que marque d'intelligence. Par contre, il devient une caractéristique décriée s'il est présenté sous l'angle de la magouille, de la malhonnêteté qui peut accompagner ce système D polonais.

Dans la présente étude, on constate l'expression de la diligence des Polonais, un attribut qui avait déjà permis de dresser le portrait du *Polonais travailleur* (Warchala 2001, Bartmiński 2006, AM 2009, Roguska 2011). Les Polonais sont ici aussi associés à *la diligence* (32). Décrits comme étant « travailleurs » (l'adjectif leur est attribué à 26 reprises), ils « ne fuient pas un travail difficile » et « savent bien travailler ». Cependant cet attachement au travail est parfois envisagé négativement lorsqu'il se trouve associé à l'idée d'excès (3 fois). De manière similaire, les Polonais sont aussi perçus comme faisant preuve d'*un esprit d'entreprise* (5), comme des gens « entreprenants ».

L'un des traits qui avaient permis de composer le portrait du *Polonais héros* se retrouve dans les résultats de l'enquête. Il s'agit de *la bravoure* (12), repérée dans le passé par Bartmiński (2006). Les jeunes perçoivent les Polonais comme des individus « vaillants », « courageux », qui « n'ont pas peur des difficultés ». Les répondants mettent aussi en avant *le caractère entêté* (8) de leurs compatriotes (ils sont « têtus », « décidés », « persévérants » et « atteignent leurs buts »).

Les descriptions des *Polonais râleurs*, des personnes particulièrement empreintes de *pessimisme* (12) foisonnent dans les questionnaires. Les Polonais seraient « des pessimistes », qui « voient tout en noir ». Ils sont aussi caractérisés par *le mécontentement* (5), décrits comme des individus « mécontents », qui « ne savent pas estimer ce qu'ils ont », ni « les plaisirs de la vie », des personnes marquées par *la tristesse* (4), des gens « tristes », touchés par une « dépression de la nation », et souffrant de *nervosité* (5) (ils sont présentés comme « nerveux »). Rien d'étonnant alors au fait qu'ils soient associés à *un visage peu souriant* (4) (les répondants disent ne pas apprécier qu'« ils ne sourient pas » ou « peu »), et à l'expression du *mécontentement* (38), en raison de leurs continuelles « plaintes » et « clabauderies ». Avec 38 occurrences, le fait qu'ils expriment leur mécontentement est en effet la caractéristique psychique la plus souvent mentionnée par les jeunes Polonais (et toujours évoquée de manière négative). Les répondants déplorent que les Polonais « se plaignent sans cesse », « qu'ils râlent » et « fassent d'eux des victimes du destin ». Ces attitudes contestées permettent de dresser un portrait de *Polonais râleurs*, qui n'était pas apparu dans les résultats des enquêtes listées dans l'état des recherches.

Les jeunes évoquent par ailleurs un portrait des *Polonais intelligents*, avec l'attribution de *l'intelligence* (4), principalement d'ordre pratique, des habitants de la Pologne. Ils sont envisagés comme des gens « intelligents » ou qui « comptent parmi eux des gens intelligents ». Leur *ingéniosité* (7) est aussi flattée, les Polonais possédant d'après eux un caractère « ingénieux » et ayant « beaucoup d'idées », « des idées intéressantes ». Ils valorisent enfin leur *créativité* (7) (les Polonais sont « créatifs », « comptent parmi eux des gens créatifs » et « savent faire quelque chose à partir de rien »).

Deux caractéristiques, repérées dans l'enquête, rendent compte d'après nous d'un portrait des *Polonais vulnérables*. Les répondants mettent en avant *la naïveté* (7) des membres de leur nation, considérés comme « naïfs », « crédules », « se laissant manipuler », en particulier dans le domaine politique et le domaine des affaires. D'après les jeunes, ils font preuve d'*un caractère influençable* (5), « ils sont facilement influençables », « se laissent vite influencer », que ce soit par « les autres personnes », « l'Église « ou « les médias ».

Les jeunes décrient *l'impulsivité* (3) des Polonais. Selon eux ils se montrent « impulsifs », « explosifs » et « s'enflamment vite », évoquant un portrait des *Polonais imprévisibles*. Leur *inconséquence* (4) est contestée (« ils manquent de conséquence », « sont inconséquents », ils ne vont pas au bout de leurs projets ou objectifs). Cependant ce caractère imprévisible irait de pair avec une certaine forme de *spontanéité* (8), cette fois évoquée comme un trait positif. D'après les répondants, ils sont « spontanés » et même « font tout à l'arrache ».

Des caractéristiques nouvelles ont encore été relevées, mais non regroupées dans des portraits-types. D'après l'enquête, les

Polonais sont marqués plutôt défavorablement par *le conservatisme* (5) (qualifiés de « conservateurs » ou « conservatistes »), mais aussi par *le manque d'opportunisme* (3) (ils « ne savent pas profiter des occasions qui se présentent à eux », ni mettre à profit une victoire). Par ailleurs, *l'incompétence footballistique* (3) les caractérise, puisqu'il semblerait qu'« ils ne savent pas jouer au foot », qu'ils « ont une équipe de foot faible », ou n'ont tout simplement pas de succès dans ce domaine.

1.2 Les « Allemands »

Caractéristiques psychiques – « Allemands »

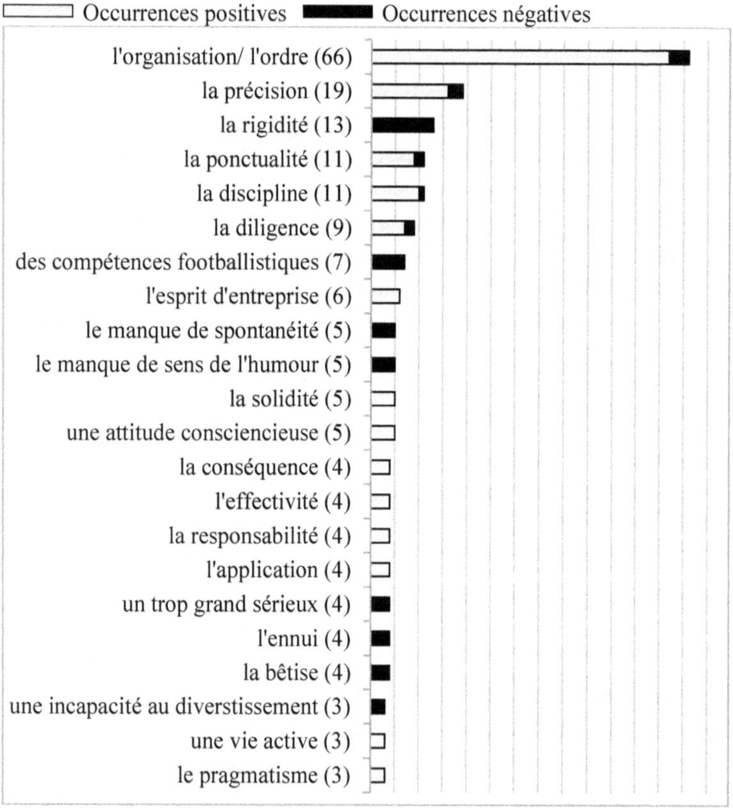

Occurrences positives   Occurrences négatives

l'organisation/ l'ordre (66)
la précision (19)
la rigidité (13)
la ponctualité (11)
la discipline (11)
la diligence (9)
des compétences footballistiques (7)
l'esprit d'entreprise (6)
le manque de spontanéité (5)
le manque de sens de l'humour (5)
la solidité (5)
une attitude consciencieuse (5)
la conséquence (4)
l'effectivité (4)
la responsabilité (4)
l'application (4)
un trop grand sérieux (4)
l'ennui (4)
la bêtise (4)
une incapacité au diverstissement (3)
une vie active (3)
le pragmatisme (3)

Le portrait de *l'Allemand rigide,* caractérisé non seulement par la rigidité, mais aussi par l'ordre, la précision, la discipline, la ponctualité, la maniaquerie ou encore le respect des règles, est un portrait très riche, détaillé dans de nombreuses études antérieures à la nôtre (Pisarkowa 1976, Bartmiński 2006, IN 2008a, 2008b, AM 2010). Dans notre enquête, de multiples attributs y font écho. Tout d'abord, un trait ressort fortement parmi les autres, il s'agit de *l'organisation* (66 occurrences). Dans les réponses, l'adjectif « organisé » est répété à 31 reprises et les mots « ordre » ou « ordonné », à 26 reprises. Le sens de l'organisation est considéré plutôt favorablement, puisqu'il est apprécié d'après 62 réponses (dans les 4 restantes, se trouvent diverses expressions indiquant que les Allemands « exagèrent avec l'ordre », qu'ils sont « maniaques » ou encore « trop ordonnés »). Ce trait de caractère est associé à un second, à nouveau essentiellement positif : *la ponctualité* (11). Les Allemands s'avèrent, d'après les jeunes Polonais, « ponctuels » et ce parfois de manière excessive, puisqu'ils sont déconsidérés du fait d'avoir « tout de planifié avec précision, en temps et en heure ». D'autres comportements feraient écho à l'attachement à l'ordre, aux règles et à la logique. Les Allemands sont associés à *la discipline* (11), ils sont « disciplinés », et suivent des « règles strictes », qu'ils « respectent ». Ils se caractérisent aussi par *la précision* (19), les Allemands paraissent « exacts », « précis », « perfectionnistes ». Leur personnalité disciplinée et précise, plutôt estimée dans les réponses, est parfois contestée dans d'autres, avec des phrases telles que : « les Allemands sont maniaques, [...] ils font exagérément les choses avec exactitude, tout doit être strictement réglé comme une montre suisse. ». D'autres expressions relevant encore de ce portrait sont, quant à elles, résolument négatives, indiquant cette fois une trop grande rigueur, une prévisibilité excessive des Allemands. Les répondants les jugent empreints de *rigidité* (13), ils les dépeignent comme des personnes « rigides », « coincé[e]s », qui « manquent de flexibilité ». Ils manqueraient également de *spontanéité* (5) (ils « ne sont pas spontanés », « sont peu spontanés » ou « ont peur d'être spontanés »). Le respect de l'ordre et l'attachement aux règles renvoient à une vision positive des Allemands, bien ancrés dans le réel, partageant *effectivité* (4) (ils seraient « concrets »), et *pragmatisme* (3) (ils seraient « pragmatiques », « pratiques »). Ces qualités trouvent malgré tout comme revers des défauts relatifs à l'absence du sens du divertissement. Les jeunes construisent, dans leur cadre cognitif, une représentation de leurs voisins germaniques marquée par *l'absence du sens de l'humour* (5). Perçus comme ayant « zéro sens de l'humour », « un sens de l'humour nul », les Allemands sont aussi associés à *un trop grand sérieux* (4) (vus comme « trop » ou « très sérieux »), *une incapacité au divertissement* (3) (ils « ne savent » ou « n'aiment pas s'amuser ») et à *l'ennui* (4) (avec l'adjectif « ennuyeux »).

Dans notre étude se dessine un portrait des *Allemands travailleurs et fiables*, tel que figuré par les enquêtes de Pisarkowa et Bartmiński (Pisarkowa 1976, Bartmiński 2006, AM 2010). Les jeunes Polonais accordent aux Allemands *la diligence* (9), une caractéristique positive, si elle n'est pas marquée par l'excès. Les Polonais apprécient qu'ils soient « travailleurs », qu'ils « travaillent beaucoup », mais n'apprécient pas qu'ils se montrent « accros au travail » ou qu'ils « se consacrent à leur travail à un degré trop important ». À l'unanimité, les jeunes apprécient néanmoins qu'ils aient *un caractère entreprenant* (6) (ils sont « entreprenants » et « prennent des décisions de manière courageuse »), mais aussi qu'ils présentent *une attitude consciencieuse* (5), où domine *l'application* (4). Les Allemands sont estimés pour leur *solidité* (5) (ils sont « solides », « tout ce qu'ils font est solide »). Les répondants flattent encore leur *conséquence* (4) (les jugeant « conséquents », « stables dans leurs décisions » et appréciant le fait qu'ils « tiennent parole »), ainsi que leur *responsabilité* (4) (ils sont qualifiés de « responsables »).

Le portrait-type de *l'Allemand suscitant le dédain* a été repéré dans des études antérieures (Pisarkowa 1976, Bartmiński 1994, IN 2008a) et faisait lui-même écho à celui de *l'Allemand évoquant réticence et mépris* (Bystroń 1935) (un portrait bien terne déjà présent avant la Seconde Guerre mondiale, alors que les Polonais considéraient le succès de leurs voisins avec une certaine animosité). Dans notre questionnaire, les descriptions de type psychique des Allemands faites par les jeunes Polonais sont aussi empreintes de réticence et de dédain. Cette antipathie semble particulièrement visible dans l'expression toujours négative de leurs *compétences footballistiques* (7), pourtant qualifiées par des adjectifs positifs (de type « bon », « meilleur »). Leur talent et succès en matière de football sont toujours exprimés négativement, avec des phrases telles que : « je n'apprécie pas que les Allemands soient meilleurs au foot », qu'ils « aient de meilleurs footballeurs » (dans 6 cas, il est question de comparaison avec les joueurs polonais), ou encore, tout simplement, « je n'apprécie pas que les Allemands aient de bons clubs de football ». L'expression d'un certain mépris de la part des jeunes Polonais se retrouve pareillement dans l'attribution de *la bêtise* (4), puisqu'ils sont qualifiés par certains de « bêtes », ou même de « crétins » et de « débiles ».

Dans les résultats d'enquête, il ressort encore une caractéristique, qui ne figure dans aucun des portraits allemands décrits ultérieurement. Les jeunes mentionnent comme trait positif *une vie active* (3), d'après eux les Allemands « ont une vie active » et sont « actifs à tout âge ».

1.3 Les « Français »

Caractéristiques psychiques – « Français »

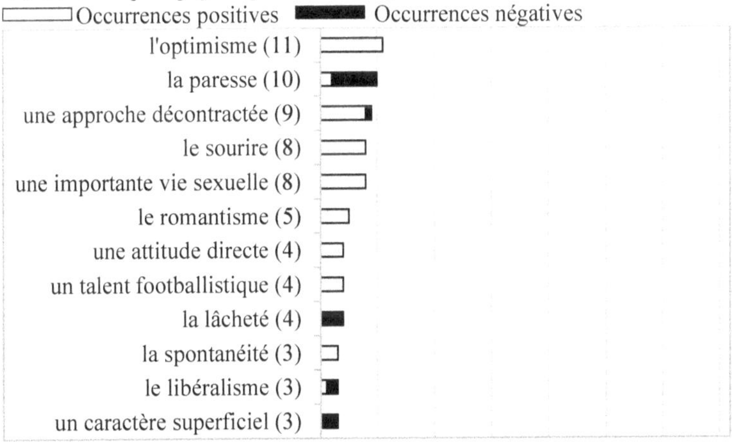

Occurrences positives / Occurrences négatives

l'optimisme (11)
la paresse (10)
une approche décontractée (9)
le sourire (8)
une importante vie sexuelle (8)
le romantisme (5)
une attitude directe (4)
un talent footballistique (4)
la lâcheté (4)
la spontanéité (3)
le libéralisme (3)
un caractère superficiel (3)

Le portrait d'un *Français doué en amour*, décrit dans de multiples travaux (Pisarkowa 1976, Bartmiński 2007, Kokot 2009, AM 2010), se retrouve dans les écrits des jeunes

Polonais, avec des caractéristiques toujours appréciées. La vie amoureuse tient, selon eux, une grande place dans la vie des Français, qu'ils caractérisent par le *romantisme* (5 occurrences), avec l'expression « romantiques ». Pour eux, ils « tombent vite amoureux » et « savent bien s'embrasser ». Les Polonais inscrivent encore les simples noms « romantisme » et « passion » dans les réponses. Ces dispositions iraient de pair avec *une importante vie sexuelle* (8). Les Français se trouvent associés au « sexe », à des personnes « sans pudeur », qui « apprécient les plaisirs du corps ». Les Françaises sont en particulier mises en avant dans ce domaine, étant considérées comme des femmes « de mœurs légères », qui « aiment le sexe » et qui auraient inventé « le sexe français' » (expression figée signifiant le sexe oral). L'art des relations sexuelles bucco-génitales est aussi évoqué au moyen d'une autre expression figée, de même sens : « l'amour français ».

Un portrait du *Français profitant de la vie*, défini d'un côté par la gaîté, une attitude positive et le fait de souhaiter profiter de l'instant, et d'un autre, par la superficialité et le fait de ne pas vouloir ou savoir travailler, a été analysé dans les études de Pisarkowa (1976), de Kokot (2009) et lors de séances d'observation (IN 2008a, AM 2010). Les jeunes Polonais que nous avons interrogés disent aussi apprécier les Français pour leur *optimisme* (11), c'est d'ailleurs le trait de type psychique français le plus souvent attribué. Les habitants de l'Hexagone se montrent d'après eux « pleins de vie et d'enthousiasme », « optimistes, ils prennent la vie avec une légère distance ». Ils sont flattés pour leur *sourire* (8) (ils seraient « (toujours) souriants »), et pour *une approche décontractée de la vie* (9), les Français semblent « détendus », avec un « style de vie [et] une approche de la vie décontracté(s)», faisant qu'ils « vivent dans moins de stress que les Polonais ». Cette attitude trouve tout de même une expression négative, avec le qualificatif « flegmatique ». Le plaisant portrait du *Français profitant de la vie* est contrebalancé par une autre caractéristique plutôt négative. Les Français sont indubitablement associés à *la paresse* (10), avec des phrases telles que : ils « sont paresseux », ils « n'apprennent pas les langues étrangères parce qu'ils sont paresseux », ils « ne travaillent pas dur et [pourtant] possèdent beaucoup » (notons qu'il est aussi apprécié que les Français « ne travaillent pas autant que les Allemands ou les Polonais » ou qu'ils « donnent une apparence paresseuse, mais de toute façon réussissent toujours tout »).

Pisarkowa (1976) et Kokot (2009) avaient mis en avant certaines singularités attribuées par les Polonais, évoquant déjà selon nous un portrait des *Français délicats et peureux*. Dans notre étude, cette image apparaît au travers de l'évocation de *la lâcheté* (4), puisqu'ils sont vus comme des personnes « lâches », qui « cachent leur tête dans le sable » (expression figée polonaise indiquant le manque de courage devant un danger).

D'autres nouveaux traits psychiques, non regroupés dans des portraits-types, sont relevés. Les Polonais apprécient chez les Français leur *spontanéité* (3) (ils se montrent « spontanés ») et leur *attitude directe* (4) (« ils sont directs »). Tout comme chez les Allemands, les jeunes Polonais reconnaissent *un talent footballistique* (4), une compétence cependant toujours présentée positivement chez les Français, avec des phrases telles que : « j'apprécie que les Français jouent bien au foot » et « j'apprécie que les Français aient une bonne équipe de football ». Ces propos se distinguent des descriptions allemandes, en ce qu'ils sont dépourvus de toute comparaison avec les Polonais. Les jeunes affirment par ailleurs ne pas apprécier chez les Français leur *superficialité* (3), ils les décrivent « superficiels », comme des personnes qui « font attention à l'apparence, pas [à ce que les gens ont] à l'intérieur ». Un certain *libéralisme* (3), notamment moral, est enfin pointé du doigt et contesté par les Polonais.

1.4 Les « Européens »

Caractéristiques psychiques – « Européens »

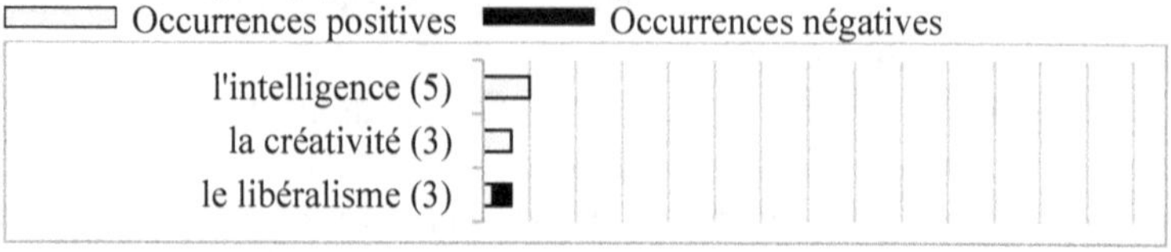

Occurrences positives   Occurrences négatives

l'intelligence (5)

la créativité (3)

le libéralisme (3)

Dans les études précédentes, aucun portrait-type européen d'ordre psychique n'avait été repéré. D'après les résultats d'enquête, nous pouvons néanmoins dresser le portrait des *Européens intelligents.* Les Européens sont perçus, par les jeunes Polonais, comme des personnes douées d'*intelligence* (5 occurrences) (ils sont qualifiés d'« intelligents »). Selon eux, ce « sont des gens intelligents et éduqués », ce « ne sont pas des ignorants ». Les Européens feraient aussi preuve de *créativité* (3) (l'adjectif « créatif » est attribué à 3 reprises). Quoique ce portrait soit alimenté par un nombre limité d'occurrences, leur intellect est bel et bien encensé par les jeunes.

Une caractéristique, non associée à un portrait-type européen, paraît encore dans les questionnaires. Il s'agit du *libéralisme* (3), en particulier moral, vu plutôt de manière négative (et semblable à celui admis aux Français). On peut lire en effet des phrases comme : « j'apprécie que les Européens soient libéraux » ou « je n'apprécie pas que les Européens soient trop libéraux (surtout sur les questions morales) ».

1.5 Synthèse des portraits psychiques

En s'appuyant sur les données d'enquête, il est indéniable que tout s'oppose dans les traits sémantiques d'ordre psychique des ethnonymes « Polonais » et « Allemands »(en dehors peut-être du fait que le portrait des *Polonais travailleurs* se rapproche du portrait des *Allemands travailleurs et fiables*, pour la diligence dont Polonais et Allemands feraient preuve). Les traits des *Polonais insouciants* et des *Polonais imprévisibles* divergent diamétralement de ceux des *Allemands rigides.* Comme nous venons de le voir, les Polonais sont dépeints comme désorganisés et manquant de ponctualité, tandis que les Allemands sont présentés comme organisés et ponctuels. Les jeunes Polonais pensent que les leurs font preuve de spontanéité, alors que leurs voisins germaniques en manqueraient fortement. Le nom « Polonais » dénoterait une capacité à s'adapter aux différentes situations de la vie, à magouiller, tandis que le nom « Allemands » signifierait rigueur et discipline. Comme opposition psychique, se trouvent également côté polonais la capacité à s'amuser ainsi qu'un grand sens de l'humour, et côté allemand, un trop grand sérieux, de l'ennui, une incapacité à se divertir, ainsi qu'une absence cruelle de sens de l'humour. Enfin, d'après les traits non regroupés dans des portraits-types, les Polonais se caractérisent par un manque de talent footballistique, alors que les Allemands sont associés à de solides compétences dans ce domaine (ce qui ne semble pas être une moindre distinction dans l'esprit des jeunes). Lorsque l'on compare les portraits-types des Polonais avec ceux des Français, on trouve aussi des oppositions considérables. À l'exception de l'expression d'un caractère spontané, attribué aux Polonais comme aux Français, les descriptions des deux groupes se situent aux antipodes sur le plan psychique. Tout d'abord, le portrait des *Polonais râleurs* contraste fortement avec celui des *Français profitant de la vie*. Les premiers sont perçus comme pessimistes et peu souriants, alors que les seconds sont justement présentés comme optimistes et souriants. Le portrait des *Polonais travailleurs* s'oppose pareillement à celui des *Français profitant de la vie.* D'après les jeunes, les premiers sont travailleurs, les seconds paresseux. Ensuite, les *Polonais héros* s'opposent aux *Français délicats et peureux.* Les premiers sont qualifiés de « courageux », les seconds de « lâches ». Enfin, on retrouve à nouveau comme point d'opposition la caractéristique du football. Les Polonais jouent, d'après les jeunes, mal au football, tandis que les Français (tout comme les Allemands), se débrouillent plutôt bien en la matière. Enfin, si les traits sémantiques de type psychique de l'ethnonyme « Polonais » s'opposent le plus souvent à ceux des ethnonymes « Français » et « Allemands », on remarque avec étonnement qu'aucun des traits polonais n'entre en contradiction avec ceux de l'ethnonyme « Européens ». Au contraire, les caractéristiques des *Polonais intelligents* sont semblables à celles des *Européens intelligents*. Ils regroupent des descriptions non seulement de leur intellect mais aussi de leur créativité, qualités absentes des portraits allemands et français. Aucun trait psychique commun n'est d'ailleurs mis en avant entre Allemands et Européens (quant aux Français, ils ne partageraient avec les Européens qu'un attachement au libéralisme).

Chapitre 2

Aspect culturel

Sur l'ensemble des ethnonymes, les caractéristiques relatives à l'aspect culturel arrivent en deuxième position, en ce qui concerne leur niveau d'attribution par les jeunes Polonais. Dans la définition cognitive de l'ethnonyme « Polonais » que peuvent formuler les jeunes, les attributs culturels (81 occurrences) sont manifestement moins nombreux que ceux portant sur l'aspect psychique, avec cette fois un total de 9 traits récurrents (selon 66 occ.). Cependant, ces descriptions sont bien plus positives que les précédentes (64 occ. positives pour 17 négatives). Concernant l'ethnonyme « Allemands » (29 occ.), seules deux caractéristiques culturelles sont exprimées de manière récurrente (dans 14 occ.) et favorables aux Allemands (25 occ. positives, 4 négatives). Aussi l'aspect culturel n'est résolument pas un aspect notable de la définition cognitive du nom pour les jeunes Polonais. C'est l'ethnonyme « Français » (173 occ.) qui compte ici le plus grand nombre de caractéristiques. Cet aspect est même le plus important du mot (alors que l'aspect psychique domine pour les deux autres ethnonymes nationaux). Sont attribués aux Français 15 traits culturels récurrents (avec 149 occ.). La richesse de ces descriptions est d'autant plus considérable, que contrairement aux Allemands, les Français ne sont pas des voisins directs des Polonais. Les traits culturels français s'avèrent, comme pour les deux autres ethnonymes, le plus souvent favorables (112 occ. positives, 61 négatives). Relativement à l'ethnonyme « Européens » (78 occ.), 9 caractéristiques récurrentes sont mises en avant (53 occ.), soit autant de traits que pour l'ethnonyme « Polonais ». Il est intéressant de souligner que les attributs culturels européens se montrent, dans l'ensemble, plus valorisés que ceux des Polonais ou des Français (63 occ. positives, 15 occ. négatives), la dimension culturelle européenne semble visiblement très appréciée par les jeunes Polonais.

2.1 Les « Polonais »

Caractéristiques culturelles – « Polonais »

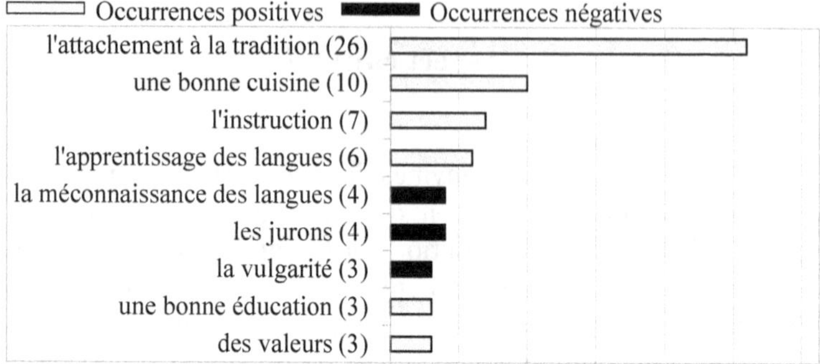

Le portrait des *Polonais traditionalistes*, caractérisé par l'attachement à la tradition, a été mis à jour dans des enquêtes antérieures (Bartmiński 2006, IN 2008a, AM 2009). L'attribution aux Polonais par les jeunes de *l'attachement à la tradition* (26) revient dans la présente enquête, il s'agit de la caractéristique de type culturel la plus souvent associée aux Polonais. D'après les répondants, ces derniers « ont des/leurs traditions », « qu'ils estiment », « soignent », « respectent », « suivent », « conservent », ou « auxquelles ils accordent de l'importance ». Ces pratiques sont de différents types. Il est question de traditions catholiques, familiales, mais aussi festives ou encore alimentaires.

Le portrait des *Polonais liés à leur culture et à leur nation*, caractérisé notamment par la cuisine polonaise, était ressorti lors de deux rencontres interculturelles (IN 2008a, AM 2010). Dans notre étude, cette image est également évoquée par l'expression récurrente d'*une bonne cuisine* (10) (l'expression « ont une bonne cuisine » est répétée à 4 reprises), mais aussi par le fait de *partager des valeurs* (3) (« les Polonais ont des valeurs », « ont certaines valeurs qu'ils protègent »).

Un niveau d'instruction et de civilisation croissant a été souligné dans différentes études réalisées auprès des Polonais, évoquant la figure du des *Polonais nouvellement instruits et civilisés*. L'attribution de l'instruction était évoquée chez Warchala (2001), puis lors d'une rencontre interculturelle de jeunes, au travers d'une description du Polonais typique « sachant tout sur tout » (IN 2008a). Ce niveau d'instruction et de civilisation serait même croissant. Les jeunes d'une rencontre interculturelle ont mis en avant le fait que les Polonais les plus âgés manquaient d'instruction (AM 2009), induisant donc que les plus jeunes en auraient davantage. La perception d'un Polonais typique plus civilisé en 2011 que les deux décennies précédentes a parallèlement été mise en évidence par les résultats d'enquête de Roguska (2011). L'expression positive du niveau d'instruction et de civilisation des Polonais est dans notre enquête manifeste. Les jeunes indiquent, comme principales caractéristiques culturelles, les traits appréciés que sont *l'instruction* (7) et *l'apprentissage des langues étrangères* (6). Pour eux, les Polonais « sont instruits », « se forment » « apprennent », et les langues tiennent une place importante dans leur apprentissage : « ils apprennent » ou « connaissent les/de nombreuses langues étrangères ». Leur apprentissage des langues se voit cependant contesté dans d'autres réponses. Si les jeunes apprécient que leurs pairs apprennent ou connaissent les langues étrangères, d'après certains ils font au contraire preuve d'*une méconnaissance des langues* (4), avec les affirmations que les Polonais ne « connaissent pas » ou « connaissent mal les langues étrangères ». *Une bonne éducation* (3) est par ailleurs mise en avant : les Polonais « sont bien élevés », « sont généralement bien élevés (cèdent leur place [dans le bus par ex.], aident à porter une valise) ».

Deux attributs culturels relevés dans l'enquête forment encore le nouveau portrait-type des *Polonais manquant de savoir-être*, présent dans la pensée des jeunes. Contrastant fortement avec la figure des *Polonais nouvellement instruits et civilisés,* exposée dans le paragraphe précédent, *les jurons* (4) et *la vulgarité* (4) évoquent ce portrait des *Polonais manquant de savoir-être.* Selon les jeunes, ceux-ci « disent (beaucoup) de(s) grossièretés », et cela même « devant les enfants » ; ils se montrent « vulgaires », voire « dans certaines situations de la vie trop vulgaires ». On peut rappeler ici les propos des jeunes Polonais, lors d'une rencontre interculturelle de 2009 (AM

2009), qui jugeaient le Polonais typique comme « peu civilisé » à l'étranger.

2.2 Les « Allemands »

Caractéristiques culturelles – « Allemands »

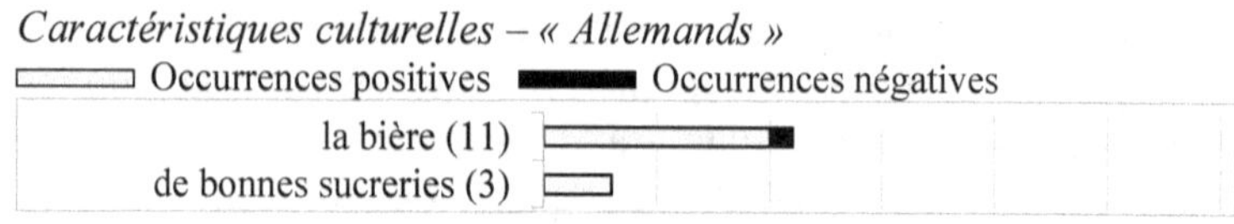

La figure des *Allemands buveurs de bière*, évoquée dans différentes études (Bartmiński 2006, IN 2008a, AM 2010), se forme au moyen de termes similaires dans l'enquête. Les Allemands restent associés à *la bière* (11), les jeunes répondants spécifient de manière récurrente que leurs voisins germaniques « aiment », « font » ou encore « ont de la bonne bière », ou que la « fête de la bière » leur est associée.

Un autre trait, non repéré dans les études ultérieures recensées, correspond aux *bonnes sucreries* (3). Les jeunes mettent en avant dans leurs descriptions des Allemands les « bonnes », voire les « meilleures sucreries », et le fait qu'ils soient « la nation des oursons gélifiés ».

2.3 Les « Français »

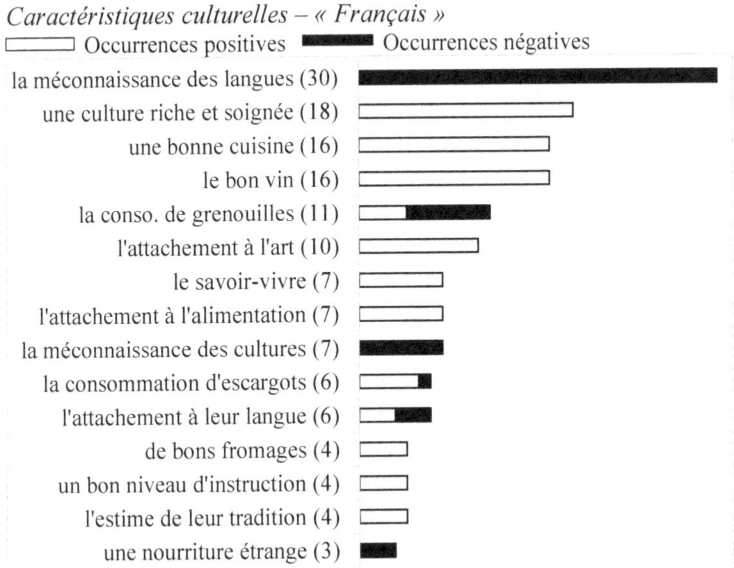

Les Français, d'après l'état des recherches proposé plus haut, sont indéniablement associés par les Polonais à un portrait des *Français amateurs de cuisine et de vin* (Warchala 2001, Bartmiński 2007, IN 2008a, Kokot 2009, AM 2009, 2010), comme en attestent diverses mentions du vin, des fromages, des grenouilles et des escargots faites à leur égard. Ces attributs reviennent également dans les descriptions de l'enquête. Selon les jeunes Polonais, les Français manifestent un *attachement à l'alimentation* (7), c'est-à-dire aux « repas », à la « tradition culinaire » et à « la culture alimentaire ». De ce fait, ils auraient *une bonne cuisine* (16), leur cuisine semble « bonne », « délicieuse » voire « la meilleure d'Europe », et s'avère le fruit de leur savoir-faire, étant donné que, d'après les répondants, les Français « savent bien cuisiner », que ce sont de « bons » et même « d'excellents cuisiniers ». Les jeunes Polonais apprécient plus particulièrement leur *bon vin* (16). Les vins français sont qualifiés de « bon(s) », « méga bon(s) », « délicieux », « formidable(s) », et associés à l'expression du savoir-faire : « ils savent faire du vin », « ils produisent de bons vins ». Les Polonais aiment de même leurs *fromages* (4), à nouveau décrits comme « bons », voire « formidables », et qui seraient également le fruit d'un savoir, d'un savoir-faire. Seuls *les escargots* (6) et *les grenouilles* (11) les laissent partagés. Les Français « mangent », « aiment manger », ou même « doivent manger », des grenouilles et des escargots, ce qui est tantôt apprécié, tantôt contesté. La récurrence de l'expression « mangeurs de grenouilles » est notable, les trois occurrences repérées étant par ailleurs formulées uniquement dans des phrases de type négatif. Ainsi il est possible de nuancer les propos de Bartmiński, qui considérait ce sobriquet comme une marque de sympathie et d'indulgence des Polonais envers les Français (2007 : 100). Leurs habitudes alimentaires conduisent sûrement les Polonais à leur imputer *une nourriture étrange* (3). Certains n'apprécient pas qu'ils « mangent des choses bizarres », qu'ils « mangent ce qu'ils mangent », ou encore (avec un amusement tangible), qu'ils « mangent tout ce qui bouge ».

Le portrait d'un *Français éclairé,* caractérisé entre autres par un certain niveau d'instruction et de savoir-vivre dans plusieurs travaux (Pisarkowa 1976, Warchala, 2001 Kokot, 2009 AM 2010) est à nouveau mis en avant dans les résultats de cette enquête. Le *savoir-vivre* (7) est conféré aux Français (selon les jeunes Polonais, ils « font preuve de savoir-vivre », ou « respectent beaucoup les règles du savoir-vivre »). Les habitants de l'Hexagone sont aussi appréciés pour leur *bon niveau d'instruction* (4) : ils feraient preuve d' « un bon niveau d'instruction », vu qu'ils « misent sur la formation, l'éducation », ou encore que ce sont des « gens au niveau ».

Le portrait des *Français liés à la culture et à l'art*, repéré ultérieurement chez Kokot (2009) et évoqué lors de rencontres interculturelles de jeunes (IN 2008a, AM 2009), est mis en valeur dans les réponses des jeunes. Ces derniers reconnaissent leur *attachement à l'art* (10) : « [ce] sont des « artistes », ils « ont des artistes formidables ». Ils indiquent encore que « la France est une patrie qui abrite tant d'artistes exceptionnels ». De ce fait, il semble que les Français « aiment », « veillent à », « attachent beaucoup d'importance à » ou encore qu'ils « s'y connaissent bien en » art. Le lien qu'ils entretiennent avec leur culture, *une culture riche et soignée* (18), est signalé entre autres par la récurrence des expressions : ils « ont une culture riche » (répété 4 fois) et ils « prennent soin de leur culture » (3 fois).

Le portrait mis à jour du *Français imbu de lui-même,* présenté dans l'état des recherches, se caractérisait par la méconnaissance des langues (AM 2010). Dans l'enquête, le désintérêt et *la méconnaissance des autres cultures* (7), mais surtout *la méconnaissance des langues* (30), se trouvent très critiqués par les jeunes Polonais lorsqu'ils décrivent les Français. Souvent justifiée par un trop grand amour propre, cette attitude fermée vis-à-vis des cultures et langues étrangères prend une place considérable dans les descriptions culturelles françaises (et, en nombre d'occurrences, ces traits négatifs dépassent largement les expressions de la bonne cuisine ou de la culture riche et soignée, qui leur sont attribuées). Pour les jeunes Polonais, les Français n'ont « pas » ou « peu de connaissances » « des autres pays », « de la culture des autres pays », ou encore de « ce qui se passe ailleurs ». Cette méconnaissance s'expliquerait notamment par le fait qu'ils « ne sont pas enclins à connaître les autres cultures » et ne « s'intéressent pas aux autres nations » (de plus, ils « apprennent à l'école seulement l'histoire et la géographie française »). Les jeunes Polonais observent ce désintérêt français pour les autres pays et cultures, en particulier dans la réticence qu'ils auraient à apprendre les langues étrangères. Les Français « n'apprennent pas (volontiers) » ou « ne connaissent pas les langues étrangères »/« d'autres pays », et « considèrent qu'ils ne doivent pas apprendre les langues étrangères (tous devraient apprendre le français) ». Ils « sont pleins d'eux-mêmes, ce qui se manifeste entre autres par la méconnaissance des langues étrangères ». Aussi jugeraient-ils qu'ils ne doivent pas « parl[er] d'autre langue que le français ». Cette méconnaissance concerne en particulier l'anglais (il en est question à 11 reprises) : ils « n'aiment pas », « n'aiment pas parler », « ne veulent pas parler », « ne parlent pas » l'anglais.

Deux traits, qui n'ont pas été repérés dans des enquêtes antérieures, apparaissent encore dans ces travaux. En premier lieu, on remarque l'attribution de *l'estime de leur tradition* (4), toujours envisagé de manière positive. Les jeunes « apprécie[nt] que les Français estiment », « prennent soin de », « attachent beaucoup d'importance (à) » leurs « traditions » (« nationales » ou « culinaires »). On relève dans un deuxième temps l'expression de *l'attachement à leur langue* (6), dont le niveau d'appréciation reste mitigé. Il est apprécié que les Français « soignent » ou soient « fiers de » la langue française, cependant ils sont jugés « trop fixés sur leur propre langue », « consid[érant] qu'ils ont la plus jolie langue » ou que « le français est beaucoup plus populaire que le l'anglais et que tous devraient le maîtriser ».

2.4 Les « Européens »

Caractéristiques culturelles – « Européens »

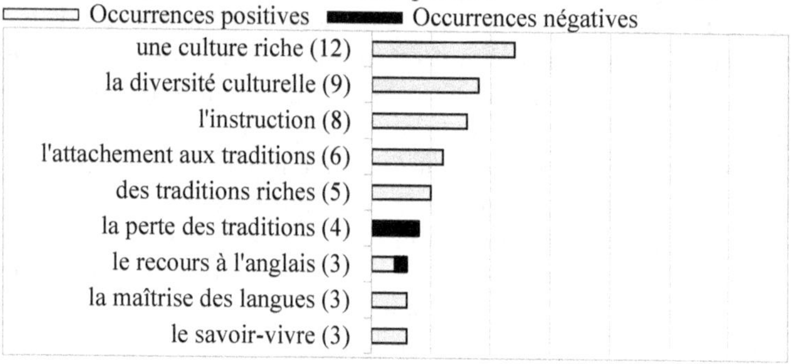

Occurrences positives — Occurrences négatives

une culture riche (12)
la diversité culturelle (9)
l'instruction (8)
l'attachement aux traditions (6)
des traditions riches (5)
la perte des traditions (4)
le recours à l'anglais (3)
la maîtrise des langues (3)
le savoir-vivre (3)

Le portrait de *l'Européen traditionaliste*, dressé par Bartmiński (2006), apparaît nettement dans l'enquête, les traditions revenant fréquemment dans les descriptions culturelles de l'ethnonyme « Européens ». Bien que la mention de ces traditions soit récurrente, il n'est jamais précisé de quels rites ou mœurs il est question. Ainsi les jeunes Polonais disent apprécier chez les Européens *l'attachement aux traditions* (6) : à trois reprises, l'expression « respectent leurs traditions » est employée. Les Polonais affirment encore approuver que « chaque pays [européen] respecte ses traditions », ou que les Européens « conservent » et « veillent à leur(s) tradition(s) ». Ces *traditions riches* (5) (« longues », « riche[s] », « millénaires », « incroyables », « développées ») ne sont pas uniquement un objet d'enthousiasme pour les enquêtés. Les jeunes Polonais regrettent chez les Européens *la perte des traditions* (4), considérant que ces derniers « perdent », « oublient » ou même « sont contre les traditions » (ici « polonaises »), qui « disparaissent ». La perte de cet héritage demeure la seule caractéristique culturelle européenne résolument décriée.

Toujours en regard de l'aspect psychique de l'ethnonyme « Européens », l'attribution de l'intelligence, évoquant déjà auparavant le portrait de *l'Européen intelligent, instruit et civilisé*, revient dans l'enquête. Ce portrait, déterminé par l'instruction et la civilisation, d'après les travaux de Prochorowa (1998), Bartmiński (2006) et Roguska (2011), ainsi que deux rapports de rencontres franco-germano-polonaises (AM 2010), apparaît dans des termes similaires. Les jeunes Polonais accordent aux Européens *un bon niveau d'instruction* (8) (l'adjectif « instruits » les qualifie à 7 reprises), ils apprécient chez eux « un haut niveau d'éducation ». De plus, ils rendent compte d'un certain *savoir-vivre* (3) des Européens : d'après les enquêtés, ils « font preuve de savoir-vivre », ils « sont accoutumés au monde, savent se conduire de manière appropriée dans le monde ».

Le portrait de *l'Européen cosmopolite*, caractérisé en particulier par la connaissance des langues, a pu être mis à jour grâce à plusieurs études (Prochorowa 1998, Bartmiński 2006, AM 2009). L'expression de prouesses linguistiques est présente dans les résultats d'enquête, les jeunes décrivant *la maîtrise de plusieurs langues* (3). Il apparaît que les Européens « connaissent (beaucoup de/les) langues étrangères », qu'ils sont « polyglottes ». Les jeunes mentionnent leur *recours à l'anglais* (3) ; d'après eux, ils « utilisent en grande partie la langue anglaise », un usage qui n'est pas toujours vu d'un bon œil, suivant les phrases : « j'apprécie que les Européens aient une langue de communication internationale (un grand dommage que ce soit justement l'anglais) », ou encore : « je n'apprécie pas que les Européens soutiennent la domination de la langue anglaise ». Par ailleurs, *la diversité culturelle* (9) européenne se voit fortement louée : ils seraient « multiculturels », « (très) diversifiés culturellement/du point de vue culturel », « dans leurs mœurs, mentalement ». Marqués par « une culture diversifiée », « une culture si diversifiée », la « différenciation culturelle » ne les empêche pas de « [savoir] trouver un patrimoine et des idées communes qui les lient ».

Un portrait de *l'Européen porteur d'une culture spécifique*, esquissé par Bartmiński (2006) et trouvant des échos dans deux rapports de rencontres interculturelles (AM 2009, 2010), est repéré dans l'enquête, avec l'attribution d'*une culture riche* (12) et entretenue (qui correspond à la caractéristique psychique européenne la plus fréquemment exprimée). Ce trait est toujours présenté de manière favorable, ce qu'atteste en particulier la phrase « j'apprécie que les Européens aient une culture riche » (ou « une culture si riche »), formulée par 9 répondants. D'après les jeunes Polonais, les Européens « veillent » ou « prennent soin » de « leur culture », de « la culture européenne » et « peuvent se vanter de leur art et de leurs monuments ».

2.5 Synthèse des portraits culturels

Aucun trait des Allemands ne s'avère identique ou bien opposé à ceux des Polonais (ce qui peut se justifier par le peu d'attributs culturels accordés aux Allemands). Au contraire, on peut trouver plusieurs points communs entre les descriptions culturelles très riches des Français et celles des Polonais. Premièrement, l'attribution de l'estime de la tradition aux Français fait écho au portrait des *Polonais traditionalistes*. Deuxièmement, le portrait des *Polonais nouvellement instruits et civilisés* rappelle celui des *Français éclairés*, lié à un bon niveau d'instruction. Troisièmement, une bonne cuisine se voit attribuée aux Polonais comme aux Français (pour les premiers, cet atout relève avant tout d'un portrait des *Polonais liés à leur culture et à leur nation,* et pour les seconds, des *Français amateurs de cuisine et de vin,* davantage associés à un certain savoir et savoir-faire). Mais les descriptions culturelles polonaises et françaises entrent nettement en opposition sur deux points : la vulgarité et les jurons des *Polonais manquant de savoir-être* contrastent avec le savoir-vivre des *Français éclairés*, de même que l'apprentissage des langues des Polonais (portrait des *Polonais nouvellement instruits et civilisés*) détonne avec le désintérêt des Français dans ce domaine (portrait des *Français imbus d'eux-mêmes*). Par ailleurs, l'ethnonyme « Polonais » trouve un certain nombre de traits sémantiques culturels communs avec l'ethnonyme « Européens » : l'attachement aux traditions (portrait des *Polonais traditionalistes* proche de des *Européens traditionalistes*) et l'instruction (portrait des *Polonais nouvellement instruits et éclairés* proche des *Européens intelligents, instruits et civilisés*). Comme nous venons de le voir, ces caractéristiques sont aussi attribuées aux Français. Les descriptions culturelles françaises semblent même encore plus proches de celles des Européens que les descriptions polonaises : ils auraient en commun un certain savoir-vivre et une culture riche, dont ils prennent soin (les Français resteraient tout de même dépourvus de la connaissance des langues étrangères, point fort des Européens). On peut enfin être surpris par certaines descriptions européennes, qui ne se retrouvent chez aucune des trois nations. L'association du plurilinguisme et du recours à l'anglais constitutifs des *Européens cosmopolites*, demeure sans équivalent chez les Polonais, Allemands et Français. De même, la regrettable perte des traditions attribuée aux habitants de l'Europe n'apparaît étrangement chez aucun d'entre eux.

Chapitre 3

Aspect du rapport à l'altérité

L'aspect du rapport à l'altérité arrive en troisième position en ce qui concerne le niveau d'attribution des caractéristiques aux quatre ethnonymes. Les traits récurrents liés au rapport à l'altérité de l'ethnonyme « Polonais », au nombre de 8 (d'après 86 occurrences sur un total de 95), sont assez mitigés sur le plan axiologique (48 occ. positives, 47 négatives). Les 9 traits récurrents de l'ethnonyme « Allemands » (d'après 72 occ. sur 82) s'avèrent bien plus décriés (18 occ. positives, 64 négatives). Dans la définition cognitive de l'ethnonyme « Français » admise par les jeunes Polonais (64 occ.), les 6 traits récurrents du rapport à l'altérité (48 occ.) sont plus mitigés sur le plan axiologique (29 occ. positives, 35 négatives). Enfin, les 6 caractéristiques récurrentes de l'ethnonyme « Européens » (54 occ. sur 64) sont contrairement aux ethnonymes nationaux nettement plus favorables (53 occ. positives, 11 négatives). Les Européens dans leur ensemble sont donc envisagés, quant à leur rapport à l'altérité, d'un bien meilleur œil que chacun des trois groupes nationaux.

3.1 Les « Polonais »

Caractéristiques liées au rapport à l'altérité – « Polonais »

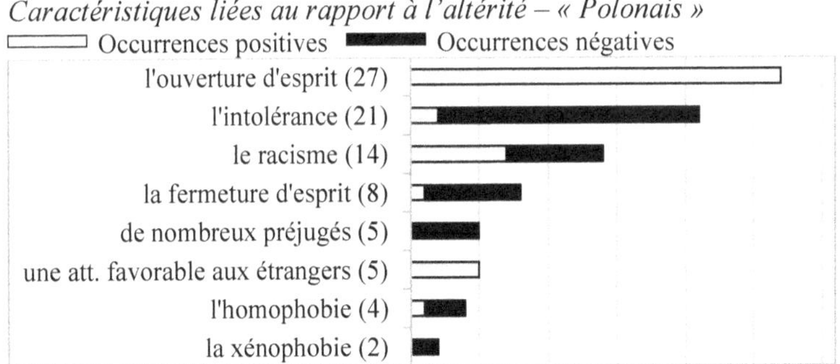

Un portrait du *Polonais au bon cœur,* au travers de la caractéristique de l'ouverture aux autres, est apparu dans les travaux de Roguska (2011). Dans la présente enquête, les Polonais se voient aussi décrits par les jeunes comme ouverts aux gens, ou comme s'ouvrant de plus en plus aux autres nations. Cette *ouverture* (27), toujours envisagée de manière favorable, correspond au trait sémantique le plus souvent attribué à l'ethnonyme « Polonais », en ce qui concerne l'aspect du rapport à l'altérité. Les Polonais sont qualifiés d'« ouverts » (généralement sans la précision d'un complément), « ouverts aux gens », « aux autres gens ». D'autres phrases expriment sur ce point un changement comportemental au sein de la nation polonaise. Les habitants de la Pologne sont perçus comme étant « de plus en plus ouverts », « s'ouvr[ant] de plus en plus », « de plus en plus volontiers », en particulier « aux nations étrangères », ou « aux autres nations », ils « s'ouvrent au monde ». Les Polonais se trouvent donc, d'un côté, vus comme ouverts aux gens en général (ce qui correspondrait à un aspect de leur personnalité, un état permanent) et, d'un autre, comme en train de s'ouvrir aux autres nations et cultures (ce qui renvoie cette fois à une nouveauté, une étape transitoire, un processus en cours). Mais la description de Polonais ouverts ou s'ouvrant aux autres est nuancée par le portrait suivant.

Des résultats d'enquêtes antérieures rendent compte d'un portrait du *Polonais oscillant entre tolérance et intolérance* (Warchala 2001, IN 2008a, 2008b, AM 2009). Sur l'ensemble des caractéristiques polonaises liées au rapport à l'altérité dans notre étude, on observe cette oscillation. Les Polonais, s'ils sont perçus comme ouverts aux autres, ou s'ouvrant aux autres nations, manifestent de surcroît selon certains *une attitude favorable aux étrangers* (5). Ils se montreraient « amicaux et gentils envers les autres nations » et ayant « une attitude amicale envers les étrangers (enfin presque tous) ». Pourtant, les jeunes associent souvent leurs compatriotes à *l'intolérance* (21), une attitude qui n'est d'ailleurs pas toujours jugée négativement (à deux reprises il s'agit d'un trait « apprécié »). Les Polonais sont, d'après les jeunes, « intolérants », « peu tolérants », « pas trop tolérants », et ce en particulier envers « les homosexuels », envers « une autre orientation sexuelle », envers « les minorités » en général, « les autres religions » ou « les autres cultures ». Les deux réponses de type positif présentent cependant un niveau de tolérance raisonnablement limité : « j'apprécie que les Polonais ne soient pas exagérément tolérants », « j'apprécie que les Polonais ne soient pas trop tolérants ». Les Polonais sont tout de même souvent décriés pour leur *fermeture d'esprit* (8). Ils seraient « fermés », « souvent fermés » « aux autres » ou « aux autres cultures », « renfermés sur eux-mêmes », « peu » ou « pas ouverts » « à la nouveauté » ou encore « sexuellement ». D'après les répondants, c'est une nation partageant de *nombreux préjugés* (5). Les Polonais sont dépeints comme ayant « beaucoup » ou « pas mal de préjugés » et se montreraient « guidés par les stéréotypes ». Le *racisme* (14) est aussi imputé à ces derniers de manière plutôt (mais pas toujours) défavorable : ils seraient « racistes », et cela « malgré tout », « un peu » ou « de moins en moins ». Plusieurs expressions expriment une attitude malveillante envers les autres nations, et en particulier les personnes de couleur, les Allemands, les Russes, les Arabes, ainsi que les Juifs. Les Polonais sont vus comme « peu compréhensifs envers ceux qui ont la peau noire » et « toujours un peu rétrogrades envers les autres nations ». Selon les jeunes, « un Afro-américain dans la rue réussit tout le temps à attirer quantité de regards » et les Polonais ont « souvent une attitude négative envers les autres nations (Juifs, Allemands) », « leurs convictions [étant] définies par l'histoire (germanophobie, russophobie) ». Soulignons que d'autres phrases de type positif rendent compte de cette intolérance, puisqu'il est également « appréci[é] que les Polonais n'admettent pas trop d'étrangers chez eux comme les Arabes, les Juifs, les Noirs, etc. », qu'ils « n'aiment pas les Juifs et les Noirs » ou bien « les Allemands ». Comme en témoignent encore certaines occurrences citées supra, *l'homophobie* (4) est un trait essentiellement contesté (mais pas toujours), chez les Polonais. Ces derniers seraient « homophobes », « n'accept[ant] pas les gays dans leur pays ». De manière similaire, la *xénophobie* (2) leur est associée, avec la répétition de « les Polonais sont xénophobes ». Bien que les différents traits exprimant un rapport défavorable à l'altérité soient essentiellement désapprouvés par les jeunes, on ne peut ignorer qu'environ un cinquième de ces descriptions soient de type positif.

3.2 Les « Allemands »

Caractéristiques liées au rapport à l'altérité – « Allemands »

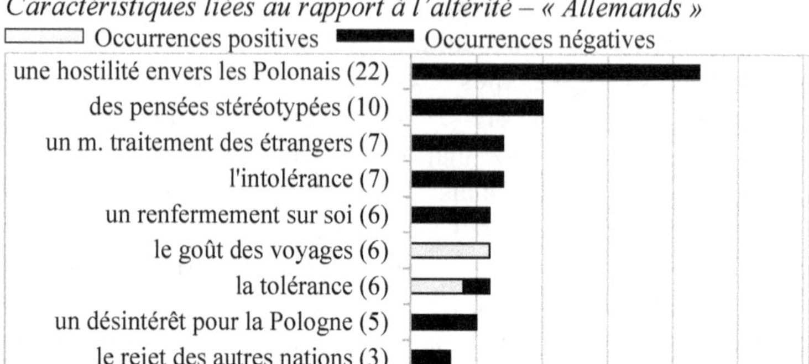

Une relation de défiance voire d'aversion réciproque existe depuis longtemps entre Polonais et Allemands, avec le portrait des *Allemands évoquant réticence et mépris* (Bystroń 1935). Le caractère ennemi des Allemands est mis en avant dans l'enquête, en particulier en référence à une réticence et à un mépris que les Polonais disent eux-mêmes ressentir de la part des Allemands. Les répondants décrivent largement *une hostilité envers les Polonais* (22), c'est même la caractéristique liée au rapport à l'altérité la plus souvent attribuée aux Allemands. D'après les descriptions des jeunes, leurs voisins germaniques « n'aiment pas », voire « détestent », les Polonais ; ils « disent qu'ils aiment les Polonais mais ce n'est pas le cas ». Les Allemands auraient « toujours une mauvaise attitude à l'égard de la Pologne et des Polonais » et « des préjugés [négatifs] » sur ces derniers, qu'ils perçoivent comme « des voleurs », en particulier « de voitures ». Selon les répondants, les Allemands « se moquent des Polonais », « se moquent souvent des Polonais » ; ils les « méprisent » même, en raison d'un « sentiment de supériorité », qu'ils auraient vis-à-vis d'eux : ils « prennent les Polonais de haut » et « ne [les] respectent pas ». L'attitude négative des Allemands envers les

Polonais serait doublée d'*un désintérêt pour la Pologne* (5). Les enquêtés affirment qu'ils « ne s'intéressent pas à la Pologne », qu'ils « ne [la] soutiennent pas dans ses activités » et « limitent les contacts avec [elle]. D'après eux, ils « s'orientent seulement vers l'Ouest » et « ne savent pas beaucoup sur l'Europe de l'Est ».

Dans les descriptions de l'Allemand typique faites lors de rencontres interculturelles, quelques années avant la réalisation de l'enquête, il ressortait un portrait de *l'Allemand oscillant entre tolérance et intolérance*, proche de celui du *Polonais oscillant entre tolérance et intolérance* (AM 2009, 2010). Ici nous observons que l'intolérance, en tant qu'attitude négative des Allemands, n'est pas seulement décrite envers les Polonais, mais aussi envers d'autres groupes. Les Allemands sont présentés comme percevant les autres personnes par le prisme des *stéréotypes* (10) : d'après les jeunes Polonais, ils « pensent de manière stéréotypée », ils « sont guidés par les stéréotypes » et ont « beaucoup de préjugés ». La nation polonaise reste plus particulièrement visée. Les Allemands « cultive[raient] un stéréotype négatif des Polonais » et « généralise[raient] le concept du Polonais moyen ». Plus globalement, les habitants de l'Allemagne seraient responsables d'*un mauvais traitement des étrangers* (7), ils « ont une attitude très négative », ou « traitent mal », voire « exploitent » les membres d'autres nations, c'est-à-dire « les étrangers », « les émigrants », puis (à nouveau) « les Polonais » et « Polonaises », mais aussi « les Turcs à qui ils ont d'abord autorisé de s'installer dans leur pays ». On note encore la phrase : « je n'apprécie pas que les Allemands essaient souvent d'imposer certains standards aux autres nationalités sur le territoire allemand, comme par ex. les Turcs, ils ne parviennent pas à accepter l'altérité ». Les Allemands se voient parallèlement caractérisés par *le rejet des autres nations* (3), ils « ne s'intègrent pas aux autres nations », ou bien ils « commencent à ne pas accepter les minorités » et « n'aiment pas les Noirs ». Leurs descriptions sont marquées par *l'intolérance* (7) envers les autres cultures (ils se montrent « intolérants » ou « font semblant d'être une nation tolérante (intolérance cachée) ») et par un certain *renfermement sur soi* (6) (ils s'avèrent « renfermés sur eux-mêmes », « fermés aux autres, avec de la réserve »).

Cette image très riche d'Allemands intolérants est pourtant contrebalancée par une image diamétralement opposée : pour certains, ils feraient au contraire preuve de *tolérance* (6), voire d'une trop grande tolérance envers les populations immigrées. L'adjectif « tolérants » les qualifie à trois reprises de manière favorable, les Allemands « tolér[ant] tout le monde », ce qui est apprécié « jusqu'à un certain moment ». Comme l'exprime ironiquement une répondante : ils « s[eraient] tolérants (c.-à-d. maintenant car avant ils avaient des problèmes avec ça ». Deux phrases déplorent encore une trop grande tolérance : « je n'apprécie pas que les Allemands n'arrivent pas à se débrouiller avec le dépérissement de leur culture, de leur identité, de leur patrimoine largement compris, en raison d'une tolérance extrême, de longue durée » et « je n'apprécie pas que les Allemands soient trop tolérants envers les étrangers dans leur pays ».

Un trait nouveau, non classé dans un portrait-type, leur est encore conféré. D'après les jeunes Polonais, les Allemands partagent *le goût des voyages* (6). Ils « voyagent beaucoup », notamment « à l'étranger pendant les vacances », ils « aiment voyager à travers le monde ».

3.3 Les « Français »

Caractéristiques liées au rapport à l'altérité – « Français »

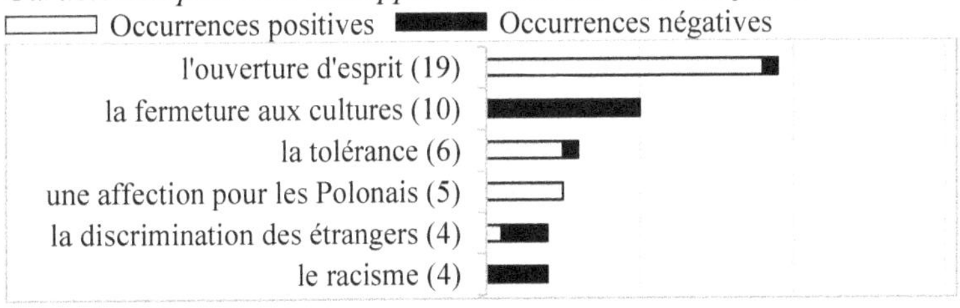

Les caractéristiques du rapport à l'altérité, attribuées aux Français, ne rappellent aucun des portraits-types évoqués dans le passé. Ces traits évoquent cependant une figure proche des Polonais et Allemands, exposée dans les sections précédentes, celle des *Français oscillant entre tolérance et intolérance*. Les jeunes Polonais accordent tout d'abord à la nation française des traits signifiant la tolérance, majoritairement appréciés. En premier lieu, *l'ouverture d'esprit* (19), il s'agit de la caractéristique du rapport à l'altérité la plus souvent associée aux Français. À 18 reprises, l'adjectif « ouverts » est employé comme attribut du sujet, pour décrire, entre autres, une ouverture d'esprit qui viserait « de nouveaux gens » et « d'autres cultures ». Cette attitude est toutefois exprimée dans une réponse négative, qui rappelle certaines descriptions des Allemands perçus comme victimes de leur trop grande tolérance envers d'autres nations : « je n'apprécie pas que les Français ne parviennent pas à se débrouiller avec les immigrés, bien qu'ils se montrent comme étant un pays très ouvert et tolérant ». La *tolérance* (6) est mentionnée pareillement dans plusieurs questionnaires. L'adjectif « tolérants » qualifie les Français ou leur pays, dans des réponses positives (à l'exception de l'occurrence indiquée supra). Une certaine *affection pour les Polonais* (5) leur est même associée et contraste avec le rejet et le mépris des Polonais et de la Pologne attribués aux Allemands : les Français sont décrits comme « aim[ant] les Polonais », « estim[ant] les bons travailleurs (par ex. les Polonais) » et « v[ennant] volontiers en Pologne ». Ce comportement semble aussi avoir des assises historiques, d'après la phrase : « j'apprécie que les Français à certains moments de l'histoire se soient identifiés aux Polonais ou bien voulaient leur bien ».

Ces occurrences, manifestant une attitude tolérante et ouverte à l'altérité, n'excluent pourtant pas l'attribution d'autres traits antonymiques, signifiant cette fois l'intolérance des Français, avec un comportement défavorable aux étrangers. Les jeunes Polonais contestent leur *fermeture aux autres cultures* (10). Ils sont dépeints comme « fermés » ou « pas ouverts », « aux autres nations », « aux autres cultures », ils « ne sont pas disposés à découvrir d'autres cultures » ou « n'admettent pas les non-Français dans leur cercle de proches ». Ils se montreraient peu accessibles aux étrangers et il serait difficile de nouer contact avec eux, comme l'indiquent les expressions suivantes : « je n'apprécie pas que les Français maintiennent une grande distance envers les étrangers, par ex. les étudiants français envers les étudiants étrangers en échange » ; « je n'apprécie pas que les Français aient des difficultés à lier des contacts avec les étrangers » ; « je n'apprécie pas que les Français - il est difficile de nouer des liens étroits avec eux ». Les habitants de l'Hexagone sont encore associés au *racisme* (4) (ils « sont racistes », ce qui ne les empêchent pas d'« [avoir] beaucoup d'immigrés ») et à *la discrimination des étrangers* (4) (ils « discriminent les émigrants » ou « les personnes d'origine différente, par ex. les Roms »).

3.4 Les « Européens »

Caractéristiques liées au rapport à l'altérité - « Européens »

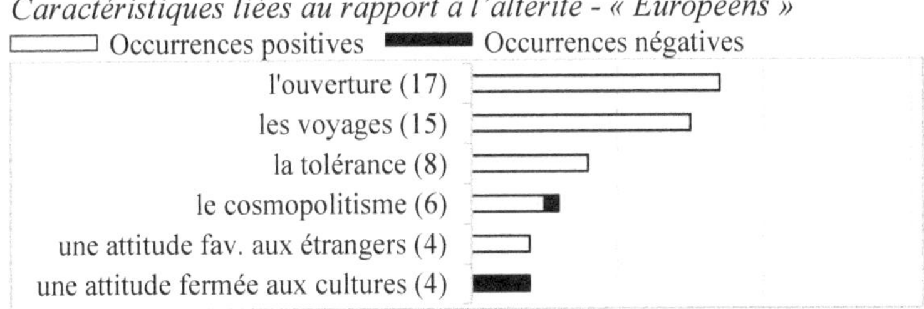

Le portrait des *Européens cosmopolites*, évoqué plus haut par des descriptions de type culturel, est complété par des traits liés au rapport à l'altérité, déjà ressortis dans plusieurs enquêtes (Prochorowa 1998, Bartmiński 2006, AM 2009). L'Européen se voit, selon ce second aspect, caractérisé notamment par les voyages et la curiosité du monde. Dans la présente étude, les jeunes Polonais mentionnent analogiquement *les voyages* (15) et *le cosmopolitisme* (6) des Européens. D'après leurs descriptions, les Européens « voyagent beaucoup » ou « volontiers », en particulier « en Europe », « dans toute l'Europe ». Ils « aiment voyager », notamment « entre leurs pays ». La facilité d'accès aux voyages se trouve mise en avant : « ils peuvent voyager facilement », « sans problème ». En ce sens, on note encore la phrase : « j'apprécie que les Européens puissent voyager, travailler et étudier sans problème dans les pays européens ». Leur cosmopolitisme est pareillement souligné de manière plutôt positive, par l'expression d'une attitude favorable au monde (ou convenable dans le monde). Les Européens « ouverts », « curieux » ou « accoutumés » au monde, « parviennent à penser de manière cosmopolite », étant eux-mêmes des « cosmopolitan » (tel qu'indiqué au moyen du terme anglais dans une occurrence négative).

Les travaux de Bartmiński (2006) et Roguska (2011) ont mis en évidence un portrait de l'*Européen aux qualités sociales croissantes*, avec notamment la tolérance et l'ouverture d'esprit, sur lesquelles les Polonais insistaient de plus en plus avec les années. Dans l'enquête, on retrouve les traits de *l'ouverture* (17) (caractéristique du rapport à l'altérité la plus fréquemment attribuée), de *la tolérance* (8) et d'*une attitude favorable aux étrangers* (4), tous décrits de manière positive. L'ouverture d'esprit des Européens se voit félicitée dans une grande variété de réponses. Présentés comme « ouverts », notamment « aux autres », « aux autres cultures », « aux étrangers », « au monde », ainsi qu'« aux nouvelles expériences, aux contacts », les Européens seraient « une nation ouverte », qui « s'ouvr[e] sur de nouveaux horizons ». De manière tout aussi élogieuse, la tolérance et une attitude favorable aux étrangers leur sont associées, les jeunes Polonais appréciant que les Européens soient « tolérants », qu'« ils proclament la tolérance », mais aussi qu'ils se montrent « ouverts aux autres cultures », « aux étrangers ». D'après les répondants, les habitants de l'Europe partagent « la volonté de connaître les autres cultures » et les jeunes Européens « n'évaluent pas une personne par le prisme de sa nation ».

Seule une certaine *attitude fermée aux cultures* (4) non-européennes, en tant qu'élément négatif nouveau, vient nuancer ces images d'ouverture à l'altérité. Bien que l'ouverture des Européens se trouve le plus souvent mise en avant, ils sont décrits dans quelques cas comme des individus « fermés », en particulier « aux autres cultures, par ex. japonaise, arabe », « aux civilisations africaines et asiatiques » ou « à l'Est ». Ce renfermement serait, d'après une occurrence, limité à « certaines nations » européennes, qui « ne v[oudraient] pas s'ouvrir à d'autres cultures ». La description du comportement fermé des Européens vient contrebalancer celles de leur ouverture et de leur tolérance, et renvoie aux portraits des *Polonais, Allemands et Français oscillant entre tolérance et intolérance*.

3.5 Synthèse des portraits du rapport à l'altérité

De manière assez inattendue, on observe au premier plan une forte oscillation entre tolérance et intolérance des représentations des trois groupes nationaux. La figure des Européens sort quelque peu du lot, avec un rapport à l'altérité dépeint beaucoup plus favorablement, bien qu'il transparaisse aussi dans l'enquête cette idée d'alternance entre ouverture et fermeture, entre tolérance et intolérance. Malgré une grande similitude entre les portraits des trois nations, les descriptions des Polonais s'opposent à celles des Allemands, en ce qui concerne l'ouverture à l'autre. L'évocation d'une nation polonaise ouverte aux autres (et qui s'ouvre même de plus en plus aux étrangers) contraste avec celle d'une nation allemande résolument renfermée sur elle-même. Les deux communautés nationales auraient tout de même en commun les stéréotypes et préjugés avec lesquels elles perçoivent les autres (et se perçoivent mutuellement), ainsi que l'intolérance dont elles peuvent faire preuve. Cependant si le rapport défavorable à l'altérité est parfois apprécié par les répondants quand il est attribué aux Polonais, il est décrié lorsqu'il revient aux Allemands. Quant aux Français, malgré une même oscillation entre tolérance et intolérance, ils sont présentés avec une approche plus favorable à l'altérité que les Polonais. Les jeunes estiment aussi les Français pour leur bienveillance envers la nation polonaise (une bienveillance qui, selon eux, fait plutôt défaut à la description des Allemands). Enfin, les Européens, auxquels la tolérance et l'ouverture d'esprit sont associées plus souvent qu'aux Polonais, aux Allemands et Français, partagent d'après les jeunes un point commun positif avec les Allemands : un goût prononcé pour les voyages. Leur description, sur le plan du rapport à l'altérité, évoque encore un portrait qui leur est propre, avec des caractéristiques relativement absentes de la description des trois nations : le portrait des *Européens cosmopolites*.

Chapitre 4

Aspect social

Les attributs relatifs à l'aspect social arrivent en quatrième position, en regard de leur niveau d'attribution par les jeunes Polonais. Les traits sociaux du nom « Polonais » s'avèrent plus nombreux que ceux des trois autres (13 traits récurrents, d'après 147 occurrences sur un total de 170), et sont en très grande majorité appréciés (136 occ. positives, 34 négatives). Relativement à l'ethnonyme « Polonais », l'aspect social est d'ailleurs celui qui comprend la plus grande proportion de traits favorables. Les attributs sociaux de l'ethnonyme « Allemands » sont, eux, en petit nombre (3 traits récurrents, selon 13 occ. sur un total de 37) et se trouvent relativement décriés (14 occ. positives, 23 négatives). Au contraire des Polonais, les Allemands seraient donc assez mal jugés par les jeunes Polonais sur le plan social. Davantage de caractéristiques récurrentes sont associées à l'ethnonyme « Français » (avec 6 traits sociaux récurrents, selon 33 occ. sur un total de 54). Sur le plan axiologique, elles apparaissent bien plus favorables que celles attribuées aux Allemands (36 occ. positives, 18 négatives). Enfin, quatre traits récurrents relatifs à l'aspect social de l'ethnonyme « Européens » sont mentionnés (d'après 20 occ. sur un total de 39), en des termes très favorables (30 occ. positives, 9 négatives) : les Européens se voient davantage estimés socialement que chacune des trois nations européennes.

4.1 Les « Polonais »

Caractéristiques sociales – « Polonais »

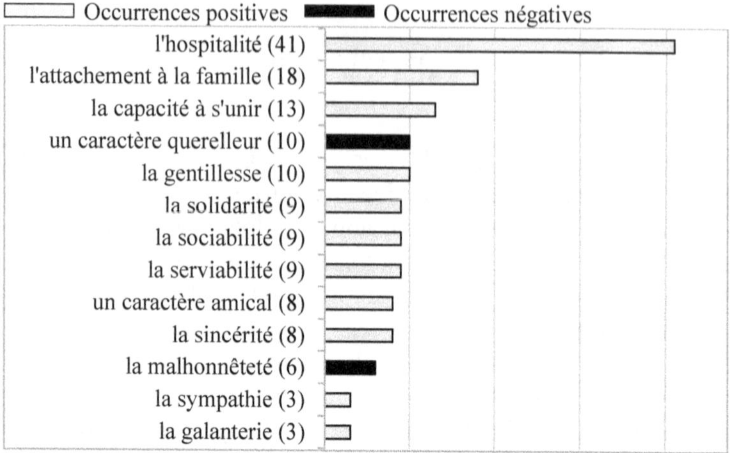

Bartmiński, d'après les résultats de l'enquête ASA (2006), dressait un portrait du *Polonais accueillant*, lui-même évoqué lors de rencontres franco-germano-polonaises (IN 2008b, AM 2009). Dans notre enquête, le caractère accueillant des Polonais est très vivement mis en avant par les jeunes. *L'hospitalité* (41) est d'ailleurs le trait polonais le plus souvent décrit, tout groupe d'aspect confondu. D'après les jeunes, leurs compatriotes se montrent « accueillants », l'adjectif leur est même attribué 40 fois sans autre complément, donnant à entendre que cette qualité irait de soi et ne nécessite pas de précision. Une seule occurrence de la caractéristique se voit explicitée : « j'apprécie que les Polonais aiment et sachent accueillir des invités ».

Des descriptions de type social liées à au portrait du *Polonais héros* ont été relevées dans le passé, avec l'expression de la capacité de s'unir, évoquée lors d'une rencontre interculturelle (AM 2010) et de la sincérité, figurant dans les résultats d'enquête de Bartmiński (2006) et de Roguska (2011). Dans la présente étude, les jeunes Polonais mettent le doigt sur *la capacité de s'unir* (13) (ils « savent s'unir »), et sur la *solidarité* (9) (ils « sont », « savent » ou « parviennent à être solidaires », ils « se solidarisent »). Ces deux traits sont toutefois systématiquement précisés et limités aux « moments », aux « instants » ou « situations » qualifiées de « difficiles », aux moments « plus essentiels », moments de « menace », ou encore de « crise ». Les Polonais sauraient s'unir et être solidaires « dans le besoin », « quand un problème se présente ». Fidèlement au portrait du *Polonais héros* dressé dans l'état des recherches, les Polonais se trouvent associés à *la sincérité* (8) : ce sont des personnes « sincères », qui « disent ce qu'[elles] pensent (ce qui n'est pas toujours diplomatique et convenable) », des êtres sincères, « même quand il serait mieux de se taire ».

Le portrait du *Polonais aux valeurs familiales*, formé d'après les résultats d'enquête analysés par Roguska (2011) et d'après un rapport de rencontre interculturelle (AM 2009), revient dans les questionnaires. Les jeunes soulignent *l'attachement à la famille* (18) des Polonais, décrits comme « attachés à la famille », « entret[enant] les » et « tenant aux » valeurs familiales », « estim[ant] les valeurs traditionnelles comme le mariage et la famille ». En effet, ils « estiment » et sont même « conservateurs » vis-à-vis de la famille qui est « importante » pour eux et avec qui ils « passent beaucoup de temps ».

Dans les travaux de Warchala (2001) et de Roguska (2011) se dessinait le portrait du *Polonais au bon cœur*. Un très grand nombre de caractéristiques sociales dans la présente enquête contribuent à la formation d'une image d'individus agréables et bons en communauté. Les jeunes répondants rendent compte de *la serviabilité* (9) des Polonais, de leur *gentillesse* (10), leur *caractère amical* (8), leur *sympathie* (3) et *sociabilité* (9). Ils les dépeignent comme des êtres « serviables », « disposés à aider dans les situations imprévues », des individus « sympathiques », « sociables », mais également « gentils », « agréables », « aimables » et « amicaux », envers non seulement « les autres » mais aussi « les étrangers », « les autres nations ». Entre les sexes, l'amabilité est pareillement mise en avant. Les hommes polonais feraient preuve de *galanterie* (3). Ce sont « des gentlemen », qui « laissent habituellement passer les dames en premier » et « savent bien se comporter par rapport aux femmes ».

Deux traits nouveaux, non classés dans des portraits-types, ont été relevés. Les Polonais sont présentés comme partageant *une nature querelleuse* (10). Selon les jeunes, ils se montrent « querelleurs » et « se disputent souvent », voire « tout le temps », ils « ne savent pas discuter » et « cherchent les conflits ». De plus, en opposition à la sincérité qui leur est accordée, ils restent décrits comme des personnes empreintes de *malhonnêteté* (6), des gens « malhonnêtes », qui « trompent les gens ».

4.2 Les « Allemands »

Caractéristiques sociales – « Allemands »

Occurrences positives / Occurrences négatives

Caractéristique	Occurrences positives	Occurrences négatives
la tromperie (5)		5
un désintérêt pour la famille (4)		4
la froideur (4)		4

Les rares caractéristiques sociales attribuées aux Allemands évoquent à nouveau le riche portrait de *l'Allemand suscitant le dédain voire l'effroi* (Pisarkowa 1976, Bartmiński 1994, IN 2008a), découlant de celui de *l'Allemand évoquant réticence et mépris* (Bystroń 1935). Dans notre étude, les Allemands restent décrits comme des gens antipathiques (au travers des rares traits de type social mentionnés), caractérisés par la *tromperie* (5). Ils sont qualifiés d'« hypocrites », de personnes qui « ne sont pas sincères », avec « de fausses intentions », et qui prétendent « aim[er] les Polonais [alors qu'] il n'en est pas ainsi ». De plus, les jeunes Polonais déplorent que les Allemands manifestent *un désintérêt envers la famille* (4). Selon eux, ils « accordent peu de temps à la famille », « négligent la maison et la famille », en particulier « les femmes » qui, elles-mêmes, « ne prennent pas soin de la famille et de la maison ». Il est aussi indiqué qu'ils « ne veulent pas avoir d'enfants – agrandir la famille ». Les Allemands sont encore associés à la *froideur* (4) (ils « sont » ou « ont l'air froid »).

4.3 Les « Français »

Caractéristiques sociales – « Français »

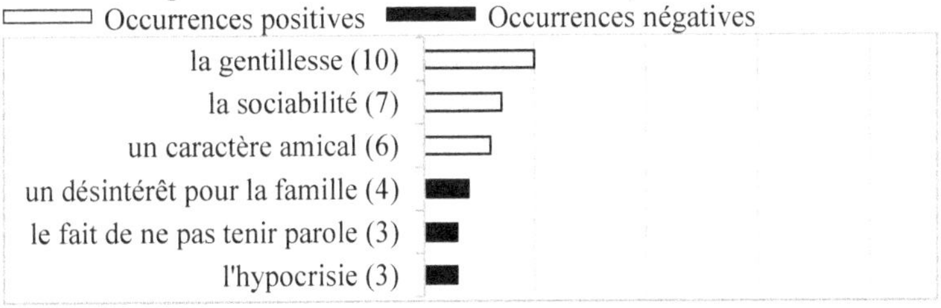

Occurrences positives — Occurrences négatives

la gentillesse (10)
la sociabilité (7)
un caractère amical (6)
un désintérêt pour la famille (4)
le fait de ne pas tenir parole (3)
l'hypocrisie (3)

Les travaux de Warchala (2001) et de Kokot (2009) ont listé des attributs sociaux associés aux Français par les Polonais, formant un portrait du *Français gentil et sociable*. Nous en retrouvons clairement les contours dans l'enquête, puisque les jeunes Polonais dépeignent les habitants de l'Hexagone comme des individus agréables en communauté. Ce sont pour eux des personnes empreintes de *gentillesse* (10), d'*un caractère amical* (6) et de *sociabilité* (7). Décrits comme des êtres « gentils », « très gentils » ou « [ayant] l'air gentil », et cela envers « les inconnus » ou « les étrangers », les Français se montreraient « amicaux » et partageraient « une approche amicale », notamment envers « les touristes » ou « les Polonais ». Selon les enquêtés, ils sont « sociables » et « aiment faire la connaissance de nouvelles personnes ».

Le portrait sympathique des *Français gentils et sociables* se voit contrasté par l'attribution récente de traits contestés (non relevés dans les études recensées). Les Français sont caractérisés, selon les jeunes Polonais, par *l'hypocrisie* (3) et *le fait de ne pas tenir parole* (3) : ils se montrent « hypocrites », « demandent tout le temps si *ça va* et ils n'en n'ont en fait vraiment rien à foutre », et « ne reconnaissent pas quand ils ne savent pas quelque chose ». Ils « ne tiennent (généralement) pas (ou peu) parole ». D'après les jeunes enquêtés, les Français manifestent par ailleurs un certain *désintérêt pour la famille* (4) puisqu'ils la négligent. Ils « ne veillent pas au maintien des liens familiaux » et « préfèrent embaucher une nourrice plutôt que de s'occuper eux-mêmes de leurs enfants ». De plus, ils

« envoient les personnes âgées dans des maisons de retraite » et « divorcent ».

4.4 Les « Européens »

Caractéristiques sociales – « Européens »

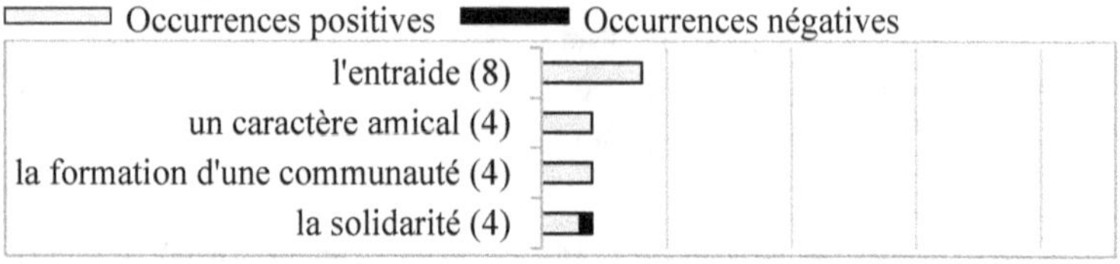

Occurrences positives | Occurrences négatives

l'entraide (8)
un caractère amical (4)
la formation d'une communauté (4)
la solidarité (4)

Plusieurs caractéristiques, attribuées par les jeunes Polonais aux Européens, renvoient à un portrait de *l'Européen avec des qualités sociales croissantes*, mis à jour grâce à de précédentes études. L'Européen, selon ce portrait, se distingue entre autres par la gentillesse et le fait de s'unir et fonctionner avec les autres dans les situations difficiles (Roguska 2011). D'après la présente enquête, les jeunes Polonais présentent pareillement les Européens comme faisant preuve d'*entraide* (8) et de *solidarité* (4). Ils « aident », « s'entraident », « veulent s'entraider », « se soutiennent » et « sont solidaires (entre eux) », en particulier dans le cadre de « l'UE ». Pour les jeunes, les habitants de l'Europe se caractérisent par *la formation d'une communauté* (4), ils « forment une communauté » qui « se développe », et sont « bien soudés ». Le pronom « nous » est d'ailleurs deux fois ajouté pour remplacer le sujet « les Européens », déjà renseigné dans les phrases : « j'apprécie que les Européens - nous formons une communauté, [nous sommes] bien soudés » et « j'apprécie que les Européens - nous formons une communauté ». Les Européens sont de plus dépeints positivement comme détenant *un caractère amical* (4), ils seraient de manière générale « amicaux », se distinguant par « une approche amicale ».

4.5 Synthèse des portraits sociaux

Sur le plan social, les portraits polonais et allemands, dressés par les jeunes Polonais dans l'enquête, ont tendance à s'opposer (quoique la malhonnêteté accordée aux Allemands rappelle celle attribuée aux Polonais). Le contraste entre les images polonaises et allemandes est nettement marqué : les portraits des *Polonais aux valeurs familiales* et des *Polonais au bon cœur,* qui font preuve de sociabilité et de sympathie, entrent en opposition avec celui des *Allemands suscitant le dédain voire l'effroi*, caractérisés par la froideur et une certaine négligence envers la famille.

Les portraits des Français se rapprochent, pour leur part, tantôt des Polonais et tantôt des Allemands. Dans les descriptions des jeunes, les *Polonais au bon cœur* ressemblent aux *Français gentils et sociables*, en raison d'un caractère qualifié à la fois de gentil, sociable et amical, chez l'un comme chez l'autre. Par contre, la mention du manque d'intérêt des Français pour la famille va à l'encontre du portrait des *Polonais aux valeurs familiales*. Cette attitude détachée correspond davantage à la figure des *Allemands suscitant le dédain voire l'effroi,* eux-mêmes peu intéressés par la famille.

Malgré les différentes oppositions entre Polonais, Français et Allemands, on observe que les descriptions des trois nations induisent une certaine défiance des jeunes Polonais, puisque les Français seraient hypocrites et ne tiendraient pas parole, alors que les Polonais et Allemands se montreraient enclins à la malhonnêteté.

Enfin, les traits associés aux Européens rappellent vivement ceux des Polonais. Le portrait des *Polonais héros*, dans lequel dominent la solidarité et le fait de savoir s'unir aux autres (en particulier dans les moments difficiles), et des *Polonais au bon cœur*, marqué par la serviabilité et un caractère amical, font écho au portrait des *Européens aux qualités croissantes,* caractérisé par le fait de savoir s'unir aux autres, l'entraide, la solidarité et un caractère amical (une telle image des Européens n'évoque par contre en rien les descriptions de type social des Allemands et, pour ce qui est des Français, se rapproche uniquement du caractère amical qui leur est admis).

Chapitre 5

Aspect géographique et économique

C'est en cinquième position que se classent les caractéristiques géographiques et économiques. Les 7 traits récurrents de l'ethnonyme « Polonais » (selon 33 occurrences sur un total de 50), sont essentiellement décriés (8 occ. positives, 42 négatives). Les attributs de l'ethnonyme « Allemands » sont ici plus nombreux. On compte un total de 10 traits récurrents (d'après 92 occ. sur 102), cette fois appréciés pour la majorité d'entre eux (82 occ. positives, 20 occ. négatives). Force est de constater que les atouts économiques et géographiques de l'Allemagne sont bien plus valorisés que ceux de la Pologne. Les 6 caractéristiques récurrentes concernant l'ethnonyme « Français » (d'après 38 occ. sur 56 au total) s'avèrent, quant à elles, plus mitigées sur le plan axiologique (38 occ. positives, 18 occ. négatives). Enfin, les 7 traits géographiques et économiques du nom « Européens » (dans 31 occ. sur 56) se trouvent, comme dans le cas de l'ethnonyme « Polonais », plutôt défavorables (25 occ. positives, 31 occ. négatives).

5.1 Les « Polonais »

Caractéristiques géographiques et économiques – « Polonais »

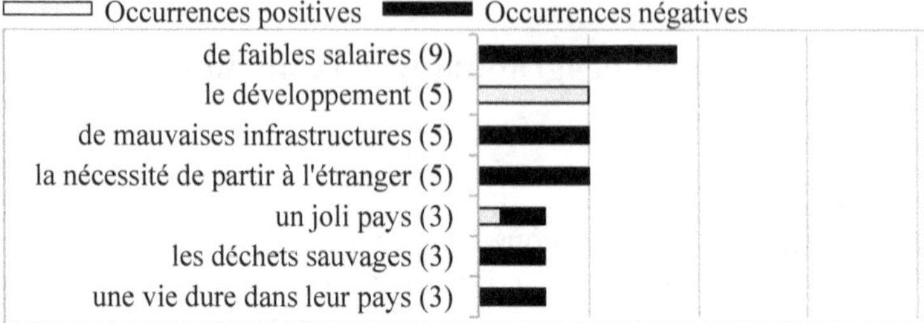

Le fait de vivre de manière modeste et de percevoir de faibles salaires était déjà manifeste dans les autoreprésentations passées des Polonais, d'après le portrait du *Polonais vivant dans de meilleures conditions qu'avant* tiré des résultats d'enquête de Roguska (2011) et d'un rapport de rencontre interculturelle (AM 2009). Roguska soulignait une évolution tangible de ces représentations, les Polonais affirmant, les années passant, vivre davantage dans de bonnes conditions. Ces caractéristiques ressortent dans notre enquête. Les descriptions portent en premier lieu sur les problèmes de revenus rencontrés par les Polonais. Selon les jeunes, ils perçoivent de *faibles salaires* (9) ; ils sont qualifiés de « pauvres », ils « gagnent peu d'argent », notamment « en regard du travail effectué » ; « il leur manque tout le temps de l'argent ». De ce fait, les Polonais connaitraient *la nécessité de partir à l'étranger* (5), pour gagner leur pain. Selon les jeunes, ils « partent en masse » ou « doivent partir à l'étranger pour l'argent », « pour gagner de l'argent » et ils « occupent des emplois à l'étranger en dessous de leurs qualifications ». Les problèmes économiques seraient à l'origine des *mauvaises infrastructures* (5) polonaises. Les Polonais disposent, d'après les jeunes, « d'une infrastructure mauvaise » ou « d'infrastructures mauvaises », « peu développée(s) » ; ils n'ont « pas de routes » ou bien « des routes avec des trous », « des routes de m… ». De manière générale, ils feraient face à *une vie dure dans leur pays* (3), ils « ont la vie dure », « il n'est pas facile de vivre dans le pays » qu'est la Pologne, « dans un pays où dominent des conditions de vie difficiles ». Pourtant, les jeunes estiment résider dans un pays prometteur, caractérisé par *le développement* (5). Les Polonais « se développent », « de façon dynamique », « tout le temps », « continuellement » et, pour ce faire, ils « profitent des fonds européens ».

Deux autres attributs relatifs aux paysages du pays se distinguent encore, bien qu'ils ne figurent pas dans les études antérieures mentionnées. Les jeunes regrettent en Pologne un amoncellement de *déchets sauvages* (3), dû au fait que les Polonais « jettent leurs déchets n'importe où » et « salissent beaucoup », alors qu'ils vivent dans *un joli pays* (3). On relève en effet les phrases suivantes, mettant en avant un contraste entre un beau territoire et un manque de bienveillance pour la nature polonaise : « je n'apprécie pas que les Polonais ne veillent pas à l'environnement (et c'est dommage, car la Pologne est si belle !) » et « je n'apprécie pas que les Polonais ne prennent pas soin de la belle nature polonaise ».

5.2 Les « Allemands »

Caractéristiques géographiques et économiques – « Allemands »

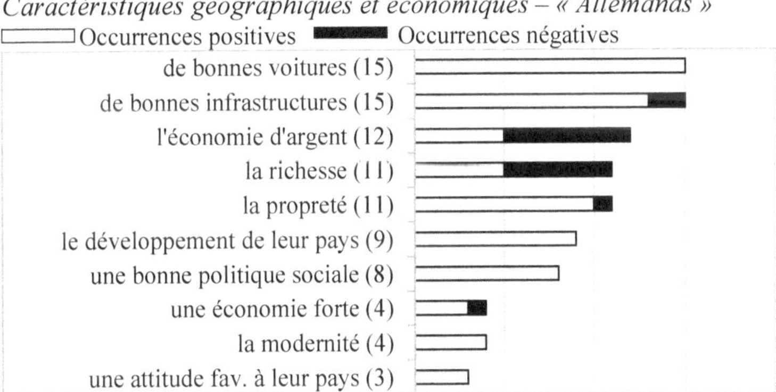

Les images de richesse des Allemands, de leurs voitures, de leurs infrastructures ou encore du développement de leur pays, ne sont pas nouvelles dans les esprits polonais (Bartmiński 2006, IN 2008a, AM 2009, 2010). Ces caractéristiques propres à *l'Allemand privilégié* se retrouvent listées dans l'enquête. Tout d'abord, les Allemands partagent, d'après les jeunes

Polonais, *une économie forte* (4) (ils ont « une économie forte », qu'ils « parviennent à contrôler », « malgré une société qui vieillit », ils font preuve d'« un très bon sens de l'économie »). Ils jouiraient d'une certaine *richesse* (11) et sont décrits comme « riches », voire « l'un des pays les plus riches du monde », « malgré deux guerres mondiales perdues » (ce que bon nombre de jeunes Polonais disent ne pas apprécier). Parmi les descriptions négatives, des comparaisons sont faites avec les Polonais. Les jeunes affirment ne pas apprécier que les Allemands soient « plus riches (que les Polonais) », « ayant un meilleur niveau de vie qu['eux] ». On note encore l'idée que les Allemands « gagnent bien », voire « trop bien leur vie », qu'ils gagnent « trop d'argent ». L'opulence dont ils jouissent correspond, à de nombreuses reprises, à la possession de *bonnes voitures* (15) qu'ils produisent et conduisent. Les Allemands « ont », « font » ou « produisent », « de bonnes voitures », des voitures « comme il faut », « formidables », « extra », voire « les meilleures voitures », et même « des putains de bonnes voitures ». La qualité des véhicules est fréquemment associée aux *bonnes infrastructures* (15) de leur pays. Ils bénéficieraient de « bonnes routes » et de « bonnes autoroutes » (qui s'avèrent de plus « gratuites »), et plus généralement, d'une infrastructure « bonne » et « développée ». La comparaison avec la Pologne est à nouveau de mise, dans les occurrences suivantes : « j'apprécie que les Allemands aient de bonnes routes en comparaison des nôtres » et « je n'apprécie pas que les Allemands aient de meilleures routes que nous ». La *modernité* (4) des habitants de l'Allemagne et de leur pays participe à ce portrait des *Allemands privilégiés*, avec l'évocation de personnes « modernes », qui « ont » ou « sont un pays moderne ». En plus d'avantages économiques et matériels, la nation allemande est considérée comme bénéficiant d'*une bonne politique sociale* (8), toujours formulée positivement par les jeunes Polonais, avec les expressions : « une bonne politique sociale », « un État social », ainsi qu'« un système de santé et une sécurité sociale bien développés ». D'après eux, les Allemands (et en particulier « le gouvernement » allemand) « savent prendre soin de la société », de « leurs citoyens », grâce à « des aides sociales » ou à « une politique prosociale », ils « aident et se préoccupent des problèmes sociétaux et sociaux ». Enfin, le *développement* (9) de l'Allemagne reste souvent mis en avant par les jeunes Polonais. D'après ces derniers, les voisins germaniques « développent l'économie », « leur pays » ou « se développent », « économiquement », « techniquement », ou bien « sur le plan du tourisme », et cela « rapidement », « à une vitesse incroyable », « de plus en plus ». En conséquence, ils profitent d'« une économie » et d'« un pays développé[s] ». Tous ces avantages économiques et matériels justifient peut-être le fait qu'ils manifesteraient, d'après les jeunes, *une attitude favorable à leur pays* (3). Les Allemands sont « fiers de leur pays » et en « prennent soin », ils « ont du respect pour [lui] ».

Bystroń (1935) a dépeint le caractère économe de l'Allemand, tel que la noblesse, la bourgeoisie et la paysannerie polonaises le décriaient, du XVIe au XVIIIe siècle. Cette image du sens de l'épargne germanique était de même présent dans la pensée des Polonais, lors de la Seconde Guerre mondiale (Szarota 1977). Plus récemment encore, on relevait les descriptions d'un Allemand mesquin et grippe-sou (Pisarkowa 1976, Bartmiński 2006, AM 2009), conformément à un portrait de *l'Allemand économe et avare*. Dans cette enquête, les jeunes attribuent à l'identique aux Allemands *un caractère économe voire avare* (12). Ils demeurent présentés comme « économes », voire « extrêmement économes », des personnes qui « économisent » ou « parviennent à vivre de façon trop économe ». Ils se voient aussi qualifiés, à plusieurs reprises, de « radins » et de « gourmands/avides d'argent ».

Une dernière figure ressortie des enquêtes de Pisarkowa (1976), de Bartmiński (2006), et d'une rencontre interculturelle (AM 2010), est encore de mise dans les descriptions géographiques et économiques, il s'agit du portrait des *Allemands propres*. Dans l'enquête, les jeunes Polonais mentionnent globalement de manière positive *la propreté* (11), qui serait d'usage en Allemagne. D'après eux, les Allemands « veillent », « estiment » ou « aiment », « la propreté (de leur pays) ». Ce sont des personnes « propres », « hygiéniques » (ou même « des maniaques de la propreté »), qui « nettoient après leur passage » et ont par conséquent « des villes propres ».

L'occurrence positive suivante est relevée : « j'apprécie que les Allemands accordent beaucoup d'importance à ce que leur environnement et pays soient propres et ordonnés ».

5.3 Les « Français »

Caractéristiques géographiques et économiques – « Français »

Occurrences positives — Occurrences négatives

un attachement à leur pays (14)
un pays beau et agréable (9)
un pays soi-disant supérieur (5)
un système social développé (4)
Paris (3)
de mauvaises voitures (3)

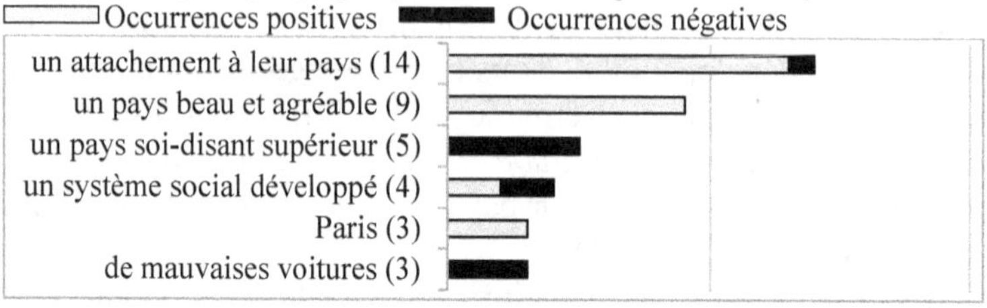

Dans l'enquête, des traits géographiques et économiques français nouveaux (qui n'ont pas été repérés dans les travaux recensés) contribuent à la formation de portraits-types. Tout d'abord, deux caractéristiques, mitigées sur le plan axiologique, évoquent un portrait des *Français en adoration devant leur pays*. Un fort *attachement des Français à leur pays* (14) se retrouve maintes fois mis en avant par les jeunes Polonais, le plus souvent de manière positive. Les répondants apprécient que les Français soient « fiers » de « leur pays » et de « ses spécificités », de « ses produits », mais également de « leur culture » et de « leur langue ». En plus de se montrer « fiers » de leur pays, ils l'« estiment », l'« aiment » ; ils « savent le promouvoir », « veiller à son image », « à son développement », et même « faire une légende vivante de n'importe quel truc ». Cet attachement à la France se voit pourtant contesté dans une occurrence, en raison de l'excès qui lui serait associé : « je n'apprécie pas que les Français soient trop fixés sur leur propre pays et langue ». Pour certains, les Français vivraient dans *un pays soi-disant supérieur aux autres* (5), un trait résolument négatif. Les jeunes Polonais déclarent ne pas apprécier que les habitants de l'Hexagone « pensent que leur pays est le meilleur », « qu'ils sont le pays d'Europe le plus formidable », « que leur pays est le plus formidable », que globalement « leur pays est le meilleur ».

Deux traits positifs supplémentaires permettent d'établir le portrait des *Français habitants d'un pays attractif.* Premièrement, les jeunes reconnaissent que les habitants de la France jouissent d'*un pays beau et agréable* (9). Selon eux, ils « ont un beau pays », « avec des montagnes et une côte méditerranéenne 'putain de bien' », et « vivent dans un chouette coin de l'Europe », où ils « ont accès à une mer chaude », dans « un pays méditerranéen et chaud ». Deuxièmement, la ville de *Paris* (3) contribue à l'attractivité de leur pays. Les jeunes louent le fait que les Français « aient » ou « possèdent Paris », considérée comme « la capitale de la mode ».

Deux derniers attributs, non classés dans des portraits-types, ressortent encore dans les questionnaires. Les Polonais décrivent *un système social développé* (4), qui n'est pas nécessairement félicité. D'un côté, les répondants disent apprécier que les Français disposent d'« un bon social » ou qu'ils « offrent une aide sociale aux étudiants, y compris aux étrangers (CAF, bourse sur critères sociaux, etc.) », mais de l'autre, ils contestent « l'économie sociale de France », le fait que les Français mettent en œuvre « un système social trop développé ». Les jeunes raillent encore *les mauvaises voitures* (3) produites par les Français. Ils possèdent d'après eux « des mauvaises voitures », des voitures « défectueuses », « qui se cassent vite ».

5.4 Les « Européens »

Caractéristiques géographiques et économiques – « Européens »

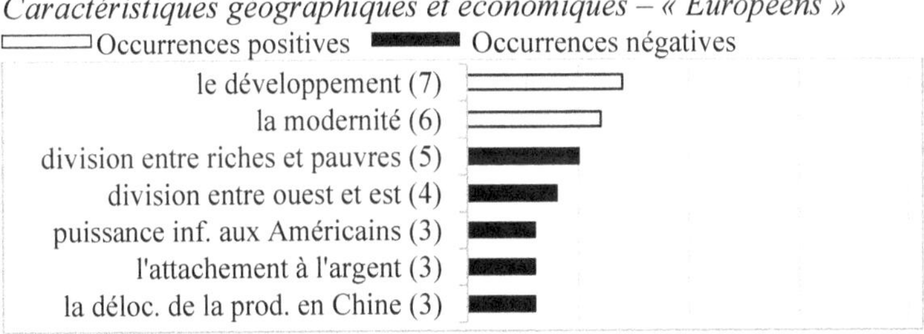

Les expressions de la richesse des Européens, des bonnes conditions dans lesquelles ils vivent (Bartmiński 2006, Roguska

2011), avaient permis de dresser le portrait de *l'Européen privilégié*. D'autres traits dans l'enquête rappellent cette figure. *Le développement* (7) européen est en premier lieu mis en avant. Les jeunes Polonais flattent le fait que les Européens « se développent », qu'ils constituent une « communauté qui se développe ». Selon eux, ils « veulent » ou « cultivent » ce développement, entre autres sur le plan scientifique, spirituel ou plus généralement au niveau de l'Europe. Dans ce but, ils « financent des projets de développement des régions les plus pauvres » et en particulier des régions polonaises. On relève en ce sens la phrase suivante : « j'apprécie que les Européens financent le développement de notre région (ici la région polonaise de Podlachie) ». Les habitants de l'Europe se voient encore mis en avant pour leur *modernité* (6), ils se montreraient « modernes », « tournés vers l'avenir », ce seraient « les créateurs de la civilisation contemporaine », qui « [iraient] avec les progrès du temps (technologiques, avec la mode) ».

Un nouveau portrait défavorable aux Européens ressort de cette étude. Il s'agit de la figure des *Européens aux deux visages - le riche Européen de l'Ouest et le pauvre Européen de l'Est,* selon laquelle l'ethnonyme désignerait finalement deux communautés distinctes. Les jeunes Polonais mettent en avant une nette division du territoire européen. Malgré la chute des régimes communistes de l'Est et l'unification de l'Europe, il demeure, selon eux, *une division entre l'ouest et l'est de l'Europe* (4), dont les habitants sont tributaires. D'après les enquêtés, les Européens « maintiennent une division entre Europe de l'Ouest et Europe de l'Est », et « les Européens de l'Ouest considèrent les Européens de l'Est comme des ignorants ». Ils se montrent « fermés à l'Est » et « considèrent que l'Europe se termine sur la ligne [du fleuve de] l'Oder ». Les expressions de cette séparation entre deux groupes, deux territoires, induisent un certain rejet des Européens de l'Est, opéré par ceux de l'Ouest. Cette distinction correspondrait, de surcroît, à *une division entre riches et pauvres* (5). D'après les jeunes, les Européens « sont divisés entre riches et pauvres », « entre l'ouest riche et l'est pauvre ». Il y aurait « les pays riches et les pays très pauvres », étant donné que « beaucoup sépare [les Européens] sur le plan de l'économie ». On relève en ce sens la phrase suivante : « je n'apprécie pas que les Européens soient aussi divisés intérieurement (il s'agit ici pour moi principalement des différences politiques et proprement économiques) ».

Le portrait des *Européens faibles sur la scène internationale* peut encore être établi à partir de deux nouveaux attributs. Les Polonais regrettent que les Européens démontrent *une puissance inférieure aux Américains* (3). Ils les dépeignent comme « plus faibles », « pas aussi puissants », « en retard » par rapport aux « Américains », aux « États-Unis ». Ils déplorent *la délocalisation de la production en Chine* (3) qui serait d'usage sur le territoire européen. Les Européens auraient « délocalisé toute la production en Chine ». Selon eux, ils « coopèrent avec les Chinois » et « installent toutes les fabriques en Asie (Chine, Inde, Taïwan) ».

Une dernière caractéristique européenne, *l'attachement à l'argent* (3), ressort des questionnaires. D'après les jeunes Polonais, les Européens « s'adonnent au culte de l'argent », « mettent à la première place la valeur de l'argent ». Il revient aussi dans les réponses que « l'Europe est triste, [et que les Européens ont] une approche de la vie très matérielle ».

5.5 Synthèse des portraits géographiques et économiques

Les descriptions des Polonais, sur le plan géographique et économique, ne rappellent presqu'en rien celles des Allemands et des Français. En dehors du fait que la Pologne et l'Allemagne se trouvent, d'après les jeunes Polonais, en plein développement, Polonais et Allemands partageraient bien peu de choses. Leurs portraits s'avèrent même très différents : les *Allemands privilégiés*, caractérisés par la richesse ainsi qu'une économie forte et des infrastructures de bonne qualité, s'opposent nettement aux *Polonais vivant dans de meilleures conditions qu'avant*, qui restent avant tout limités par des salaires faibles et des infrastructures en mauvais état. Cet écart semble parfois perçu d'un mauvais œil par les jeunes, qui jugent souvent négativement les atouts économiques et matériels de leurs voisins. On peut ajouter aux différences géographiques et économiques franco-allemandes, l'image des Polonais qui salissent leurs villes et polluent la nature qui les environne, opposée au portrait des *Allemands propres*. Concernant les Français, on ne retrouve pas de caractéristiques géographiques et économiques communes ou opposées à celles des Polonais (en dehors du fait que les deux nations partagent, selon les enquêtés, un joli pays). Quant aux similitudes entre les descriptions françaises et allemandes, l'unique point commun serait une attitude favorable à leur pays (avec les portraits des *Français en adoration devant leur pays* et des *Allemands privilégiés*). L'opposition est par contre claire en regard de la qualité de leurs voitures, les Français en possédant visiblement de mauvaises et les Allemands de bonnes.

Enfin, les Polonais partageraient seulement avec les Européens (et les Allemands) le développement de leur territoire et de leur économie. L'expression d'un continent et d'une communauté divisés géographiquement et économiquement donne aussi à entendre que les représentations des Polonais sont ici éloignées de celles de leurs voisins germaniques et français, ces derniers appartenant pour les jeunes à une tout autre Europe.

Chapitre 6

Aspect psychosocial

Les caractéristiques psychosociales se trouvent en sixième position quant à la fréquence de leur attribution aux quatre ethnonymes. Les traits psychosociaux récurrents du nom « Polonais » sont au nombre de 11 (selon 75 occurrences sur un total de 93), en majorité présentés par les jeunes Polonais dans des réponses négatives (28 occ. positives, 65 occ. négatives). Concernant l'ethnonyme « Allemands », les 5 traits psychosociaux récurrents (d'après 50 occ. sur 53) sont mentionnés dans des énoncés bien plus défavorables (seulement 4 occ. positives pour 49 occ. négatives). Parallèlement, les caractéristiques récurrentes d'ordre psychosocial de l'ethnonyme « Français », au nombre de 6 (57 occ. sur un total de 60), sont fortement décriées (6 occ. positives, 54 occ. négatives). Les trois traits récurrents relatifs à l'aspect psychosocial du nom « Européens » (24 occ. sur 39) sont cependant plus proches de ceux de l'ethnonyme polonais, en ce qui concerne leur dimension axiologique (10 occ positives, 29 occ. négatives).

6.1 Les « Polonais »

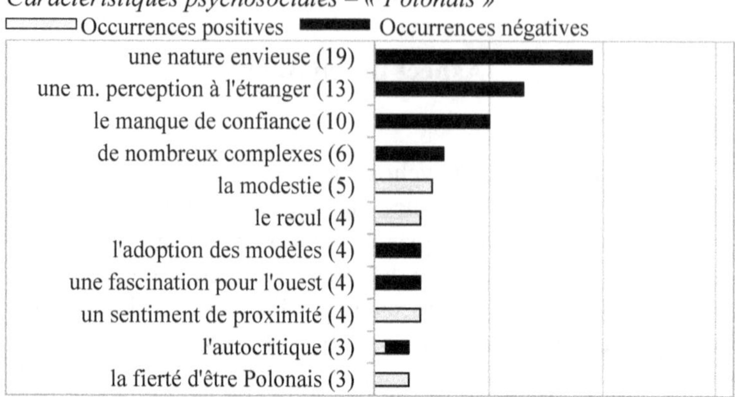

Le portrait du *Polonais lié à sa culture et à sa nation*, caractérisé entre autres par la fierté nationale, était mis en avant dans les résultats d'enquête de Bartmiński (2006). Dans la présente étude, nous retrouvons l'expression, toujours positive, de *la fierté d'être Polonais* (3). Les Polonais se montrent, d'après les enquêtés, « fiers (du fait) d'être Polonais », « fiers de mettre en avant leur caractère polonais en dehors des frontières de la Pologne ». L'évocation d'*un sentiment de proximité* (4) entre eux contribue au portrait. Différentes expressions positives rendent compte de ce ressenti : « j'apprécie que les Polonais me soient proches » ou « me soient semblables » ; « j'apprécie que les Polonais – ce sont mes compatriotes. », ou encore : « j'apprécie que les Polonais soient une grande famille ».

Les jeunes dressent le portrait très riche en expressions négatives des *Polonais complexés*, une figure qui n'était pas ressortie dans les études antérieures. La principale caractéristique psychosociale polonaise correspond *à une nature envieuse* (19), jalouse des autres. Dépeints à de nombreuses reprises comme des individus « envieux », « trop » (voire « maladivement ») « jaloux », les Polonais, selon les enquêtés, « n'acceptent pas que quelqu'un puisse se porter mieux qu'eux ». Ce caractère envieux se trouve associé à un regard négatif qu'ils porteraient sur eux-mêmes. Souffrant d'*un manque de confiance en eux* (10), les Polonais seraient des gens qui « ne croient pas en eux », « en leurs possibilités » et qui « souvent n'ont pas d'estime pour eux ». Ils éprouveraient « un manque de confiance en eux » et même « un manque de respect envers eux-mêmes ». Partageant « une mauvaise opinion », voire une « honte de leurs compatriotes », ils « ne s'aime[raient] pas les uns les autres » et « se dénigre[raient] trop souvent eux-mêmes ». Ainsi n'est-il pas surprenant que de *nombreux complexes* (6) leur soient attribués. Affublés de « nombreux », de « trop de complexes », les Polonais partageraient « tant de complexes » qu'ils « ne parvien[draient] pas à s'en débarrasser ». Décrits comme des individus « complexés », « trop critiques envers eux-mêmes », ils ressentiraient « un complexe vis-à-vis de l'ouest ». De plus, ils souffriraient d'*une mauvaise perception à l'étranger* (13) : « mal vus », ils « donnent une mauvaise image d'eux à l'étranger ». Ils « sont au travers des stéréotypes mal perçus » et ont « une mauvaise image », « en Europe » comme « dans le monde ». De plus, « ils ne parviennent pas à détruire [ces] stéréotypes régnant en dehors des frontières de [leur] pays ». Ils seraient encore vus comme « des voleurs », « des ivrognes » (ou « des alcooliques »), et comme « une nation paresseuse ». D'après les jeunes, ces images négatives des Polonais dans le monde font qu'ils « sont trop souvent dénigrés par les autres ». Les enquêtés regrettent par ailleurs que les Polonais prennent d'autres pays comme exemple et qu'ils manifestent plus particulièrement *une fascination pour l'ouest* (4). Selon eux, les Polonais « imitent », ou « commencent à imiter », « les pays de l'ouest », « l'ouest ». De manière générale, ils restent « trop obnubilés par l'ouest » (face auquel ils ressentent « un complexe », vu plus haut). De cette façon, les Polonais seraient aussi déterminés par *l'adoption de modèles étrangers* (4). En plus d'imiter l'ouest, ils « adoptent des modèles étrangers sans réflexion », ils « essaient souvent d'être semblables à d'autres » et disposent d'« un répertoire de comportements empruntés à d'autres nations ».

La figure des *Polonais complexés* trouve cependant un revers positif, si l'on considère un autre nouveau portrait, le portrait des *Polonais humbles*. D'après les jeunes, en raison d'une faible estime d'eux-mêmes, leurs compatriotes savent se considérer avec un recul et une humilité résolument positifs. Ils feraient preuve de *modestie* (5). Décrits comme « modestes », « sans prétention », avec « beaucoup d'humilité » et sans « sentiment de supériorité », ils sauraient avoir du *recul sur eux-mêmes* (4). Ils « ont » ou « savent » « avoir de la distance », « vis-à-vis d'eux-mêmes » ou des « réalités polonaises ». Cette attitude fait qu'ils sont aussi capables de « se moque[r] des stéréotypes généralisés en dehors des frontières de la Pologne à leur sujet ». Disposant d'*un esprit autocritique* (3) (parfois présenté de manière négative), ils se montreraient « trop critiques » « entre eux » ou « envers eux-mêmes ». En d'autres termes, ce seraient des personnes « autocritiques ».

6.2 Les « Allemands »

Caractéristiques psychosociales – « Allemands »

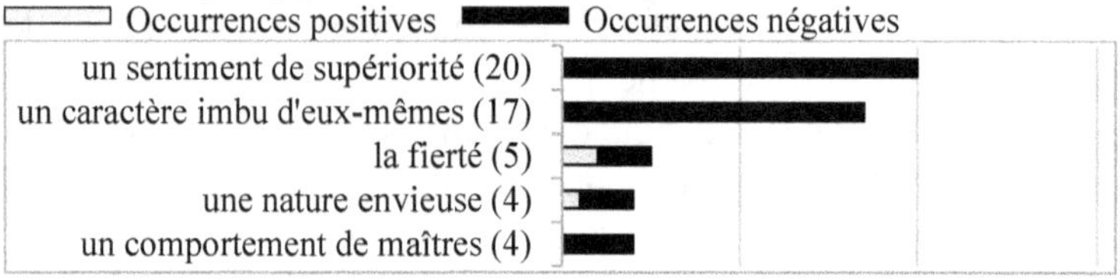

Occurrences positives — Occurrences négatives

un sentiment de supériorité (20)
un caractère imbu d'eux-mêmes (17)
la fierté (5)
une nature envieuse (4)
un comportement de maîtres (4)

Le portrait de *l'Allemand orgueilleux*, empreint de fierté, d'orgueil, de mégalomanie, d'un sentiment de supériorité ainsi que de dédain, d'après Pisarkowa (1976), Bartmiński (2006) et un rapport de rencontre interculturelle (AM 2010), transparaît dans notre étude. Trop sûrs d'eux, les Allemands manifesteraient *un sentiment de supériorité* (20). Selon les répondants, ils « se considèrent », « pensent », « ont le sentiments » d'être « meilleurs que les autres ». Ils « se croient idéals » et « se prennent [même] pour des surhommes », « la race des maîtres » (expressions qui évoquent certains éléments de la pensée nietzschéenne réutilisés par les nazis), avec « le besoin de dominer ». D'après les jeunes Polonais, les Allemands « pensent qu'ils sont les plus intelligents », « les rois de l'Europe ». De ce fait, ils « traitent certaines nations avec supériorité » et « de temps en temps leur sentiment de hauteur se transforme en mépris ». Cette attitude est souvent exprimée en regard de la nation polonaise. Ils « considèrent », « traitent » les Polonais comme « pires/inférieurs à eux », comme « une nation moins bien ». Ils « pensent qu'ils ont tout de mieux qu'[eux] » et « se sentent meilleurs qu'[eux] ». Ils « prennent » ou « regardent » « les Polonais de haut ». Ils « se sentent supérieurs aux autres nations », « en particulier aux Polonais », et « traitent avec hauteur les citoyens des pays de l'Est ». Ce fort sentiment de supériorité vis-à-vis des autres nations, et notamment des Polonais, va de pair avec l'idée que les Allemands possèdent *un caractère imbu d'eux-mêmes* (17). Blâmés pour avoir « une haute opinion », « une trop haute opinion » ou « une haute estime d'eux-mêmes », ils se voient qualifiés d'« imbus d'eux-mêmes », de « vaniteux », d'« hautains », avec « un trop grand sentiment de leur propre valeur ». Une occurrence exprime le fort mépris d'une prétendue supériorité financière des Allemands : « je n'apprécie pas que les Allemands paient toute leur vie des crédits et qu'ils se comportent comme des riches, péquenauds, bouffons ». Ils se feraient par ailleurs remarquer par *un comportement de maîtres en Pologne* (4). Ils « règnent », « vivent comme des dieux » ou « friment quand ils sont en Pologne », et ils « exigent la connaissance de leur langue [en Pologne, de la part des Polonais] ». La *fierté* (5) les caractérise encore, parfois vue positivement par les jeunes Polonais. Ils seraient « fiers d'eux », « trop fiers d'eux », « fiers d'être Allemands », « fiers du fait d'être Allemands ».

Enfin, un nouvel attribut psychosocial (non classé) est repéré. Il s'agit d'*une nature envieuse* (4), qui contraste quelque peu avec le portrait des *Allemands privilégiés*. Notons que ce trait, décrié dans trois réponses, est apprécié par l'un des répondants, le sentiment de jalousie concernant alors les Polonais. Les Allemands sont ici décrits à plusieurs reprises comme « envieux », « une nation envieuse » qui « jalous[e aux Polonais] les jolies filles ».

6.3 Les « Français »

Caractéristiques psychosociales – « Français »

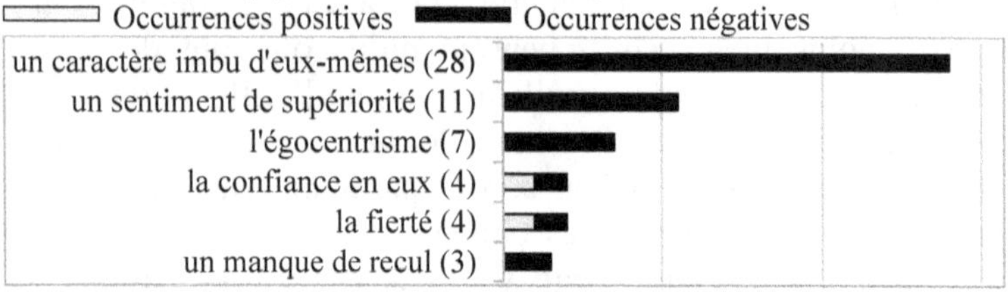

Occurrences positives / Occurrences négatives

un caractère imbu d'eux-mêmes (28)	
un sentiment de supériorité (11)	
l'égocentrisme (7)	
la confiance en eux (4)	
la fierté (4)	
un manque de recul (3)	

Le portrait du *Français imbu de lui-même*, dont la vanité, la mégalomanie et l'assurance étaient soulignés ultérieurement (IN 2008a, Kokot 2009, AM 2010), trouve des échos dans l'enquête. Les Français sont jugés beaucoup trop sûrs d'eux, manifestant *un caractère imbu d'eux-mêmes* (28). Les expressions « imbus d'eux-mêmes », « vaniteux », « arrogants », « inaccessibles », « snobs », foisonnent dans les questionnaires. D'après les jeunes, ils « prennent les gens de haut », « se prennent pour on ne sait qui », « se considèrent comme extraordinairement importants », « sont parfois trop convaincus de leur grandeur », « ont une haute opinion d'eux-mêmes », « se mettent sur un piédestal », font preuve de « méééégalomanie », etc. De ce regard sur soi découlerait *un sentiment de supériorité* (11) par rapport aux autres nations ; les Français « pensent », « se considèrent », « veulent montrer », « qu'ils sont les meilleurs », « les meilleures personnes en Europe », « les meilleurs du monde », « les plus intelligents ». Un sentiment de supériorité démesuré toucherait pareillement leur culture, étant donné que, selon les répondants, ils « prennent leur culture pour la plus importante du monde » ou « pensent qu'ils ont la meilleure cuisine du monde ». De manière générale, ils sont décrits comme se prenant trop au sérieux et caractérisés par *l'égocentrisme* (7), ils se montreraient « égocentriques », « centrés sur eux-mêmes », « concentrés sur leur propre pays » et se prendraient pour « le nombril du monde » ou « de l'Europe », ayant « un ego surgonflé ». Les Français manifesteraient *un manque de recul sur eux-mêmes* (3) : ils « n'ont pas de distance vis-à-vis d'eux-mêmes », « ne savent pas rire d'eux-mêmes » et se trouvent « si susceptibles qu'ils se mettent en rogne quand quelqu'un remet en question leur caractère exceptionnel ». Malgré tout, *la confiance en eux* (4) et *le sentiment de fierté* (4) qui leur sont encore attribués sont parfois vus de manière positive. Certes, certains déplorent qu'ils soient « trop sûrs », « trop fiers d'eux », mais d'autres écrivent apprécier le fait qu'ils « soient sûrs d'eux », « fiers du fait d'être Français », ou qu'ils « sachent être fiers de leur nationalité ».

6.4 Les « Européens »

Caractéristiques psychosociales – « Européens »

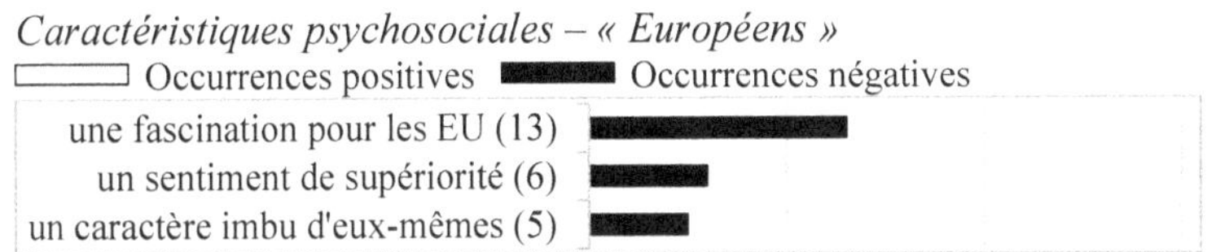

Plusieurs caractéristiques européennes de type psychosocial, non apparues dans les résultats d'enquêtes précédentes, permettent de dresser de nouveaux portraits-types, dont celui des *Européens orgueilleux*. D'après les jeunes Polonais, les Européens manifestent une trop grande confiance en eux (tout comme, d'ailleurs, les Allemands et les Français). Faisant preuve d'*un caractère imbu d'eux-mêmes* (5) (qualifiés « d'imbus d'eux-mêmes », « snobs » et « arrogants »), *un sentiment de supériorité* (6) les animerait, face aux habitants des autres continents. Leurs descriptions rendent compte d'individus qui « se croient » ou « se considèrent comme », « meilleurs que les Africains, les Asiatiques », « que les continents restants », « que les habitants des autres continents ». Selon les Polonais, ils « prennent les autres nations de haut », « regardent les autres nations avec supériorité » et « pensent que leur culture est la meilleure du monde ».

Derrière le portrait des *Européens fascinés par les États-Unis,* un autre trait de taille, qui correspond à la principale caractéristique psychosociale admise aux Européens, ressort : il s'agit de *la fascination pour les États-Unis* (13). Des expressions très diverses mettent en avant un fort attrait en Europe pour l'Amérique. Selon les jeunes Polonais, les

Européens « prennent des caractéristiques », « prennent exemples », « imitent », « ont l'obsession » « sont trop fascinés », « sont parfois trop fascinés », « obnubilés » (par) les/des « Américains », « les États-Unis » ou « les USA », et par conséquent, ils « font aveuglément confiance aux Américains », « suivent aveuglément les modèles américains en oubliant leurs propres valeurs » ou « adoptent la culture américaine ». De manière générale, ils « sont américanisés ». Ce modèle, cette fascination américaine générerait aussi des complexes chez les Européens, qui « ressentent un genre de complexe vis-à-vis des USA » et qui « ont des complexes vis-à-vis des Américains ».

6.5 Synthèse des portraits psychosociaux

L'aspect psychosocial des ethnonymes met en évidence des différences majeures de représentation entre les communautés. Les portraits très riches des *Polonais complexés* et des *Polonais humbles* contrastent avec ceux des *Allemands orgueilleux*, des *Français imbus d'eux-mêmes,* ou encore des *Européens orgueilleux*. L'humilité, mais aussi le sentiment d'infériorité et l'attitude complexée des Polonais s'opposent diamétralement, selon les jeunes, à la trop grande assurance et au sentiment de supériorité que les Allemands, Français et Européens entretiendraient vis-à-vis des autres nations. Les descriptions des Polonais trouvent néanmoins des similitudes avec celles des Allemands sur le plan psychosocial : une certaine fierté et une nature envieuse sont attribuées aux deux nations. Les attributs psychosociaux polonais se rapprochent aussi de certains traits européens. La fascination des Polonais pour les pays occidentaux, leur adoption de modèles étrangers et leur attitude complexée, rappellent les descriptions des Européens concernant leur rapport aux États-Unis d'Amérique (qui ont permis de dresser le nouveau portrait des *Européens fascinés par les États-Unis*).

Chapitre 7

Aspect politique

En septième position, les traits relatifs à l'aspect politique sont attribués aux ethnonymes. Les attributs politiques récurrents de l'ethnonyme « Polonais », au nombre de 6 (selon 44 occurrences géographiques et économiques sur un total de 56), sont principalement décriés (19 occ. positives pour 37 négatives). Les trois traits politiques récurrents de l'ethnonyme « Allemands », bien qu'en moins grand nombre (16 occ. sur 35), seraient, eux, davantage appréciés (19 occ. positives, 16 occ. négatives). On compte uniquement deux caractéristiques politiques récurrentes pour l'ethnonyme « Français » (d'après 11 occ. sur 34), assez peu flatteuses cependant (11 occ. positives, 23 négatives). Enfin, les 6 caractéristiques récurrentes portant sur l'aspect politique de l'ethnonyme « Européens » (58 occ. sur 81 – un nombre plus grand que pour les 3 ethnonymes nationaux), sont particulièrement favorables aux Européens (53 positives, 28 négatives). Notons que l'aspect politique est l'aspect le plus important du nom « Européens » (et non pas les aspects psychique ou culturel comme pour les autres ethnonymes).

7.1 Les « Polonais »

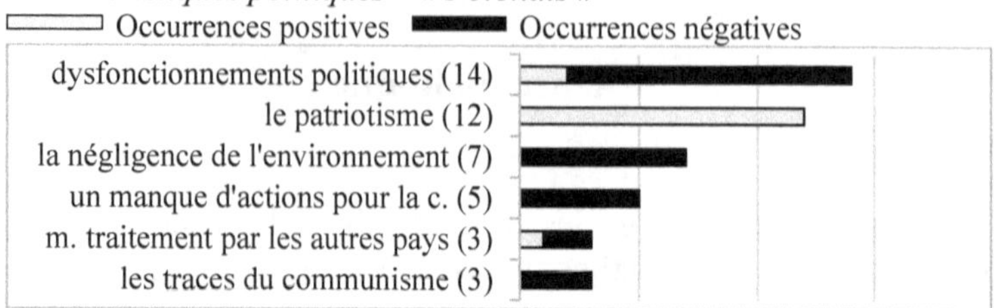

Les travaux de Bartmiński (2006) et de Roguska (2011) avaient mis en évidence la figure d'un *Polonais patriote* dans les esprits polonais. Dans notre étude, un attachement à la patrie reste exprimé, les jeunes signalant *le patriotisme* (12) qui animerait les Polonais. Décrits maintes fois comme « (des) patriotes », « le patriotisme est [chez eux] très fort ».

Les jeunes évoquent des problèmes persistants rencontrés par leurs compatriotes, inspirant le nouveau portrait des *Polonais confrontés à des difficultés politiques.* Présentés d'abord comme ayant un problème avec la politique de leur État, les Polonais doivent faire face, d'après les enquêtés, à *des dysfonctionnements politiques* (14). Selon eux, rien ne semble fonctionner dans leur pays ; les Polonais « ne savent pas faire de la politique », ils ont « une politique très chaotique » et généralement « un problème avec la politique de l'État ». La scène politique nationale serait le lieu de disputes et de conflits ; les Polonais auraient « des hommes politiques qui, au lieu de bien gouverner le pays, se disputent tout le temps » et vivraient « en conflit à cause de la politique ». En effet, les Polonais « vote[raient] pour Kaczyński » (un trait négatif pour l'occurrence relevée) ou n'auraient « pas choisi le président qui convenait » (en référence à Bronisław Komorowski, au moment de l'enquête). Les hommes politiques polonais sont évoqués sous un angle peu flatteur ; ce sont « de piètres politiciens » et même « des idiots », qui « se préoccupent de leur bien ». Les Polonais feraient finalement preuve de naïveté en politique : ils s'avèrent « naïfs en politique », « les plus grands naïfs en matière politique sur la scène internationale », de plus leur gouvernement « se laisse[rait] manipuler ». Deux occurrences uniques de type positif laissent entrevoir un contraste ironique, entre une description favorable aux citoyens polonais mais défavorable aux hommes politiques, alors au gouvernement : « j'apprécie que les Polonais ne se laissent pas manipuler (je ne parle pas ici du gouvernement) » et « j'apprécie que les Polonais - ce n'est pas complètement de notre faute si des idiots nous gouvernent ». *Un mauvais traitement par les autres pays* (3) est associé aux Polonais ; « considérés par certains pays comme des objets pour atteindre leurs propres buts », ces derniers seraient « toujours menacés par leurs voisins », bien qu'ils « ne se so[ient] jamais rendus aux Allemands, aux Russes ou aux autres nations ». Autre point négatif, *des traces du communisme* (3) demeureraient visibles chez leurs compatriotes. D'après les jeunes, les Polonais « n'ont pas encore ventilé les fumées du communisme » et l'« on voit toujours chez les gens des restes du communisme ». Ces marques du passé transparaîtraient jusque dans leurs tenues vestimentaires, puisque « les plus vieux » « garde[raient] dans leur armoire des fringues datant encore du temps de la commune ».

À en croire les résultats d'enquête, les citoyens polonais ne feraient rien, ni pour l'environnement (et en particulier le leur), ni pour la collectivité. Cette insouciance du monde qui les entoure évoque le nouveau portrait des *Polonais indifférents aux problèmes de la collectivité.* Manifestant une certaine *négligence de l'environnement* (7) et notamment de la nature polonaise, d'après les répondants les Polonais « ne prennent pas soin de la nature », « de l'environnement », « de la belle nature polonaise » ; ils « ne trient pas les déchets » et ils « ont une mer et des plages peu entretenues ». Ils « ne sont pas écologiques », ce que les jeunes jugent bien « dommage », « la Pologne [étant] si belle ». Cette absence de conscience environnementale se doublerait d'*un manque d'actions pour la collectivité* (5). Selon les jeunes, ils « ne vont pas voter », ce « ne sont pas des citoyens responsables » et ils ne partagent pas « le sentiment d'une conscience collective ». Manquant d'ardeur dans les affaires citoyennes, les Polonais ne « savent pas se battre pour leurs droits », ni « faire la grève quand quelque chose ne leur plaît pas ».

7.2 Les « Allemands »

Caractéristiques politiques – « Allemands »

Occurrences positives Occurrences négatives

l'attachement à l'écologie (8)

des problèmes avec les immigrés (4)

la réclamation de territoires (4)

Les traits d'un *Allemand attaché à l'environnement*, ressortis d'une enquête interculturelle en 2009 (AM), figurent dans les réponses du questionnaire, où le principal attribut politique allemand correspond à *un attachement à l'écologie* (8), attitude toujours envisagée d'un bon œil par les jeunes. Les Allemands, selon eux, « veillent à l'écologie » (une expression reprise plusieurs fois) et « prennent soin de leur pays et de leur environnement », faisant usage des « énergies renouvelables ». Ils « attachent beaucoup d'importance à la protection de l'environnement » et se montrent de manière générale « écologiques ».

L'enquête de Bartmiński (2006) ainsi qu'un rapport de rencontre interculturelle datant de 2010 (AM) avaient permis d'établir le portrait de *l'Allemand envahisseur*, que l'on retrouve ici au travers de la constestation de *leurs réclamations des territoires polonais* (4), depuis la fin de la Seconde Guerre mondiale. Multipliant « des revendications après la guerre », « des revendications concernant les terres récupérées », les jeunes Polonais considèrent qu'ils « laissent encore faire des personnes comme Erika Steinbach » (femme politique allemande, qui a remis en question la légitimité de la frontière germano-polonaise telle que redessinée après la Seconde Guerre mondiale) et « considèrent l'ouest de la Pologne comme s'il appartenait à l'Allemagne ».

Il demeure une caractéristique nouvelle, non associée à un portrait-type : celle *des problèmes avec les immigrés* (4) que rencontreraient les Allemands. Mentionnée le plus souvent comme un trait apprécié, une certaine malveillance vis-à-vis des voisins germaniques transparaît. Dans les trois énoncés de type positif, on retrouve une référence aux immigrés, et plus particulièrement aux immigrés turcs résidant en Allemagne, avec des appellations telles que « immigrants/immigrés »,

« Turcs » ou encore « Kebabs » (un « Kebab » désignant familièrement un Turc en polonais) : « j'apprécie que les Allemands doivent se fatiguer avec les immigrés. », qu'ils « soient lentement submergés par les Turcs », qu'ils « doivent se débrouiller avec les Kebabs ». L'unique occurrence négative laisse entendre un problème culturel lié à l'immigration, puisqu'il est avancé que « les Allemands n'arrivent pas à se débrouiller avec le dépérissement de leur culture, de leur identité, de leur patrimoine largement compris, en raison d'une tolérance extrême, de longue durée ».

7.3 Les « Français »

Caractéristiques politiques – « Français »

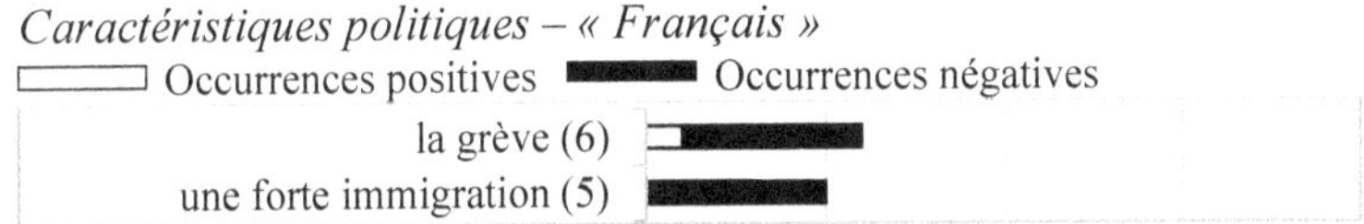

Deux nouvelles caractéristiques politiques (non évoquées dans les études précédentes) se voient accordées aux Français par les jeunes Polonais. Chacune ayant un caractère singulier, elles ne permettent pas la formation d'un portrait-type. Associés premièrement à *la pratique de la grève* (6) (un trait plutôt négatif pour les jeunes) d'après les Polonais, les Français « font la grève », « font tout le temps la grève » ou « organisent des grèves » ; ils « aiment faire la grève sans raison » et « ne sont jamais contents ». Ce serait « une nation où les gens ne savent pas vivre en accord les uns avec les autres », comme en témoignent leurs « disputes, querelles, différends, grèves, manifestations ». Ce penchant pour les grèves est malgré tout présenté sous un angle positif dans une occurrence, en lien cette fois avec la notion de solidarité : « j'apprécie que les Français soient solidaires, quand il y a une grève alors tous sortent dans la rue ». L'autre attribut politique français qui ressort de cette étude est celui d'*une forte immigration* (5) (résolument négative), qui rappelle fortement les descriptions allemandes. L'immigration en France est caractérisée par une forme de contradiction avec l'attitude des Français. D'après les jeunes Polonais, les Français auraient « beaucoup d'immigrés bien qu'ils soient racistes » et « ne parvien[draient] pas à se débrouiller avec les immigrés, bien qu'ils se montrent comme étant un pays très ouvert et très tolérant ». L'ouverture à l'immigration est mise en avant pour son ampleur ; certains enquêtés disent ne pas apprécier que les Français « soient à ce point ouverts aux Arabes », ou qu'ils aient dans leur pays « un trop grand pourcentage de gens d'une autre race ». L'immigration en provenance de l'Afrique mettrait aussi à mal le caractère européen des Français, selon un autre répondant qui affirme regretter que « les Français soient de moins en moins européens (de plus en plus d'Africains vivent là-bas ».

7.4 Les « Européens »

Caractéristiques politiques – « Européens »

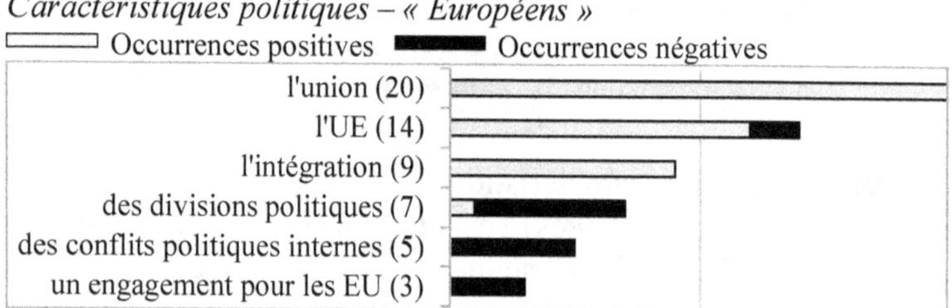

Les traits de *l'Européen habitant de l'UE,* observés dans les travaux de Batko (2005), avec la mise en lumière d'un lien intrinsèque entre les notions d'« Européen » et d'« Union européenne », ressortent dans notre étude. Fréquemment, *l'Union européenne* (14) est associée aux Européens ; ces derniers « ont créé », « forment l'Union Européenne ». Ils sont aussi associés par les jeunes à l'idée d'unité ; « porteurs dans l'UE d'un certain genre d'unité », « malgré les grands tourments de l'Histoire, ils savent s'unir (Union Européenne) ». On relève de la même manière qu'ils « ont réussi à s'unir au-delà des divisions (Union européenne) », qu'ils « s'unissent dans le cadre de l'Union européenne », qu'ils « sont solidaires et unis entre eux - UE ». L'Union européenne qui caractérise les Européens est aussi associée à la solidarité. Les Européens sont « solidaires dans l'UE », « solidaires quand il y a des problèmes financiers (UE) », même si l'on note aussi qu'ils « manifestent une compréhension trop réduite de l'idée de solidarité dans l'UE ».

Deux qualités politiques attribuées dans cette étude par les jeunes Polonais renvoient à l'idée que les Européens fonctionnent ensemble, y compris face à l'adversité : il s'agit là de *l'union* (20) (cette fois non pas en tant qu'entité politique mais que capacité à s'unir sur le plan politique) et de *l'intégration* (9). Elles inspirent un nouveau portrait, celui des *Européens unis.* L'unité est très souvent exprimée par l'adjectif « unis (entre eux) » ou la forme verbale « s'unissent » : les Européens se montrent « unis », « s'unissent », « essaient de s'unir » ou « s'unissent de plus en plus facilement avec les autres Européens » (comme vu supra, cette unité est parfois associée directement à « l'Union européenne »). Les Européens forment une unité ; ils « constituent une unité » et « se tiennent groupés/unis ». Ils visent cette unité qui semble correspondre à un processus constant, étant donné qu'ils « s'efforcent de parvenir à une union » et qu'ils « s'unifient ». L'intégration européenne se trouve également présentée comme un processus : les Européens « s'intègrent entre eux », « aux autres nations » ; ils « veulent s'intégrer », ils « s'efforcent de s'intégrer entre eux ».

Un nouveau portrait, opposé au précédent, ressort cependant de l'enquête, avec la figure des *Européens en conflit les uns avec les autres.* Ses caractéristiques négatives viennent noircir le tableau enjoué de *l'Européen uni*, les Européens rencontrant, d'après les jeunes Polonais, des limites à leur unité. Ils resteraient impactés par *des divisions politiques* (7), « divisés entre eux », « sur le plan intérieur », en raison de « différences politiques et proprement économiques ». L'idée de ne pas parvenir à une position commune ou à viser des intérêts communs revient à plusieurs reprises : les Européens « ne parviennent pas à embrasser » ou à « trouver une position commune », en particulier sur les « questions globales ». Les intérêts nationaux primeraient sur tout autre, puisque, à en croire les jeunes répondants, ils « ne savent pas fonctionner dans un intérêt commun, font plus attention aux intérêts nationaux » et qu'ils « ne parviennent toujours pas à s'élever au-dessus de leurs intérêts nationaux ». De plus, ils connaîtraient *des conflits politiques internes* (5). La notion de conflit est récurrente : associés à « trop de conflits politiques », « des conflits entre les pays européens [qui] se produisent souvent », les Européens, d'après les jeunes Polonais « se disputent trop souvent et provoquent des conflits entre les nations ». Ces tensions se teintent même de violence dans les énoncés suivants : « certaines nations [européennes] se battent entre elles », « les Européens font la guerre entre eux (faisaient) ».

Un dernier trait politique nouveau (qui ne semble appartenir à aucun des portraits recensés) correspond à *un engagement pour les États-Unis* (3). Selon les jeunes, les Européens « s'engagent (trop) pour les USA » et se montrent « plus préoccupés par les relations avec les États-Unis que par les leurs ».

7.5 Synthèse des portraits politiques

Politiquement parlant, force est de constater que les descriptions polonaises n'ont rien en commun avec les descriptions allemandes. Elles s'opposent même sur les questions environnementales puisque, contrairement aux Polonais, les Allemands seraient engagés en faveur de l'écologie. Les jeunes Polonais ne mentionnent pas non plus de caractéristiques partagées par les Polonais et les Français. Mais comme chez leurs voisins germaniques, ils déplorent chez les Français la présence de populations immigrées qui serait source de problèmes sur leur territoire. Pour finir, aucune caractéristique européenne de type politique ne fait écho aux polonaises, allemandes ou françaises. Les Européens restent dépeints avec des caractéristiques qui leur sont propres : l'union, l'intégration, l'UE, mais aussi la division, les conflits politiques, la délocalisation de la production en Chine. On remarque tout de même que l'union, valorisée dans la sphère politique européenne, rappelle la capacité à s'unir des Polonais, valorisée par les jeunes dans la sphère sociale.

Chapitre 8

Aspect physique et esthétique

En huitième position figurent les caractéristiques relatives à l'aspect physique et esthétique des ethnonymes. Trois uniques traits récurrents du nom « Polonais » sont relevés (selon 10 occurrences physiques et esthétiques sur un total de 20), en majorité favorables (13 occ. positives, 7 négatives). Les 5 caractéristiques récurrentes du nom « Allemands » (54 occ. sur 59) s'avèrent davantage développées, mais bien moins plaisantes que les polonaises (16 occ. positives pour 43 négatives). Quant au nom « Français », jusqu'à 11 attributs physiques et esthétiques récurrents sont repérés (selon 61 occ. sur 68). Ils se trouvent majoritairement favorables (58 positifs, 10 négatifs). En ce qui concerne enfin le nom « Européens », aucune caractéristique récurrente n'est indiquée (on ne compte que 4 occurrences diversifiées, trois positives pour une négative) ; l'aspect ne semble pas vraiment entrer en jeu dans les représentations que se font les jeunes Polonais des Européens.

8.1 Les « Polonais »

Caractéristiques physiques et esthétiques – « Polonais »

▭ Occurrences positives ■ Occurrences négatives

Caractéristique	Occurrences
la beauté des femmes (4)	positives
le soin des Polonaises (3)	positives
le mauvais goût des plus âgés (3)	négatives

Un portrait de *la belle Polonaise*, provenant des descriptions des jeunes lors de rencontres interculturelles (Viviand 2011), trouve une résonance dans notre étude. Les expressions de type physique et esthétique très flatteuses qualifiant les Polonais renvoient en fait principalement aux femmes. Les jeunes félicitent *la beauté des femmes* (4) polonaises, des femmes

« jolies », « belles », « séduisantes », qui se distinguent par *le soin* (3) qu'elles prennent d'elles-mêmes. Décrites comme « soignées », elles « prennent soin d'elles » « plus que les hommes » et « accordent de l'importance à leur apparence et vêtement ».

Pourtant un nouveau trait physique et esthétique peu avantageux pour les Polonais apparaît dans les réponses ; il porte cette fois sur les personnes d'un âge avancé. Selon les jeunes, *un mauvais goût vestimentaire des plus âgés* (3) est perceptible, vu que ces derniers « ne savent pas s'habiller », « l'ancienne génération de Polonais ne sait pas s'habiller ».

8.2 Les « Allemands »

Caractéristiques physiques et esthétiques – « Allemands »

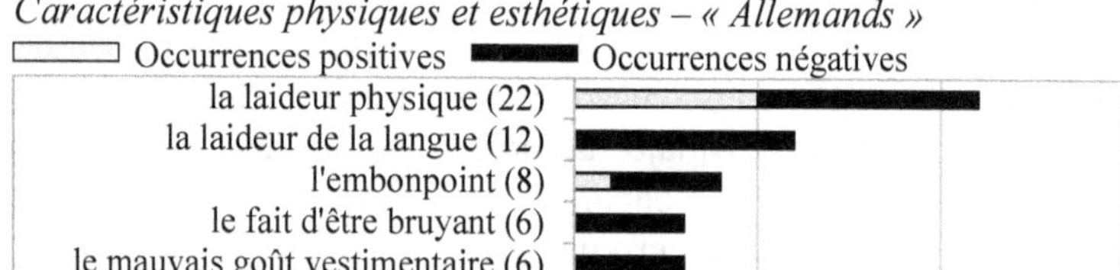

L'*Allemand évoquant réticence et mépris,* représenté physiquement au XVI-XVIIIe sous les traits d'un personnage corpulent, vêtu de manière grotesque, parlant une langue « appropriée à la menace et l'insulte » (Bystroń 1935), similaire à celui de *l'Allemand suscitant le dédain, voire l'effroi* (Pisarkowa 1976, Bartmiński 1994, IN 2008a) et renforcé par l'image d'une femme allemande repoussante, parlant une langue repoussante (Viviand 2011), est à nouveau perceptible dans les résultats d'enquête. Selon les descriptions des jeunes Polonais, tout dans l'apparence des Allemands est déplaisant. Caractérisés par *la laideur physique* (22), un trait qui revient de nombreuses fois dans les questionnaires, ils sont qualifiés de « laids », de « pas beaux » et même de « répugnants ». Cette disgrâce serait plus particulièrement le fait des femmes ; les Allemands auraient « des femmes laides », « très laides », « des femmes à ce point pas attirantes », « qui ressemblent à des mecs », « des femmes moins belles [que les Polonais] », ou même « les femmes les plus laides » (et « une chancelière moche » de surcroît). Ils « jalouse[raient donc] les belles femmes [aux Polonais] ». De nombreuses descriptions de type positif (en continuation du début de phrase « j'apprécie que les Allemands ») introduisent l'emploi de termes connotés négativement (signifiant par ex. la laideur), induisant une certaine malveillance des jeunes Polonais envers la nation allemande. Ainsi la phrase suivante, renseignée par quatre répondants différents : « j'apprécie que les Allemands aient des femmes moins belles que nous » ou « que les Polonaises » et les deux phrases suivantes, relevées chacune deux fois : « j'apprécie que les Allemands aient des femmes laides », « j'apprécie que les Allemands aient des femmes très laides ». *La laideur de la langue* (12) allemande est exprimée dans des termes similaires. D'après les jeunes Polonais, les voisins germaniques « ont », ou « parlent », « une langue » « nationale » ou « maternelle » qui est « laide », « très laide », « très désagréable », « une langue terrible », « horrible », « dégoutante pour les oreilles ». L'occurrence suivante indique une évaluation négative de la pratique de la langue allemande, qui semble impliquer sa sonorité : « je n'apprécie pas que les Allemands parlent allemand ». Leur apparence se verrait aussi mise à mal par leur *embonpoint* (8), avec de nouveau un ironique mélange d'occurrences négatives et positives. Les Allemands sont dépeints comme « gros » à 7 reprises (principalement de manière négative). Une dernière occurrence associe cet embonpoint aux femmes, en tant que trait apprécié, induisant probablement une attitude moqueuse du répondant : « j'apprécie que les Allemands aient des femmes grosses ». *Le fait d'être bruyant* (6) est encore déploré chez les Allemands ; qualifiés de « bruyants », « braillards », « grossiers dans leurs comportements », ils « crient quand ils parlent » ou « se crient dessus », d'après les jeunes Polonais. Ils se voient aussi affublés d'*un manque de goût vestimentaire* (6). Décrits comme « kitch », « ne sa[chant] pas s'habiller » ou « s'habill[ant] de manière pratique et sans goût » (étant eux-mêmes « dépourvus de bon goût »), ils n'auraient « pas de style vestimentaire » et « se promène[raient] avec des baskets déchirées, des jeans miteux et des sacs-à-dos sur le derrière ».

8.3 Les « Français »

Caractéristiques physiques et esthétiques – « Français »

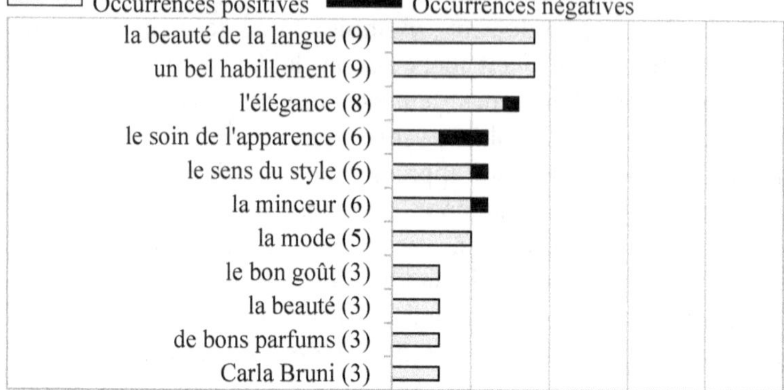

Le portrait des *Français élégants*, empreints d'élégance, de style, de mode et de minceur, d'après les études de Pisarkowa (1976) et Kokot (2009), ainsi que deux rapports de rencontres interculturelles (IN 2008b, AM 2009), apparaît dans la présente enquête, au travers de la description d'une certaine culture française du paraître. En effet, les Français se trouvent dans un premier temps caractérisés par *l'élégance* (8). Qualifiés d'« élégants » et associés à des expressions telles que « élégance » ou « France élégance ! ». Les femmes restent ici plus particulièrement mises en avant : les Français « ont des femmes élégamment habillées », avec « un style élégant ». Dans l'occurrence suivante, cette élégance, associée à un éloignement de la réalité, prend une tournure négative : « je n'apprécie pas que les Français se stylisent à un point aussi mondain et élégant, souvent loin de la réalité ». Les jeunes Polonais associent de plus l'ethnonyme « Français » au *soin de l'apparence* (6). Ils disent apprécier que les Français « fassent attention à l'apparence » et qu'ils « soient une nation soignée (dans un sens esthétique) ». Cependant cette attitude prend une dimension négative lorsqu'elle est jugée excessive. Les Polonais regrettent qu'ils prennent « soin d'eux avec exagération », qu'ils soient « trop sophistiqués » ou qu'ils « fassent attention à l'apparence, pas seulement à l'intérieur ». Les Français sont encore présentés comme des personnes qui ont *le sens du style* (6), qui « prennent soin de leur style », « ayant du style » et « de la classe ». C'est le cas plus particulièrement des Françaises, « passant en Pologne pour des femmes qui [...] ont du style ». Attachés à *la mode* (5), ils seraient non seulement « à la mode », mais aussi les détenteurs de « la haute-couture », de « Dior, Coco Channel, Louis Vuitton ». Les expressions de « la mode française » ou de « Paris, capitale de la mode » leur sont associées. Si la mode vestimentaire se trouve toujours évoquée de manière favorable, on observe que l'élégance, le soin de l'apparence et le sens du style sont, eux, partiellement décriés, une certaine fausseté transparaissant au travers de ces caractéristiques. Les Français demeurent par contre unanimement appréciés pour leur *bon goût* (3), évoqué par les expressions « le bon goût » ou « le sens du goût », ainsi que pour leur *bel habillement* (9) étant, d'après les enquêtés, « bien habillés » (ils « s'habillent bien », « joliment » voire « formidablement bien », ils « accordent de l'attention à l'habit » et « ont leur style vestimentaire »). Les femmes françaises sont aussi valorisées sur ce point, puisque les Français auraient « des femmes élégamment habillées », qui « passent en Pologne pour des femmes bien habillées, qui ont du style ». Pour finir, leurs *bons parfums* (3) sont appréciés, avec des produits décrits comme « agréables », voire « formidables ».

La beauté, la minceur et le soin de soi (Kokot 2009, AM 2009, Viviand 2011), accordés aux Français dans des études ultérieures, évoquaient le portrait du *Français et de la Française au physique agréable.* Ces attributs reviennent dans les résultats de l'enquête, où leur *beauté* (3) est soulignée. Les Français sont, selon les jeunes Polonais, « jolis » ; ils « ont de jolies femmes », de « jolies filles ». La mention de *Carla Bruni* (3) rend aussi compte d'une caractéristique positive attribuée aux Français et semble faire écho à l'expression de la beauté perçue par les jeunes chez les Français (bien que l'ancienne Première dame soit d'origine italienne). À deux reprises, le nom « Carla Bruni » ainsi que les termes « femme sexy du président » sont dits appréciés chez les Français. Enfin, *la minceur* (6) correspond à une caractéristique française plutôt favorable. « Minces », « habituellement minces », les habitants de l'Hexagone (et notamment les femmes) « pren[draient] soin de leur silhouette » et cela « grâce à un bon système alimentaire ». On note encore la mention du fait que « les Français mangent beaucoup et bien et ne grossissent pas » (un trait pourtant décrié, insinuant vraisemblablement une certaine malveillance).

Un autre attribut positif, non répertorié dans un portrait-type, est la *beauté de la langue française* (9). D'après les Polonais, les Français ont une langue « belle », « jolie », qualifiée même de « magnifique » et de « merveilleuse ». C'est selon eux une langue « avec du style », « avec une belle sonorité », qu'ils apprécient.

8.4 Les « Européens »

Aucune caractéristique européenne de type physique et esthétique n'est indiquée au moins à trois reprises dans les questionnaires. Quoiqu'il existe peut-être quelques images stéréotypées liées à l'apparence des Européens, leurs descriptions sont quasi absentes des écrits des jeunes Polonais Seules quatre occurrences de traits physiques et esthétiques sont relevées, sans lien les unes avec les autres (en tant qu'occurrence positive, il est question de l'originalité de leur style, du fait d'aller avec les progrès du temps concernant la mode et de la belle silhouette des Européennes ; la blancheur de la peau correspond à l'unique occurrence négative).

8.5 Synthèse des portraits physiques et esthétiques

Depuis des siècles, les Allemands sont raillés par les Polonais sur le plan physique et esthétique. Aujourd'hui, les jeunes avancent même une opposition diamétrale entre les descriptions élogieuses des femmes polonaises et les descriptions plus que moqueuses des femmes allemandes (et des Allemands dans leur ensemble). Les Polonaises seraient belles, alors que les Allemandes seraient laides, voire repoussantes (ce qu'ils disent d'ailleurs bien souvent apprécier...). Le physique des Polonaises trouverait par contre quelques similitudes avec celui des Français(es), en ce qu'il est jugé agréable et soigné. Les représentations françaises sont néanmoins associées à un certain culte du paraître et à divers agréments (mode, parfums, etc.), absents des représentations polonaises. Ces attraits français, s'ils sont souvent appréciés, se trouvent aussi décriés lorsqu'ils sont perçus comme excessifs, comme la marque d'une certaine superficialité. Sur le plan physique et esthétique, la figure allemande semble enfin aux antipodes de la française : dans la tête des jeunes Polonais, les Français sont beaux alors que les Allemands sont laids ; la langue française est belle quand la langue allemande est laide ; les Français sont minces et les Allemands sont gros ; et pour finir, les Français font preuve d'un goût vestimentaire certain tandis que les Allemands en sont dépourvus.

Chapitre 9

Aspect historique

L'aspect historique ne semble, à première vue, que peu déterminant dans les représentations nationales et supranationales polonaises. Seules quatre caractéristiques historiques récurrentes de l'ethnonyme « Polonais » sont mentionnées dans les questionnaires (selon 25 occurrences sur un total de 31). Elles se trouvent essentiellement déplorées (13 occ. positives, 18 négatives). Les trois traits historiques récurrents du nom « Allemands » (selon 26 occ. sur 37) sont, eux, encore plus défavorables (6 occ. positives, 31 négatives). Quant au nom « Français », on trouve bien peu de descriptions historiques associées (un seul trait récurrent d'après 3 occ. sur 6). De même on ne relève qu'une caractéristique historique récurrente pour le nom « Européens » (selon 7 occ. sur 15), avec néanmoins des descriptions plus favorables que les précédentes (12 occ. positives, 3 négatives).

9.1 Les « Polonais »

Caractéristiques historiques – « Polonais »

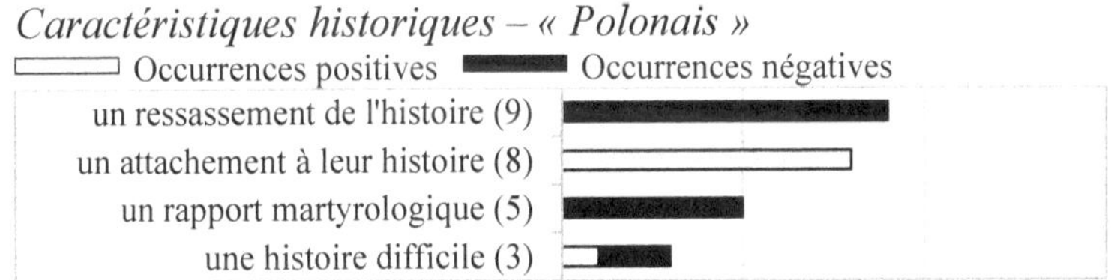

L'attachement à l'histoire des Polonais a été observé dans les travaux de Bartmiński (2006), en tant que trait caractéristique du portrait du *Polonais traditionaliste*. Dans notre étude, il est pareillement question de cet *attachement à leur histoire* (8), celle de leur pays et de leur nation, une attitude toujours appréciée des répondants. Selon eux, leurs compatriotes « veillent à leur histoire », « au patrimoine historique » et partagent « un sentiment de fierté vis-à-vis de leur histoire », « une histoire dont ils peuvent être fiers ». Ils ont aussi en commun « du respect pour leur histoire », ils « respectent » et « se souviennent de leur histoire ». Mais cet attachement peut prendre une dimension résolument négative d'après ceux qui déplorent *un ressassement de l'histoire et du passé* (9) : les Polonais « vivent au travers de l'histoire et du passé », ils « vivent dans le passé », « se réfèrent sans cesse au passé ». Finalement, ils « en reviennent toujours à l'histoire » et « leurs convictions sont définies par l'histoire (germanophobie, russophobie) » ; ils se révèlent « trop sensibles au sujet de l'histoire ». Le lien très étroit des Polonais à un passé national douloureux semble étrangement associé à une forme de complaisance, à un certain plaisir des Polonais à revenir sur des souffrances pourtant révolues. D'après les jeunes, les Polonais « aiment ressasser les torts qui leur ont été faits » ou encore « ce qu'il y avait autrefois plutôt que d'aller de l'avant ». Dans un même sens, il est dit qu'ils « parlent tout le temps de la catastrophe de Smoleńsk et vivent à travers ça ». Cet attachement complexe à l'histoire s'accompagne dans les descriptions d'*un rapport martyrologique à l'histoire* (5) : les Polonais entretiennent « un rapport martyrologique à l'histoire », « se considèrent comme les plus grands martyrs » sur terre. Ils croiraient à « un messianisme polonais », celui d'« une nation élue, perpétuellement maltraitée, orientée en ennemie contre tous et tout » et « font perpétuellement d'eux des victimes ».

Quelques jeunes ajoutent, comme caractéristique polonaise *une histoire difficile* (3) - trait qui n'était pas apparu dans l'état des recherches. D'après eux, leurs compatriotes « ont une histoire difficile » et « triste », bien que « belle ». L'un des répondants de l'enquête indique, de surcroît, que les Polonais « n'ont pas d'histoire de leur pays ».

9.2 Les « Allemands »

Caractéristiques historiques – « Allemands »

Caractéristique	Occurrences
le mal commis - 2nde GM (12)	négatives
un déni de leur histoire (11)	négatives
la reconnaissance de leurs torts (3)	positives

Le portrait des *Allemands nazis* avait été établi, dans la partie théorique de ces recherches, d'après plusieurs travaux (Pisarkowa 1976, Bartmiński 2006, IN 2008a, AM 2009). Tous les traits de type historique, accordés aux Allemands dans les questionnaires, portent effectivement de manière implicite ou explicite sur la Deuxième Guerre mondiale et les multiples dommages causés pendant cette période. *Le mal commis lors de la Seconde Guerre mondiale* (12) débuterait au moment où ils ont « assailli [les Polonais ainsi que] la Pologne », « en 1939 ». Les jeunes considèrent que leurs voisins germaniques « ont conduit à » ou « ont provoqué la Seconde Guerre mondiale », « une guerre mondiale [dont] ils n'ont pas payé les conséquences » et « n'ont pas dédommagé les Polonais des dégâts ». Pendant cette guerre, les Allemands auraient « fait beaucoup de mauvaises choses », telles que « des expériences sur les gens », ou se seraient « enrichis en volant les autres ». Ils ont de plus eu « Hitler » et « ont tué beaucoup de Polonais ». Ignorant ces nombreux dommages, les Allemands manifesteraient *un déni de leur histoire* (11). D'après les Polonais, ils « renient » ou « essaient de nier leur histoire », ils « se coupent de leur histoire ». Ils « n'acceptent pas leur passé », ils « ont un problème avec l'acceptation de leur passé ». En ce sens, « certains » « diminuent l'importance des crimes nazis », « mentent au sujet de la Seconde Guerre mondiale » ou bien « essaient de temps en temps de falsifier l'histoire de la Seconde Guerre mondiale ». À tort « les Allemands veulent oublier, mais aussi souvent 'blanchir' l'histoire, le passé » et propagent « une histoire mensongère concernant les Polonais - par ex. pendant la Seconde Guerre mondiale, [les Allemands] considèrent que ce sont les Polonais qui ont attaqué les premiers ». Ils auraient « créé une histoire ‘de la guerre’ ». Un attribut historique positif se distingue tout de même au milieu de ces contestations, il s’agit de *la reconnaissance de leurs torts* (3) après la Seconde Guerre mondiale. Les Allemands sont, selon quelques occurrences, « parvenus rapidement à s'excuser pour leurs fautes après la Seconde Guerre mondiale » « pour la majorité et au contraire des Russes » ; ils ont « réalisé certaines actions ayant pour but d'aider, de manière directe ou indirecte, les gens victimes de la Seconde Guerre mondiale, ils ont reconnu leur culpabilité » ou encore ils « essayent de compenser les dommages moraux d’après-guerre (ils ont un sentiment de culpabilité) ».

9.3 Les « Français »

Caractéristiques historiques – « Français »

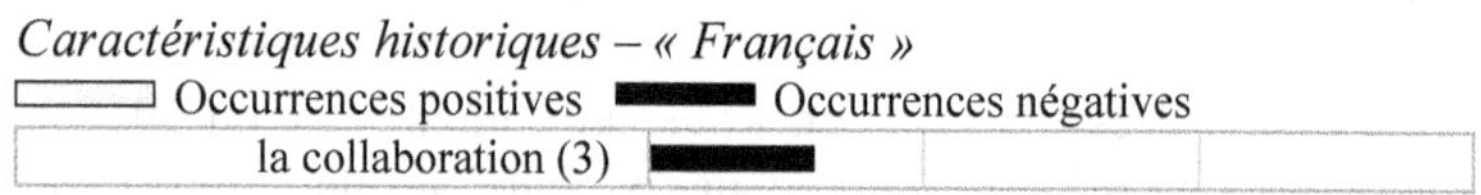

Aucun des travaux listés en première partie n’avait recensé de trait historique français. Une caractéristique ressort pourtant de l’enquête, les Français étant décrits pour leur responsabilité de *la collaboration* (3) pendant la Seconde Guerre mondiale. Quelques jeunes indiquent qu’ils « ont collaboré avec les Allemands » (répété deux fois) et, ainsi, « ont abandonné [les Polonais] pendant la Seconde Guerre mondiale ».

9.4 Les « Européens »

Caractéristiques historiques – « Européens »

Occurrences positives Occurrences négatives

une histoire riche (7)

L’un des traits essentiels du portrait de *l’Européen porteur d’une culture spécifique* établi par Bartmiński (2006) puis repéré lors de rencontres interculturelles (AM 2009, 2010), correspond au partage d’une histoire commune. Cette caractéristique est ici évoquée à 7 reprises par les jeunes Polonais interrogés. Selon eux, les Européens jouiraient d’*une histoire riche* (7), qualifiée de « riche », « longue »,

« intéressante », sans pour autant se référer à des évènements historiques concrets.

9.5 Synthèse des portraits historiques

Les descriptions historiques des Polonais et des Allemands demeurent marquées par une suite d'oppositions : les jeunes Polonais indiquent que leurs compatriotes se perçoivent comme des victimes, des martyrs de l'Histoire qui souffrent perpétuellement des douleurs passées, mais qui restent pourtant solidement attachés à l'histoire de leur pays (caractéristiques des *Polonais traditionalistes*), tandis que les Allemands conservent une image de bourreaux qui s'évertuent à nier leur histoire (caractéristiques des *Allemands nazis*). Les représentations de la collaboration française trouvent des liens indiscutables avec celles des Allemands et des actes qui leur sont imputés dans le contexte de la Seconde Guerre mondiale. Elles s'opposent ainsi à une image de Polonais victimes de l'Histoire (les Français ayant « collaboré » et « abandonné » les Polonais). Enfin, les évocations positives de la richesse historique des Européens contrastent avec celles de la dureté des évènements subis d'un côté par les Polonais et commis de l'autre par les Allemands et les Français. La Seconde Guerre mondiale, pourtant associée aux nations européennes, n'apparaît dans aucun des écrits comme le fait des Européens, comme si la figure historique des Européens permettait finalement de dépasser les figures nationales européennes.

Chapitre 10

Aspect religieux

La religion occupe une place infime dans les questionnaires. Relativement à l'aspect religieux, on repère seulement une caractéristique récurrente attribuée au nom « Polonais » (selon 18 occurrences sur un total de 21), avec des descriptions mitigées sur le plan axiologique (9 occ. positives, 12 négatives). Aucun trait religieux récurrent (ni même la moindre occurrence) n'est relevé pour le nom « Allemands ». Quant aux deux traits religieux récurrents du nom « Français » (d'après un total de seulement 6 occ.), ils sont à nouveau mitigés (3 occ. positives, 3 négatives). Enfin un unique attribut religieux récurrent ressort pour le nom « Européens » (dans 4 occ. négatives).

10.1 Les « Polonais »

Caractéristiques religieuses – « Polonais »

Les résultats de multiples études, ayant permis de former le portrait du *Polonais aux valeurs religieuses* (Warchala 2001, Bartmiński 2006, IN 2008a, 2008b, AM 2009, Roguska 2011), croisent ceux de l'enquête, étant donné que les jeunes Polonais évoquent fréquemment *l'attachement à la religion* (18) de leurs compatriotes. Ce lien de longue date avec la religion catholique se trouve pourtant souvent exprimé de manière défavorable. Certes, les Polonais sont qualifiés positivement comme « religieux », « croyant », « attachés aux valeurs catholiques » ou encore comme ayant « du respect » pour la religion. Mais ils se voient aussi critiqués pour leur attachement excessif à la religion. Décrits comme « trop religieux », « un peu exagérément religieux », ils seraient « souvent » « des fanatiques religieux » ou encore « trop des fanatiques religieux ». Certains affirment regretter le fait qu'ils soient « à ce point croyants (domination de l'Église) », qu'ils restent « très influencés par l'Église » et qu'ils la « laissent se mêler de la politique de l'État ». Associés à « une enclave catholique » constituée par leur pays, ils avancent que les Polonais « se considèrent comme une nation catholique élue » (ce qui fait d'ailleurs écho aux expressions de « nation élue » et de « messianisme polonais » ci-dessus). Selon les jeunes, leur rapport à la religion peut relever du fanatisme, une attitude excessive qui découlerait d'un certain messianisme, la nation polonaise se considérant comme une nation martyre, élue par Dieu.

10.2 Les « Français »

Caractéristiques religieuses – « Français »

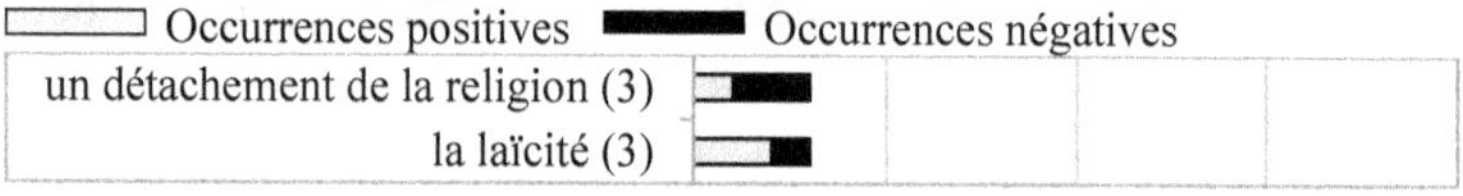

Occurrences positives — Occurrences négatives

un détachement de la religion (3)

la laïcité (3)

Aucun portrait-type religieux des Français n'avait été repéré dans les études antérieures analysées. Cependant, deux caractéristiques ressortent de cette enquête, évoquant le nouveau portrait des *Français distants de la religion.* Les habitants de la France sont liés, selon les jeunes Polonais, à *la laïcité* (3) ; il est apprécié qu'ils soient « des laïcs », « parv[enant] à distinguer la religion de l'Etat », que l'Église dans leur pays ait été « juridiquement séparée de l'État ». L'un des répondants déplore néanmoins qu'ils aient « laïcisé la France ». Plus généralement, les jeunes Polonais associent aux Français *un détachement de la religion* (3). Jugés « non religieux », ils « ont interdit le port des crucifix » (on peut imaginer qu'il est ici question des signes religieux incluant la croix chrétienne) et se « servent des fêtes catholiques à des fins commerciales, par ex. Noël est la fête des hypermarchés ».

10.3 Les « Européens »

Caractéristiques religieuses – « Européens »

Occurrences positives ■ Occurrences négatives

distance vis-à-vis de la religion (4)	■

Un portrait de *l'Européen chrétien* transparaissait dans les travaux de Roguska (2011), malgré un affaiblissement de cette représentation sur une récente période de vingt ans. Les jeunes Polonais disent regretter, dans la présente étude, *une distance des Européens vis-à-vis de la religion* (4). Pour eux, ils sont « laïcs », ils « s'éloignent de l'Église catholique » ou ne « prennent pas l'Église au sérieux » ; les Européens « croient en Dieu seulement pour faire genre ».

10.4 Synthèse des portraits religieux

L'expression d'un fanatisme religieux polonais, qui ressort des descriptions des jeunes, s'oppose à celle de la distanciation de la religion opérée par les Français et les Européens, mais aussi à l'absence-même de toute association religieuse avec les Allemands. Toutefois, bien que les autoreprésentations religieuses polonaises se distinguent nettement des trois autres communautés, la religion ne tient visiblement pas une place majeure dans les représentations nationales et européennes contemporaines des jeunes Polonais.

Conclusions

L'échantillon de l'enquête, quantitativement limité, a été constitué de façon à représenter aux mieux la jeunesse polonaise dans sa diversité. Aussi, l'influence de certains facteurs tels que le sexe, l'âge, le niveau d'études, l'origine géographique et la connaissance des communautés décrites, a pu être observée quant à l'attribution de traits sémantiques aux ethnonymes. Chacun de ces paramètres sociaux et environnementaux a exercé un impact notable sur les aspects et attributs des ethnonymes envisagés.

Le sexe des répondants influe tout d'abord sur le choix des aspects. Si certains se trouvent autant mentionnés par les jeunes hommes que par les jeunes femmes (aspects psychique, culturel, psychosocial, politique, ainsi que physique et esthétique), d'autres s'avèrent davantage « genrés », comme par ex. l'aspect social qui se voit le plus souvent évoqué par des enquêtés de sexe féminin. Considérant les 4 ethnonymes, 70% des occurrences de type social sont attribuées par des femmes, contre 30% par des hommes (d'après les descriptions dont le sexe des répondants est indiqué). L'aspect du rapport à l'altérité, qui touche à nouveau la sphère relationnelle, est aussi davantage présent dans les réponses des jeunes femmes (61% d'attribution par des femmes, 39% par des hommes). De même, l'aspect religieux fait sensiblement plus partie des représentations féminines (56% d'attribution par des femmes, 44% par des hommes)[35]. Les répondants de sexe masculin, pour leur part, décrivent en plus grand nombre les noms en fonction de leur aspect géographique et économique (60% par des hommes, 40% par des femmes) et historique (57% par des hommes, 43% par des femmes).

Le facteur de l'âge a également une influence considérable sur la manière de définir les ethnonymes. Plus les enquêtés sont âgés, plus ils détaillent les descriptions des quatre communautés

[35] Notant que l'échantillon est composé de 52% de femmes et 48% d'hommes.

et confèrent par conséquent de traits sémantiques aux noms « Polonais », « Allemands », « Français » et « Européens ». Autrement dit, plus les Polonais avancent en âge, plus leur définition cognitive des ethnonymes est riche. Pour huit des aspects retenus dans notre typologie, ce sont les plus âgés qui se distinguent : ils conçoivent principalement les mots dans leur aspect religieux (80% des occurrences religieuses sont attribuées par des jeunes de 22 à 25 ans, contre 20% de 18 à 21 ans), culturel (67% de 22 à 25 ans, 33% de 18 à 21 ans), politique et du rapport à l'altérité (62% de 22 à 25 ans, 38% de 18 à 21 ans), géographique et économique (61% de 22 à 25 ans, 39% de 18 à 21 ans), historique (60% de 22 à 25 ans, 40% de 18 à 21 ans), psychique (58% de 22 à 25 ans, 42% de 18 à 21 ans) et enfin social (55% de 22 à 25 ans, 45% de 18 à 21 ans)[36]. L'aspect psychosocial et l'aspect physique et esthétique sont les seuls signalés à part égale par les jeunes des deux tranches d'âge.

Quant à l'incidence du niveau d'études sur la formation des différentes définitions, il s'avère que les Polonais issus d'universités caractérisent davantage les ethnonymes en regard de leur aspect religieux (78% des occurrences religieuses sont attribuées par des jeunes avec études supérieures, contre 22% par des jeunes sans études), du rapport à l'altérité (77% avec études, 23% sans), culturel (74% avec études, 26% sans), politique (71% avec études, 29% sans), psychique et social (69% avec études, 31% sans)[37]. Cependant, en tenant bien compte de leur proportion dans l'échantillon, les jeunes n'ayant pas bénéficié d'un parcours universitaire décrivent davantage les communautés selon l'aspect physique et esthétique (41% sans études, 59% avec), psychosocial (37% sans études, 63% avec), géographique et économique, mais aussi historique (36% sans études, 64% avec).

---

[36] Notant que les Polonais de 22 à 25 ans représentent 53% de l'échantillon et ceux de 18 à 21 ans 47%.

[37] Notant que les jeunes avec études constituent 66% de l'échantillon et les jeunes sans études 33%.

D'après les questionnaires, le fait que les locuteurs soient originaires de l'ouest ou de l'est de la Pologne joue encore sur les aspects induits, en ce que les jeunes de Pologne occidentale invoquent davantage que ceux de Pologne orientale l'aspect politique (75% des occurrences de ce type sont formulées par des jeunes de l'ouest de la Pologne, contre 25% par des jeunes de l'est), religieux (72% de l'ouest, 28% de l'est), géographique et économique ainsi que culturel (69% de l'ouest, 31% de l'est), mais aussi du rapport à l'altérité (67% de l'ouest, 33 de l'est)[38]. Proportionnellement à l'échantillon, les jeunes de Pologne orientale attribuent surtout aux noms des acceptions sociales (38% de l'est, 62% de l'ouest) et physiques et esthétiques (50% de l'est, 50% de l'ouest). Pour ce qui est des aspects psychique, psychosocial et historique, ils sont tout autant mobilisés par les Polonais de l'ouest que de l'est du pays.

La taille de la population des lieux d'origine des répondants se trouve tout autant déterminante. Les jeunes issus des plus grandes villes (de plus de 100 000 habitants) comprennent davantage que ceux des plus petites localités les ethnonymes selon l'aspect du rapport à l'altérité (63% originaires des plus grandes villes, 37% des plus petites), culturel ainsi que social (62% des plus grandes, 38% des plus petites), politique (56% des plus grandes, 44% des plus petites), et géographique et économique (55% des plus grandes, 45% des plus petites)[39]. Les enquêtés des plus petites communes, en regard de leur proportion dans l'échantillon, admettent davantage d'acceptions religieuses (60% des plus petites villes, 40% des plus grandes), physiques et esthétiques (50% des plus petites, 50% des plus) et psychosociales (49% des plus petites, 51% des plus grandes). Seuls les aspects psychique et historique restent autant considérés par les Polonais des plus grandes comme des plus petites localités.

[38] Notant que les jeunes de Pologne occidentale représentent 64% de l'échantillon d'enquêtés et ceux de Pologne orientale 36%.

[39] Notant que les jeunes des plus grandes villes représentent 53% de l'échantillon d'enquêtés et ceux des plus petites villes 47%.

Enfin, le fait de connaître les nations décrites ainsi que leur pays favorise globalement l'attribution de traits psychiques, culturels, du rapport à l'altérité, sociaux, psychosociaux et religieux par les jeunes Polonais. Avoir eu un contact avec les territoires et leurs habitants contribuerait au développement des concepts dont les ethnonymes sont porteurs. Pourtant, dans le cas de l'aspect physique et esthétique, ce sont les jeunes qui n'ont jamais eu de lien avec les populations et leur pays qui leur octroient le plus de caractéristiques. Relativement aux aspects géographique, économique et politique, l'impact de ces facteurs dépend néanmoins des ethnonymes en question : pour le nom « Allemands », le fait de méconnaître l'Allemagne et ses habitants favorise l'association de caractéristiques, tandis que, pour le nom « Français », ce sont surtout les jeunes qui ont eu un contact avec la France et ses habitants qui les attribuent.

Ces résultats d'enquête offrent un aperçu général très étoffé des acceptions des ethnonymes « Polonais », « Allemands », « Français » et « Européens ». Les jeunes Polonais expriment des définitions cognitives particulièrement riches et variées, comme le démontrent les traits sémantiques repérés. Le nombre d'enquêtés étant cependant restreint, il serait intéressant de se pencher, au moyen d'une enquête de plus grande ampleur, sur les traits attribués de façon moins récurrente aux différents groupes (indiqués dans Viviand 2015) et d'évaluer leur degré réel de stéréotypisation. Quelle importance accorder aux caractéristiques évoquées à une ou deux reprises dans notre enquête ? Ces traits correspondent-ils seulement à des représentations singulières, propres aux quelques jeunes qui les ont formulées ou sont-ils l'expression de représentations émergentes au sein de la jeunesse polonaise ?

Ces recherches confirment le postulat d'un lien étroit entre langue et environnement, puisque les manières de comprendre les noms sont très fortement influencées par l'environnement linguistique dans lequel les locuteurs évoluent. Non seulement leur environnement culturel national (ici polonais) conditionne la définition cognitive des ethnonymes, mais aussi l'environnement social, lié à leur sexe, leur âge, leur niveau d'études, leur origine géographique et leur niveau de connaissance des habitants décrits, apportent différentes nuances aux acceptions. Les théories de Mill, qui avançait que le nom propre est vide de sens, qu'il réfère sans signifier (Mill 1896), ne peuvent qu'être contestées : les ethnonymes retenus ont bel et bien une signification pour les locuteurs, une signification dépendante de leur environnement.

La définition cognitive de l'ethnonyme « Européens » présente, comparativement aux trois ethnonymes nationaux, le plus d'acceptions positives. En considérant l'ensemble des descriptions faites par les jeunes Polonais, tout aspect confondu, 65% des occurrences associées aux Européens sont de type positif (contre 35% négatif[40]). Leurs représentations se montrent plus favorables que celles des trois autres communautés, puisqu'on relève seulement 54% d'occurrences positives pour le nom « Polonais »[41] (pourtant d'ordre autostéréotypique), et même 51% pour le nom « Allemands »[42]. Le nom « Français » est finalement l'ethnonyme national européen qui regroupe les traits les plus avantageux : 58% des descriptions des Français sont positives[43]. Le fait que les jeunes Polonais expriment une attitude plus favorable vis-à-vis des Français et des Européens que de leur propre nation confirme un certain « complexe d'infériorité identitaire » des Polonais, mis en avant par Kufer et Guinaudeau (2007). Les jeunes demeurent particulièrement critiques par rapport à leurs compatriotes, en leur attribuant presque tout autant de caractéristiques négatives que positives (ils ont d'ailleurs eux-mêmes mentionné dans l'enquête cet esprit autocritique, voire ces complexes, que partageraient les Polonais en regard des autres nations).

La multiplicité des portraits établis atteste de la grande richesse des traits sémantiques attribués aux ethnonymes par les jeunes Polonais. La méthode d'enquête ouverte retenue a permis de confirmer, d'enrichir ou d'actualiser les portraits déjà

---

[40] 277 occ. de type positif pour 146 de type négatif.

[41] 518 occ. de type positif pour 445 de type négatif.

[42] 347 occ. de type positif pour 330 de type négatif.

[43] 370 occ. de type positif pour 265 de type négatif.

existant dans les esprits polonais (et figurant supra dans l'état des recherches), mais elle a aussi permis d'en établir de nouveaux.

Concernant l'ethnonyme « Polonais », 9 nouveaux portraits (appartenant à 4 groupes d'aspect), assez peu flatteurs pour la grande majorité d'entre eux, ont été dressés : les *Polonais râleurs*, les *Polonais intelligents*, les *Polonais vulnérables* et les *Polonais imprévisibles* (aspect psychique) ; *les Polonais complexés* et *les Polonais humbles* (aspect psychosocial) ; *les Polonais confrontés à des difficultés politiques* et *les Polonais indifférents aux problèmes de la collectivité* (aspect politique) ; et enfin *les Polonais manquant de savoir-être* (aspect culturel).

Nous n'avons pu, par contre, établir aucun nouveau portrait relatif à l'ethnonyme « Allemands ». Les portraits existants ont uniquement été actualisés, au moyen du repérage de caractéristiques déjà attribuées dans des enquêtes antérieures, ou éventuellement de traits nouveaux venant les enrichir. L'absence de nouveaux portraits dans ces résultats révèle un caractère fortement figé et peu enclin aux changements des stéréotypes de l'Allemand chez les Polonais.

En s'appuyant sur les acceptions du nom « Français », visiblement plus fluctuantes, trois nouveaux portraits issus de groupes d'aspect distincts ont été formés : *les Français en adoration devant leur pays* (aspect psychosocial), *les Français habitants d'un pays attractif* (aspect géographique et économique), ainsi que *les Français distants de la religion* (aspect religieux).

Enfin, relativement à l'ethnonyme « Européens », aux contours encore plus mouvants, un total de 7 nouveaux portraits-types provenant de 4 groupes d'aspect ont été définis : *les Européens aux deux visages* et *les Européens faibles sur la scène internationale* (aspect géographique et économique), *les Européens orgueilleux* et *les Européens fascinés par les États-Unis* (aspect psychosocial), *les Européens unis* et *les Européens en conflit les uns avec les autres* (aspect politique), et pour finir *les Européens intelligents* (aspect psychique). La profusion de nouvelles figures européennes témoigne du caractère évolutif des représentations des habitants de l'Europe, dissimulées derrière le nom qui les désigne. La chute du rideau de fer puis l'entrée de la Pologne dans l'Union européenne semblent avoir participé à une redéfinition de l'ethnonyme « Européens », suivie d'une identification progressive, bien que partielle, à la communauté désignée par les locuteurs polonais.

En se référant à l'état des recherches présenté en première partie, on aurait pu s'attendre à ce que la définition cognitive du mot « Européens » soit plus proche des définitions des mots « Français » et « Allemands » que du mot « Polonais ». Les Allemands et les Français, en tant qu'habitants de pays anciennement associés à l'Europe par les Polonais, ont été reconnus par ces derniers comme les principaux acteurs du processus d'intégration de la Pologne à l'Union européenne (Warchala 2001 : 6). Entrés plus tardivement dans l'UE, les Polonais n'associaient d'ailleurs pas nécessairement leur culture à celle des Européens, avant leur adhésion (Prochorowa 1998 : 240). Pourtant d'après notre étude, la définition cognitive de l'ethnonyme « Européens », esquissée par les jeunes Polonais, se rapproche davantage de l'ethnonyme « Polonais » que des deux autres. Les Polonais leur attribuent, à notre surprise, un grand nombre de traits communs, essentiellement d'ordre psychique, culturel, économique et géographique, mais surtout social et psychosocial : la créativité et l'intelligence (qui ont permis de former le portrait du *Polonais intelligent* et de *l'Européen intelligent*, sans équivalent chez les ethnonymes « Allemands » et « Français »), l'attachement aux traditions, l'instruction, le fait de savoir s'unir aux autres, l'entraide, la solidarité, un caractère amical, le développement (du territoire, de l'économie), la fascination pour les pays occidentaux (les États-Unis dans le cas des Européens), l'adoption des modèles étrangers (modèle états-unien pour les Européens), et enfin une attitude complexée (toujours envers les États-Unis pour les Européens). Cette proportion remarquable de caractéristiques (majoritairement positives), associées à la fois à la communauté polonaise et à la communauté européenne, s'explique sûrement par la nouvelle dimension autostéréotypique de l'ethnonyme « Européens » en langue polonaise. Quoique des différences sémantiques persistent, un fort degré d'identification des jeunes Polonais aux Européens, désignés par le terme, est indéniable.

On peut encore s'étonner du peu d'acceptions que les noms « Allemands » et « Français » ont en commun avec le nom « Européens ». Selon les jeunes Polonais, les Allemands ne partagent finalement avec les Européens que deux traits liés à l'aspect du rapport à l'altérité et à l'aspect géographique et économique : le goût des voyages et le développement (de leur territoire et de l'économie). Ce constat laisse supposer que, dans les esprits polonais, l'Allemagne a davantage à voir avec l'Europe, que les Allemands avec les Européens. Davantage de traits communs aux Français et aux Européens ont été indiqués, cette fois de type psychique, culturel, social et religieux : le libéralisme, le savoir-vivre, une culture riche, un caractère amical et une certaine distanciation de la religion.

Pourtant, en dehors de ces similitudes avec les ethnonymes nationaux, le terme « Européens » présente des traits propres, qui n'apparaissent pas dans les définitions cognitives des noms « Polonais », « Allemands » et « Français » établies par les jeunes Polonais. Si certains portraits-types européens coïncident avec ceux des trois nations, d'autres prennent un caractère singulier, comme s'ils renvoyaient dans l'esprit des jeunes à une communauté à part, distincte des habitants des différents territoires européens. Ces traits singuliers, liés à l'aspect culturel, politique et historique de l'ethnonyme « Européens », correspondent à : la diversité culturelle, la richesse historique (qui contraste avec les descriptions de la dureté des évènements de la Seconde Guerre mondiale, faites relativement aux trois autres ethnonymes nationaux), le plurilinguisme, le recours à l'anglais et le cosmopolitisme (propres au portrait de *l'Européen cosmopolite*), l'union, l'intégration, l'UE, les divisions, les conflits politiques, la perte des traditions et enfin la délocalisation de la production en Chine. L'expression du rapport à l'altérité des Européens est aussi bien plus flatteuse que celle des trois autres nations, et l'on observe une absence d'attribution de caractéristiques évoquant la méfiance, qui apparaissaient pourtant dans les descriptions des trois communautés nationales (telles que l'hypocrisie, le fait de ne pas tenir parole ou la malhonnêteté). Au travers des résultats d'enquête obtenus, il apparaît que la définition cognitive du nom « Européens », formulée par les jeunes Polonais, ne correspond pas à une mosaïque d'acceptions des trois ethnonymes nationaux européens étudiés, puisqu'elle comprend de nombreux traits singuliers, qui se distinguent des leurs.

Dans l'enquête, il ne figure qu'un faible nombre de caractéristiques stéréotypiques européennes en comparaison des caractéristiques foisonnantes admises aux communautés nationales. Peu de traits sémantiques s'avèrent constitutifs de la définition cognitive du nom « Européens », si l'on ne considère que les occurrences de traits récurrents exprimées (au moins à trois reprises dans ces travaux) par les jeunes Polonais. Un grand nombre d'attributs indiqués seulement une ou deux fois dans les questionnaires sont par contre relevés : seulement 62% des occurrences de caractéristiques attribuées au nom « Européens » sont évoquées au moins trois fois dans l'enquête (caractéristiques classées alors comme stéréotypiques), pour 38% une à deux fois[44]. Cette proportion de traits récurrents reste faible en regard des trois autres noms. Relativement à l'ethnonyme « Polonais », on compte jusqu'à 84% d'occurrences récurrentes (répétées au moins trois fois) contre 16% singulières (une à deux fois)[45], à l'ethnonyme « Allemands », 79% récurrentes contre 21% singulières [46], et à l'ethnonyme « Français », 75% récurrentes contre 25% singulières[47].

En ce qui concerne les ethnonymes nationaux, on remarque que plus la nation décrite se trouve proche des jeunes Polonais (géographiquement, historiquement), plus les représentations qu'ils en ont sont partagées. Au contraire, plus la communauté est éloignée, méconnue des jeunes, plus les images qu'ils en ont se montrent personnelles, singulières. L'ethnonyme « Européens », malgré un ensemble certain de caractéristiques récurrentes, reste lui porteur d'un concept hautement individuel,

---

[44] 262 occ. répétées au moins trois fois contre 161 une à deux fois.

[45] 812 occ. répétées au moins trois fois contre 151 une à deux fois.

[46] 536 occ. répétées au moins trois fois contre 141 une à deux fois.

[47] 478 occ. répétées au moins trois fois contre 157 une à deux fois.

d'une définition cognitive encore variable et fluctuante pour les jeunes Polonais.

Références bibliographiques

ABDALLAH-PRETCEILLE Martine (1991), « Langue et identité culturelle », in : *Enfance*, tome 45, n°4 : 305-309.

ALLPORT Gordon (1954), *The Nature of Prejudice,* Addison-Wesley, Cambridge, MA.

ANDRESEN Julie (2000), « La formation de l'école américaine », in : S. Auroux (dir.), *Histoire des idées linguistiques,* tome 3 : *L'hégémonie du comparatisme,* Philosophie et Langage, Mardaga, Sprimont : 323-330.

ANUSIEWICZ Janusz, Anna DĄBROWSKA et Michael FLEISCHER (2000), « Językowy obraz świata i kultura. Projekt koncepcji badawczej », in : *Język a kultura*, Wydawnictwo Uniwersytetu Wrocławskiego, Acta Universitatis Wratislaviensis, tome 13, n°2218, Wrocław.

ANUSIEWICZ Janusz (1994), *Lingwistyka kulturowa. Zarys problematyki*, Wydawnictwo Uniwersytetu Wrocławskiego, Acta Universitatis Wratislaviensis, n°1672, Wrocław.

ARISTOTE (2002), *Catégories*, Texte établi et traduit par Richard Bodéüs, Belles Lettres, Paris.

ARISTOTE (1990), *La Poétique*, livre 2, ch. 21-22, Édition et traduction par Michel Magnin, Le Livre de Poche, coll. Classiques.

ARNAULD Antoine et Claude LANCELOT (1660/1810), *Grammaire générale et raisonnée de Port-Royal*, Bossange et Masson, Paris.

ARUTYUNOWA Nina D. (1988), *Tipy jazykowych znaczenij : Ocenka. Sobytije. Fakt*, Nauka, Moskwa.

AVANZA Martina et Gilles LAFERTÉ (2005), « Dépasser la 'construction des identités' ? Identification, image sociale, appartenance », Genèses, n°61 : 134-152.

BARTMIŃSKI Jerzy (2019), « Założenia i metody lingwistyki kulturowej – na przykładzie definicji PRACY », in : *Leksykon aksjologiczny Słowian i ich sąsiadów (LASiS)*, Wilno. Disponible sur : http://www.kulturinelingvistika.flf.vu.lt/, consulté le 24/05/2021.

BARTMIŃSKI Jerzy (2018a), « In the Circle of Inspiration of Anna Wierzbicka: The Cognitive Definition – 30 Years Later », Russian Journal of Linguistics, tome 22, n°4 : 749-769.

BARTMIŃSKI Jerzy (2018b), « O profilowaniu pojęć z punktu widzenia etnolingwistyki kognitywnej », in: A. Libura, D. Bębeniec, H. Kowalewski (dir.), *Dociekania kognitywne*, Universitas, Kraków : 13-48.

BARTMIŃSKI Jerzy (2018c), « O założeniach i postulatach lingwistyki kulturowej (na przykładzie definicji PRACY) », *Półrocznik Językoznawczy Tertium. Tertium Linguistic Journal*, tome 3, n°1, Kraków : 26-55.

BARTMIŃSKI Jerzy (2015), « Leksykon aksjologiczny Słowian i ich sąsiadów – co zawiera, na jakich zasadach się opiera, dla kogo jest przeznaczony », in : J. Bartmiński, I. Bielińska Gardziel, B. Żywicka (dir.), *Leksykon aksjologiczny Słowian i ich sąsiadów*, tome 1 : *DOM*, UMCS, Lublin.

BARTMIŃSKI Jerzy (2012a), *Aspects of Cognitive Ethnolinguistics,* édité par J. Zinken, Advances in Cognitive Linguistics, Equinox, Sheffield Oakville.

BARTMIŃSKI Jerzy (2012b), *Językowe podstawy obrazu świata,* UMCS, Lublin.

BARTMIŃSKI Jerzy (2010a), « Jak rekonstruować językowo-kulturowy obraz Europy ? », *Etnolingwistyka,* n°22, UMCS, Lublin : 121-127.

BARTMIŃSKI Jerzy (2010b), « Pojęcie językowego obrazu świata i sposoby jego operacjonalizacji », in : P. Czapliński, A. Legeżyńska, M. Telicki, *Jaka antropologia literatury jest dzisiaj możliwa*, Poznańskie Studia Polonistyczne, Poznań : 155-178.

BARTMIŃSKI Jerzy (2010c), « Język w kontekście kultury », in : *Współczesny język polski*, UMCS, Lublin : 13-22.

BARTMIŃSKI Jerzy (2007), *Stereotypy mieszkają w języku. Studia etnolingwistyczne*, UMCS, Lublin.

BARTMIŃSKI Jerzy (2006), *Język - Wartości - Polityka, Zmiany rozumienia nazw wartości w okresie transformacji ustrojowej w Polsce, Raport z badań empirycznych*, UMCS, Lublin.

BARTMIŃSKI Jerzy (2005), « Etnolingwistyka słowiańska - próba bilansu », *Etnolingwistyka,* n°16, UMCS, Lublin : 9-28.

BARTMIŃSKI Jerzy (2003a), « Miejsce wartości w językowym obrazie świata », in : M. Abramowicz et al., *Język w kręgu wartości*, UMCS, Lublin.

BARTMIŃSKI Jerzy (2003b), *Polskie kolędy ludowe : Antologia*, TAiWPN Universitas, Kraków.

BARTMIŃSKI Jerzy (1998), « Podstawy lingwistycznych badań nad stereotypem – na przykładzie stereotypu matki », in : J. Anusiewicz, J. Bartmiński (dir.), *Język a kultura,* tome 12 : *Stereotyp jako przedmiot lingwistyki. Teoria, metodologia, analizy empiryczne*, Towarzystwo Przyjaciół Polonistyki Wrocławskiej, Wrocław : 63–83.

BARTMIŃSKI Jerzy (1996), *Słownik stereotypów i symboli ludowych*, UMCS, Lublin.

BARTMIŃSKI Jerzy (1994), « Jak zmienia się stereotyp Niemca w Polsce? », *Przegląd humanistyczny,* n°5, Lublin : 81-101.

BARTMIŃSKI Jerzy (dir.) (1993a), « Definicja semantyczna : czego i dla kogo ? », in : J. Bartmiński, R. Tokarski (dir.), *O definicjach i definowaniu*, UMCS, Lublin : 47-61.

BARTMIŃSKI Jerzy (dir.) (1993b), « O profilowaniu i profilach raz jeszcze », in : J. Bartmiński, R. Tokarski (dir.), *O definicjach i definiowaniu*, UMCS, Lublin : 269-275.

BARTMIŃSKI Jerzy (1990a), « Punkt widzenia, perspektywa, językowy obraz świata », in : J. Bartmiński : *Językowy obraz świata*, UMCS, Lublin : 109-127.

BARTMIŃSKI Jerzy (1990b), « Ojczyzna w pieśniach i wierszach chłopskich », *Polska Sztuka Ludowa,* n°3 : 9-13.

BARTMIŃSKI Jerzy (1990c), *Folklor – język – poetyka*, Zakład Narodowy im. Ossolińskich, PAN, Wrocław.

BARTMIŃSKI Jerzy (1989), « Kolekcja w strukturze tematycznej tekstu ustnego », in : M. Abramowicz, J. Bartmiński (dir.), *Tekst ustny = Texte oral : struktura i pragmatyka, problemy systematyki, ustność w literaturze : materiały z międzynarodowej konferencji w UMCS w Lublinie, 15-17 września 1986,* Wiedza o kulturze, Wrocław : 77-102.

BARTMIŃSKI Jerzy (1988), « Definicja kognitywna jako narzędzie opisu konotacji », in : J. Bartmiński (dir.), *Konotacja*, UMCS, Lublin : 169-184.

BARTMIŃSKI Jerzy (1985), « Stereotyp jako przedmiot lingwistyki », in : M. Basaj, D. Rytel, *Z problemów frazeologii polskiej i słowańskiej*, tome 3, Wrocław.

BARTMIŃSKI Jerzy (dir.) (1980), *Słownik ludowych stereotypów językowych*, UMCS, Lublin.

BARTMIŃSKI Jerzy (dir.) (1973), *O języku folkloru*, Zakład narodowy im. Ossolińskich, Wrocław.

BARTMIŃSKI Jerzy et Stanisława NIEBRZEGOWSKA (1994), « Stereotyp słońca w polszczyźnie ludowej », *Etnolingwistyka,* n°6, UMCS, Lublin : 95-145.

BARTMIŃSKI Jerzy et Anna PAJDZIŃSKA (2008), *Podmiot w języku i kulturze,* UMCS, Lublin.

BARTMIŃSKI Jerzy et Jolanta PANASIUK (2010), « Stereotypy językowe », in : *Współczesny język polski*, UMCS, Lublin : 371-395.

BARTMIŃSKI Jerzy et Jolanta PANASIUK (2001), « Stereotypy jako składniki językowego obrazu świata », in : *Współczesny język polski*, UMCS, Lublin.

BATKO Barbara (2005), « Funkcjonowanie wyrazów typu : Europa, Europejczyk, europejski w tekstach zwolenników i przeciwników Unii Europejskiej », in : Grzegorz Spila (dir.), *Język trzeciego tysiąclecia,* tome 1, n°3, Tertium, Kraków.

BERLIN Brent et Paul KAY (1969), *Basic Color Terms : Their Universality and Evolution,* University of California Press, Berkeley.

BIARDZKA Elżbieta (2006), « Entre l'original, la stéréotypie et la traduction : un long chemin de l'Un à l'Autre. L'Amour en plus d'Elisabeth Badinter et sa traduction polonaise », in : *L'Autre tel qu'on le traduit,* textes réunis par M. Laurent avec la collaboration de L. Waleryszak, Numilog, Paris : 152-172.

BIELIŃSKA-GARDZIEL Iwona, Małgorzata BRZOZOWSKA, Beata ŻYWICKA (dir.) (2017), *Ważny przyczynek do rozumienia języka wartości : Nazwy wartości w językach europejskich. Raport z badań empirycznych,* Państwowa Wyższa Szkoła Wschodnioeuropejska, Przemyśl.

BOAS Franz (1940/1995) *Race, Language and Culture*, University of Chicago Press, Chicago.

BORKOWSKI Ireneusz (2010), « Lingwistyczny obraz świata », in : J. Górnikiewicz, H. Grzmil-Tylutki, I. Piechnik (dir.), *En quête de sens. Etudes dédiées à Marcela Świątkowska. W poszukiwaniu znaczeń. Studia dedykowane Marceli Świątkowskiej*, UJ, Kraków.

BRUBAKER Rogers (2001), « Au-delà de l'identité », *Actes de la recherche en sciences sociales,* n°139 : 66-85.

BRUNO Christophe (2009), *Les machines à images, Stéréotypes et métaphores*, dossier de mémoire, version n°1, sous la direction de M. Monte. Disponible sur : http ://dumas.ccsd.cnrs.fr/docs/00/40/14/91/PDF/Bruno-La_Machine_a_images.pdf, consulté le 07.08.13.

BYSTROŃ Jan S. (1935), « Niemcy w tradycji popularnej », in : *Megalomania narodowa*, RÓJ, Warszawa.

CHAŁASIŃSKI Józef (1935), *Antagonizm polsko-niemiecki w osadzie fabrycznej « Kolonia » na Górnym Śląsku*, Dom Książki Polskiej, Warszawa.

CHARBONNIER Georges (1969), *Entretiens avec Claude Lévi-Strauss*, Librairie Plon, Paris.

CHLEBDA Wojciech (2010), « Wstępne założenia analizy słownikowej w projekcie badawczym EUROJOS », in : W. Chlebda, *Etnolingwistyka a leksykografia*, Opole : 219-226.

CHOLEWA Joanna E. (2008), *Image encyclopédique et linguistique du chat et du chien en français et en polonais contemporains,* Wydawnictwo Uniwersytetu w Białystoku, Białystok.

CHRISTMANN Hans H. (1967), *Beiträge zur Geschichte der These vom Weltbild der Sprache*, Akademie der Wissenschaften und der Literatur in Mainz. Abhandlungen der Geistes-und Sozialwissenschaftichen Klasse, n°7, Wiesbaden : 441-469.

CICCHELLI Vincenzo, Catherine CICCHELLI-PUGEAULT et Tariq RAGI (2004), *Ce que nous savons des jeunes*, PUF, Sciences sociales et sociétés, Paris.

COŞERIU Eugenio (2001), *L'homme et son langage*, textes réunis par H. Dupuy-Engelhardt, J.-P. Durafour, F. Rastier, Peeters, Louvain.

DĄBROWSKA Anna et Janusz ANUSIEWICZ (2000), introduction à : *Język a kultura,* tome 13, Wrocław : 9-10.

DŁUGOSZ Natalia (2010), « Opozycja *swój/obcy* w bułgarskim językowym obrazie świata w świetle danych ankietowych », *Etnolingwistyka,* n°22, UMCS, Lublin.

DURKHEIM Emile (1911/2001), « Jugements de valeur et jugements de réalité », édition électronique réalisée par J.-M. Tremblay à partir de la communication d'E. Durkheim faite au Congrès international de Philosophie de Bologne, à la séance générale du 6 avril, publiée dans un numéro exceptionnel de la Revue de Métaphysique et de Morale du 3 *juillet 1911.* Disponible sur : classiques.uqac.ca/classiques/Durkheim_emile/durkheim.html, consulté le 25.05.21.

DYONIZIAK Jolanta (2006), « Image linguistique de la femme en français et en polonais », in : *Stéréotypes et langues*, LEKSEM, Łask, Sędziejowice.

EVANS Vyvyan (2007), *A Glossary of Cognitive Linguistics*, Edinburgh University Press, Edinburgh.

FLEISCHER Michael (1998), « Współczesna polska symbolika kolektywna : wyniki badań empirycznych », in : J. Anusiewicz, J. Bartmiński (dir.), *Język a Kultura*, tome 12 : *Stereotyp jako przedmiot lingwistyki : teoria, metodologia, analizy empiryczne*, Wrocław : 308-335.

FLEISCHER Michael (1995), *Das System der polnischen Kollektivsymbolik (Eine empirische Untersuchung)*, Verlag Otto Sagner, München.

FREGE Gottlob. (1892/1971), *Sens et dénotation,* in : *Écrits logiques et philosophiques*, traduction de C. Imbert, Seuil, coll. Points - Essais : 102-126.

FUCHS Catherine (2004), *La Linguistique Cognitive*, Ophrys/MSH, Paris.

GALLAND Olivier (2000/2003), « L'évolution des valeurs des Français s'explique-t-elle par le renouvellement des générations ? », in : P. Bréchon (dir.), *Les valeurs des Français. Evolutions de 1980 à 2000*, Armand Colin, Paris : 202-216.

GALLAND Olivier et Bernard ROUDET (dir.) (2005), *Les jeunes Européens et leurs valeurs. Europe occidentale, Europe centrale et orientale*, La Découverte, coll. Recherches, Paris.

GALLAND Olivier et Bernard ROUDET (dir.) (2001), *Les Valeurs des jeunes. Tendances en France depuis 20 ans*, L'Harmattan-INJEP, coll. Débats Jeunesses, Paris.

GEERAERTS Dirk (1991), « Grammaire cognitive et sémantique lexicale », *Communications,* n°53 : 17-50.

GORDON Peter (2004). « Numerical cognition without words : Evidence from Amazonia », *Science,* n°306 : 496–9.

GRUSZCZYŃSKI Piotr (1988), « Szkolne wyobrażenia », *Res publica,* n°1-2 : *Dlaczego Niemcy ?*, Warszawa.

GRZEGORCZYKOWA Renata (1993), « Znaczenie wyrażeń a wiedza o świecie », in : J. Bartmiński, R. Tokarskiego (dir.), *O definicjach i definiowaniu*, UMCS, Lublin : 73-82.

GRZEGORCZYKOWA Renata (1990), « Pojęcie językowego obrazu świata i sposoby jego rekonstrukcji », in : J. Bartmiński (dir.), *Językowy obraz świata*, Lublin, UMCS : 41-50.

HJELMSLEV Louis (1943/1971), *Prolégomènes à une théorie du langage*, Paris, Minuit.

HUMBOLDT Wilhelm von (1836-1839/2011), *Über die Kawi-Sprache auf der Insel Java,* Cambridge University Press, New York.

INGLEHART Ronald (1993), *La Transition culturelle dans les sociétés industrielles avancées,* Economica, Paris.

KACZYŃSKI Jarosław (2012), *Polska naszych marzeń,* Akapit, Lublin.

KAPISZEWSKI Andrzej (1978), *Stereotyp Amerykanów polskiego pochodzenia*, ZNiO, Wrocław.

KARDELA Henryk (1999), « Ogdena i Richardsa trójkąt uzupełniony, czyli co bada gramatyka kognitywna », in : *Językowy obraz świata*, UMCS, Lublin.

KATZ Daniel et Kenneth BRALY (1933), « Racial stereotypes of one hundred college students », in : *Journal of Abnormal and Social Psychology,* n°28, 280-290.

KŁOSKOWSKA Agnieszka (1993), « Kraj do którego się wraca. Czym jest ojczyzna dla lubelskich studentów », in : *Pojęcie ojczyzny we współczesnych językach europejskich*, J. Bartmiński (dir.), Seria wydawnicza Lubelskiego Konwersatorium « POGRANICZE », tome 1, Lublin : 49-56.

KŁOSKOWSKA Antonina (1961), « Wyobrażenia i postawy etniczne dzieci szkół opolskich », *Przegląd Socjologiczny,* n°2, 64-86.

KOKOT Anna (2009), « Stereotyp Francuza i Francuzki we współczesnym języku polskim », in : S. Niebrzegowska-Bartmińska, S. Wasiuta, *Stereotypy w języku i w kulturze, Humanista wobec tradycji i współeczności,* tome 3, Polihymnia, Lublin : 49-64.

KOPER Anna (1993), « Typy informacji i ich układ fasetowy w definicjach haseł z pola 'meteorologia' w słowniku ludowych stereotypów językowych », in : J. Bartmiński, R. Tokarski (dir.), *O definicjach i definiowaniu*, UMCS, Lublin : 269-275.

KOSELAK Arkadiusz (2007), « Sources et tradition polonaises en linguistique cognitive », CORELA - Numéros thématiques [en ligne], Cognition, discours, contextes. Disponible sur : https://journals.openedition.org/corela/1494, consulté le 25.05.2021.

KRZESZOWSKI Tomasz P. (1999), *Aksjologiczne aspekty semantyki językowej*, UMK, Toruń.

KRZESZOWSKI Tomasz P. (1997), *Angels and Devils in Hell. Elements of Axiology in Semantics*, Energeia Warszawa.

KRZESZOWSKI Tomasz P. (1994), « Parametr aksjologiczny w przedpojęciowych schematach wyobrażeniowych », *Etnolingwistyka,* n°6, UMCS, Lublin : 29-51.

KUFER Astrid et Isabelle GUINAUDEAU (2008), « De l'Allemand organisé, l'Italien romantique et l'Anglais dandy à l'Européen chrétien, fortuné et démocrate ? Le potentiel affectif des stéréotypes nationaux européens », in : C. Bélot, C. Bouillaud (dir.), *Amours et désamour entre Européens : Vers une communauté politique de citoyens ?,* Politique Européenne, n°26, L'Harmattan : 121-142.

KUFER Astrid et Isabelle GUINAUDEAU (2007), « Stéréotypes et sentiments de proximité. Les Anglais, les Allemands, les Français, les Polonais et leur perception des autres », communication lors du 2ème colloque international de la Section d'Études Européennes (SEE) de l'Association Française de Science Politique : *Amours et désamours entre Européens. Pour une sociologie politique des sentiments dans l'intégration européenne*, 6-7 décembre 2007, IEP de Grenoble.

KWILECKI Andrzej (1978), « Z badań nad stereotypami 'Niemca' w Polsce i 'Polaka' w NRD i RFN », *Ruch Prawniczy, Ekonomiczny i Socjologiczny,* n°3, PWN, Warszawa.

LAKOFF George (1987), *Women, Fire and dangerous Things*, Chicago University Press, Chicago.

LAKOFF George et Mark JOHNSON (1980), *Metaphors We Live By*, Chicago University Press, Chicago.

LANGACKER Ronald W. (1987), *Foundations of Cognitive Grammar*, tome 1-2, Stanford University Press, Stanford.

LEWICKI Andrzej M. et Anna PAJDZIŃSKA (2001), « Frazeologia », in : J. Bartmiński, *Współczesny język polski*, UMCS, Lublin.

LIPPMANN Walter (1922), *Public Opinion,* The Free Press, New York.

MAĆKIEWICZ Jolanta (1999), « Co to jest 'językowy obraz świata' ? », *Etnolingwistyka,* n°11, UMCS, Lublin : 7-24.

MALISZEWSKI Bartłomiej (2005), « W związku z Unią – o sposobach ukazywania i wartościowania integracji Polski z Unią Europejską », in: G. Szpili (dir.), *Język trzeciego tysiąclecia*, n°3, tome 1: *Tendencje rozwojowe współczesnej polszczyzny*, seria Język a Komunikacja, n°8, Wydawnictwo Tertium, Kraków.

MARTIN Robert (1991), « Typicité et sens des mots », in : D. Dubois, *Sémantique et Cognition* : *catégories, prototypes, typicalité*, coll. Sciences du Langage, CNRS, Paris : 151-159.

MAZURKIEWICZ Małgorzata (1991), « Stan prac nad słownikiem aksjologicznym », J. Puzynina, J. Bartmiński (dir.), *Język a kultura*, tome 2, Wrocław : 257-264.

MENDRAS Henri (1964/2003), *Éléments de sociologie*, Armand Colin, Paris.

NEPOP-AJDACZYĆ Lidia (2007), *Polska etnolingwistyka kognitywna. Pomoc dydaktyczna*, Centrum wydawniczo-poligraficzne « Uniwersytet Kijowski », Kyiv.

NIEBRZEGOWSKA-BARTMIŃSKA Stanisława (2017), « Czy definicja kognitywna jest definicją otwartą ? », in : D. Filar, P. Krzyżanowski (dir.), *Barwy słów. Studia lingwistyczno-kulturowe*, UMCS, Lublin : 549-571.

NOWAKOWSKI Stanisław (1957), *Adaptacja ludności napływowej na Śląsku Opolskim*, Instytut Zachodni, Poźnań.

OBATON Viviane (1997), *La promotion de l'identité culturelle européenne depuis 1946*, Euryopa, Études n°3, Institut européen de l'Université de Genève, Genève : 11.

OGDEN Charles K. et Ivor A. RICHARDS (1923/1989), *The Meaning of Meaning: a study of the influence of language upon thought and of the science of symbolism*, Harvest/HBJ, San Diego.

OSGOOD Charles E. (1980), « The cognitive dynamic of synaesthesia and metaphor », in : R.P. Honeck, R.R. Hoffman (dir.), *Cognition and Figurative Language*, Erlbaum, Hillsdale : 203-238.

PEETERS Bert (2015), « Language, culture and values: towards an ethnolinguistics based on abduction and salience », *Etnolingwistyka,* n°27, UMCS, Lublin : 47-62.

PERCHERON Annick (1993), *La socialisation politique*, textes réunis par Nonna Mayer et Anne Muxel, Armand Colin, Paris.

PISAREK Walery (2003), *Polskie słowa sztandarowe i ich publiczność*, Universitas, Kraków.

PISAREK Walery (1975), *Słowa między ludźmi*, Wydawnictwa Radia i Telewizji, Warszawa.

PISARKOWA Krystyna (1976), « Konotacja semantyczna nazw narodowości », *Zeszyty Prasoznawcze,* n°1, RSW « Prasa-Książka-Ruch », Kraków.

POMIAN Krzysztof (2004), « La persistance des stéréotypes », in : J. Doberszyc, B. Drweski, M. Delaperrière, *La France et la Pologne au-delà des stéréotypes*, Institut d'études slaves, Paris : 19-23.

PROCHOROWA Swietłana M. (1998), « Stereotyp językowy Europejczyka w kontekście opozycji 'swój'-'obcy' », in : J. Anusiewicz, J. Bartmiński (dir.), *Język a Kultura*, tome 12, Wrocław : 238-244.

PUTNAM Hilary (1978/1985), « Signification, référence et stéréotypes », *Philosophie*, n°5. Traduction de Jean Khalfa de « Meaning, Reference and Stereotypes », in : F. Guenthner, M. Guenthner-Reutter (dir.), *Meaning and Translation. Philosophical and Linguistic Approaches*, Duckworth, London.

PUTNAM Hilary (1975), « The meaning of 'meaning' », in : *Mind, Language and Reality*, Cambridge University Press, MA.

PUZYNINA Jadwiga (2003), « Wokół języka wartości », in : J. Bartmiński (dir.), *Język w kręgu wartości. Studia semantyczne*, UMCS, Lublin : 19-34.

PUZYNINA Jadwiga (1992), *Język wartości,* PWN, Warszawa.

PUZYNINA Jadwiga (1991), « Jak pracować nad językiem wartości ? », in : J. Puzynina, J. Bartmiński (dir.), *Język a Kultura*, tome 2, Wrocław.

RASTIER François (2006*), De la signification lexicale au sens textuel : éléments pour une approche unifiée*, Texto! [en ligne], tome 11, n°1. Disponible sur: http://www.revue-texto.net/Inedits/Rastier/Rastier_Signification-lexicale.html, consulté le 25.05.21.

RASTIER François (1993), « La sémantique cognitive. Éléments d'histoire et d'épistémologie », in : Brigitte Nerlich (dir.), *Histoire Épistémologie Langage*, tome 15, n°1*,* : 153-187.

RASTIER François (1987), *Sémantique interprétative*, PUF, Paris.

ROGUSKA Beata (2011), *Stereotyp Polaka i Europejczyka A.D. 2011*, Komunikat badań CBOS, Fundacja Centrum Badania Opinii Społecznej, Warszawa. Disponible sur : https://www.cbos.pl/SPISKOM.POL/2011/K_033_11.PDF, consulté le 25.05.21.

ROTH Jürgen (2004), *Methodologie und Ideologie des Konzepts der Sprachgemeinschaft : fachgeschichtliche und systematische Aspekte einer soziologischen Theorie der Sprache bei Leo Weisgerber*, Thèse de doctorat sous la dir. d'I. Hubert, Johann Wolfgang Goethe Universität, Frankfurt am Main.

ROUDET Bernard (2005), « Les sociétés européennes au miroir des jeunes », introduction à : O. Galland, B. Roudet (dir.), *Les jeunes Européens et leurs valeurs. Europe occidentale, Europe centrale et orientale*, La Découverte, coll. Recherches, Paris.

RYDER Norman (1965), « The cohort as a concept in the study of social change », *American Sociological Review*, tome 30, n°6 : 843-861.

SAPIR Edward (1978), *Kultura, język, osobowość : wybrane eseje*, Państwowy Instytut Wydawniczy, Warszawa.

SAPIR Edward (1949), *Selected Writings in Language, Culture and Personality,* D. Mandelbaum, University of California Press, Berkeley and Los Angeles.

SAPIR Edward (1933), « Language », *Encyclopaedia of the Social Sciences*, tome 9, Macmillan, New York : 155-169.

SAPIR Edward (1929), « The Status of Linguistics as a Science », *Language,* tome 5, n°4, Linguistic Society of America; New York : 207-214. Disponible sur :

http ://elearning.ustb.edu.cn/UploadFile/2011122908502598.pdf, consulté le 06.07.2013.

SAUSSURE Ferdinand de (1916/1995), *Cours de linguistique générale,* Payot, Paris.

SCHAPIRA Charlotte (1999), *Les stéréotypes en français : proverbes et autres formules*, Ophrys, Paris.

SEREBRENNIKOV Boris A. et al. (1988), *Rol' chelovecheskogo faktora v yazyke : yazyk I kartina mira*, Nauka, Moskva.

SKIBIŃSKA Elżbieta, VIVIAND Aline (2015), « DOM à la française : w poszukiwaniu pojęcia bazowego », in : J. Bartmiński, I. Bielińska-Gardziel, B. Żywicka (dir.), *Leksykon aksjologiczny Słowian i ich sąsiadów*, tome 1, UMCS, Lublin : 373-399.

SKIBIŃSKA Elżbieta (2005), « Obraz Polaka i Rosjanina w języku francuskim i w świadomości francuskiej młodzieży », *Etnolingwistyka,* n°17, UMCS, Lublin.

SKIBIŃSKA Elżbieta (2001), « Les Français et les Polonais pleurent-ils les mêmes larmes ? Stéréotypes des larmes en français et en polonais », *Acta Universitatis,* n°2299, Romanica Wratislaviensia XLVII, Wrocław.

SMOLAR Piotr (2012), « Nouvel axe fort en Europe », Le Monde [en ligne], International, 16/11/2012. Disponible sur : lemonde.fr, consulté en ligne le 16.11.2012.

SODHI Kripal et Rudolf BERGIUS (1953), *Nationale Vorurteile*, Duncker & Humblot, Berlin.

STEINTHAL Heymann (1848/1985), *Die Sprachwissenschaft Wilhelm von Humboldts und die Hegel'sche Philosophie*, Georg Olms Verlag, Hildesheim.

SUCHECKI Jacek (1983), « Status poznawczy wyrażeń metaforycznych », in : I. Kurcz (dir.), *Studia z psycholingwistyki ogólnej rozwojowej*, Zakład Narodowy im. Ossolińskich, Warszawa-Wrocław : 83-110.

SZAFRANIEC Krystyna (2011), *Youth 2011. Poland*, Chancellery of the Prime Minister, Warsaw.

SZAROTA Tomasz (1978), *Stereotyp Polski i Polaków w oczach Niemców podczas II wojny światowej*, Wrocławskie Towarzystwo Miłośników Historii, Wrocław.

SZAROTA Tomasz (1977), « Niemcy w oczach Polaków podczas II wojny światowej », *Odra,* n°10, Wrocławskie Wydawnictwo Prasowe RSW « Prasa-Książka-Ruch » : 11-21.

TAJFEL Henri (1981), *Human groups and social categories*, Cambridge University Press, Cambridge.

TALMY Leonard (2000), *Towards a cognitive semantics*, tome 1-2, MIT Press, Cambridge.

TALMY Leonard (1988a), « Force dynamics in language and cognition », *Cognitive Science*, tome 12, n°1 : 49-100.

TALMY Leonard (1988b), « The relation of grammar to cognition », B. Rudzka-Ostyn (dir.), *Topics in cognitive linguistics*, John Benjamins, Amsterdam.

TAYLOR John R. (2002), *Cognitive Grammar*, Oxford University Press, Oxford.

TOKARSKI Ryszard (1999), « Przeszłość i współczesność w językowym obrazie świata », in : A. Pajdzińska, P. Krzyżanowski (dir.), *Przeszłość w językowym obrazie świata*, UMCS, Lublin : 9–23.

TOKARSKI Ryszard (1997/1998), « Językowy obraz świata a niektóre założenia kognitywizmu », *Etnolingwistyka*, n°9/10, UMCS, Lublin : 7-23.

TOKARSKI Ryszard (1993), « Słownictwo jako interpretacja świata », in : J. Bartmiński (dir), *Encyklopedia kultury polskiej XX wieku*, tome 2 : *Współczesny język polski*, Wrocław.

TOKARSKI Ryszard (1990), « Językowy obraz świata w metaforach potocznych », in : J. Bartmiński (dir.) *Językowy obraz świata*, UMCS, Lublin : 69-86.

URBAN Jolanta (1993), *Wybrane stereotypy narodowościowe we współczesnym języku polskim*. Mémoire de master sous la direction de J. Bartmiński, Zakład Tekstologii i Gramatyki Współczesnego Języka Polskiego, UMCS, Lublin.

URBAŃCZYK Stanisław et Marian KUCAŁA (dir.) (1978), *Encyklopedia wiedzy o języku polskim*, Ossolineum, Wrocław.

VANDELOISE Claude (2003), « Diversité linguistique et cognition », in : C. Vandeloise (dir.) *Langues et cognition,* Hermès, Paris : 20-58.

VANDELOISE Claude (1991), « Autonomie du langage et cognition », in : *Communications,* n°53 : 69-101.

VIVIAND Aline (2016), « Europejczycy. Konceptualizacja i ewaluacja wyobrażeń ukrytych za nazwą wspólnoty », *Etnolingwistyka*, n°28, UMCS, Lublin : 169-186.

VIVIAND Aline (2015), « La compréhension des gentilés 'Polacy', 'Niemcy', 'Francuzi' et 'Europejczycy' par la jeunesse polonaise contemporaine. Une étude ethnolinguistique », Thèse de doctorat sous la dir. d'E. Biardzka et d'O. Galland, Uniwersytet Wrocławski/Université Paris-Sorbonne, Wrocław/Paris.

VIVIAND Aline (2012), « La compréhension du gentilé 'Français' par la jeunesse polonaise contemporaine », *L'Apport linguistique et culturel français à l'Europe*, 16ème école doctorale francophone des pays de Visegrad, Leksem, Łask.

VIVIAND Aline (2011), « Les enjeux des stéréotypes de l'apparence physique de la femme française, polonaise et allemande en contexte de rencontre interculturelle des jeunes. Une étude comparative », in : M. Pawłowska (dir.) *Exclusion/Inclusion au féminin*, Romanica Wratislaviensia, n°58, Wydawnictwo Uniwersytetu Wrocławskiego, Wrocław.

WARCHALA Michał (2001), *Polska – Francja. Wzajemny wizerunek w okresie rozszerzania Unii Europejskiej. Ekspertyzy. Rekomendacje. Raport z badań,* Instytut Spraw Publicznych, Warszawa.

WEBER Max (1904-1917/1992), *Essais sur la théorie de la science*, traduction partielle de J. Freund, Pocket Agora, Paris.

WEISGERBER Leo (1962), *Grundzüge der inhaltbezogenen Grammatik*, Pädagogischer Verlag Schwann, Düsseldorf.

WEJLAND Andrzej P. (1991), *Obrazy grup społecznych. Studium metodologiczne*, PAN, Warszawa.

WHORF Benjamin Lee (1982), *Język, myśl i rzeczywistość,* Państwowy Instytut Wydawniczy, Warszawa.

WIERZBICKA Anna (2006), *English. Meaning and culture*, Oxford University Press, Oxford.

WIERZBICKA Anna (1997), *Understanding cultures through their key words*, Oxford University Press, Oxford.

WIERZBICKA Anna (1993), « La quête des primitifs sémantiques », in : *Langue française*, n°98 : 9-23.

WIERZBICKA Anna (1992), *Semantics, culture and cognition : universal human concepts in culture-specific configurations*, Oxford University Press, Oxford/New York.

WIERZBICKA Anna (1990), « Podwójne życie człowieka dwujęzycznego », in : W. Miodunka, *Język polski w świecie*, PWN : 71-104

WIERZBICKA Anna (1985), *Lexicography and Conceptual Analysis*, Karoma Pub, Ann Arbor.

WRZESIŃSKI Wojciech (1992), *Sąsiad, czy wróg ? Ze studiów nad kształtowaniem obrazu Niemca w Polsce w latach 1795-1939*, Wydawnictwo Uniwersytetu Wrocławskiego, Wrocław.

ZGÓŁKOWA Halina (1994-2005), *Praktyczny słownik współczesnej polszczyzny*, tome 1-50, Kurpisz, Poznań.

ZINKEN Jörg (2004), *Metaphors, stereotypes, and the linguistic picture of the world : Impulses from the ethnolinguistic School of Lublin*. Disponible sur : metaphorik.de, juillet 2004 : 115-136, consulté le 17.11.2013.

Dictionnaires

WSFP (2005), *Wielki słownik francusko-polski, Grand dictionnaire français-polonais*, Jerzy Dobrzyński et al., tome 1-2, PW « Wiedza Powszechna », Warszawa.

SJP Dor (1952), *Słownik języka polskiego*, Witold Doroszewski (dir.), tome 2, Warszawa.

SJP PWN (2012), *Słownik języka polskiego,* Lidia Drabik et al., PWN, Warszawa.

SSSL (1996-1999), *Słownik stereotypów i symboli ludowych,* Jerzy Bartmiński (dir.), tome 1-1 et 1-2, UMCS, Lublin.

TLFi (2003), *Trésor de la Langue Française informatisé,* ATILF (dir.), Nancy Université et CNRS.

USJP (2003), *Uniwersalny słownik języka polskiego*, Stanisław Dubisz (dir.), tome 1, Warszawa.

WS Fraz (2005), *Wielki słownik frazeologiczny z przysłowiami*, Anna Kłosińska et al., Warszawa.

WSJP (2007-2010*), Wielki Słownik Języka Polskiego.* Disponible sur : wsjp.pl.

Rapports de rencontres interculturelles[48]

IN (2008a), Rapport de formation franco-germano-polonaise de l'Association Interkulturelles Netzwerk e.V., Berlin.

IN (2008b), Rapport de rencontre franco-germano-polonaise de l'Association Interkulturelles Netzwerk e.V., Berlin.

AM (2009), Rapport de chantier franco-germano-polonais de l'Association AZS/MCSM, Wrocław.

AM (2010), Rapport de chantier franco-germano-polonais de l'Association AZS/MCSM, Wrocław.

[48] Les quatre rapports de rencontres interculturelles n'ont pas été publiés, il s'agit de rapports conservés sous forme papier par les associations. Les dates indiquées correspondent aux années où les rencontres ont eu lieu.

Structures éditoriales du groupe L'Harmattan

L'Harmattan Italie
Via degli Artisti, 15
10124 Torino
harmattan.italia@gmail.com

L'Harmattan Hongrie
Kossuth l. u. 14-16.
1053 Budapest
harmattan@harmattan.hu

L'Harmattan Sénégal
10 VDN en face Mermoz
BP 45034 Dakar-Fann
senharmattan@gmail.com

L'Harmattan Cameroun
TSINGA/FECAFOOT
BP 11486 Yaoundé
inkoukam@gmail.com

L'Harmattan Burkina Faso
Achille Somé – tengnule@hotmail.fr

L'Harmattan Guinée
Almamya, rue KA 028 OKB Agency
BP 3470 Conakry
harmattanguinee@yahoo.fr

L'Harmattan RDC
185, avenue Nyangwe
Commune de Lingwala – Kinshasa
matangilamusadila@yahoo.fr

L'Harmattan Congo
67, boulevard Denis-Sassou-N'Guesso
BP 2874 Brazzaville
harmattan.congo@yahoo.fr

L'Harmattan Mali
ACI 2000 - Immeuble Mgr Jean Marie Cisse
Bureau 10
BP 145 Bamako-Mali
mali@harmattan.fr

L'Harmattan Togo
Djidjole – Lomé
Maison Amela
face EPP BATOME
ddamela@aol.com

L'Harmattan Côte d'Ivoire
Résidence Karl – Cité des Arts
Abidjan-Cocody
03 BP 1588 Abidjan
espace_harmattan.ci@hotmail.fr

Nos librairies en France

Librairie internationale
16, rue des Écoles
75005 Paris
librairie.internationale@harmattan.fr
01 40 46 79 11
www.librairieharmattan.com

Librairie des savoirs
21, rue des Écoles
75005 Paris
librairie.sh@harmattan.fr
01 46 34 13 71
www.librairieharmattansh.com

Librairie Le Lucernaire
53, rue Notre-Dame-des-Champs
75006 Paris
librairie@lucernaire.fr
01 42 22 67 13

www.ingramcontent.com/pod-product-compliance
Lightning Source LLC
LaVergne TN
LVHW010429230826
846092LV00009BA/1094

* 9 7 8 2 3 4 3 2 4 0 3 2 9 *